尋找心的本來

修學引導叢書 6

濟群法師——著

目次

自序

三級修學課程構建的成佛之道有兩個層面，即修學之路與心靈覺醒之路。如何從修學之路邁向心靈覺醒之路？本書收集的文章，來自我多年來的探究。

學佛要邁向覺醒，這條路究竟怎麼走？面對浩瀚的佛典，很多人無所適從，或盲修瞎練，或偏執一端，所以佛陀特別強調親近善知識的重要。可在今天，能有效引導修學的明師不多，學佛也變得格外困難。書中，〈一條道路，九種禪修〉、〈認識菩提導航〉提出了修學的道路、任務和方法，並以菩提導航作為輔助工具，幫助我們順利走上菩提道。

佛法包含學和修兩部分。如何將所學落實到修行？經教構建了明確的理路，如四法行、聞思修、八正道、信解行證等。而在現實中，學的人停留於理論，修的人不重視聞思，以致學和修打成兩截，形同陌路。〈八步驟三種禪修〉正是基於人格形成的底層邏輯，通過觀察修和安住修，將所學法義落實到心行，完成觀念、心態和生命品質的改善。

佛法雖有種種法門，但最終都導向兩大核心：一是覺醒解脫，一是慈悲利他。三級修學正是圍繞這兩方面展開。

關於覺醒解脫的修行，在三級修學課程中，通過人生佛教確立三觀，解除粗重煩惱。通過〈道次第．聞法軌則〉，建立正確的修學態度和動機，避免出現方向性偏差。思惟暇滿義大、念死無常、輪迴是苦、深信業果、皈依三寶、發出離心和菩提心，建立解脫的心理基礎。而在將學轉化為修的關鍵點，我選擇了《大念處經》的正念。這是佛陀為我們指出的禪修之道，簡明直接。以正念為重點，正見為輔助，就能沿著定、慧、無貪、無嗔、無痴、精進、輕安、行捨、無念、無所得、平常心的路線，打開覺醒之門，成就解脫。

現在大家對正念並不陌生，除了佛教界，心理學界也多有運用。在網上，可以看到各種關於正念的視頻和直播。我在選擇正念修行時，除了學習南傳大德的相關著述，還參考了卡巴金、康菲爾德等人的演講。他們是把正念引入心理學的先驅，正是他們的努力，使正念在西方廣泛傳播，造福大眾。

但心理學界對正念的運用偏向心理治療，而佛法的正念修行是要導向覺醒，二者的作用不可同日而語。從某種意義上說，三藏十二部典籍都是為正念修行服務的。二〇一九以來，我從西園寺到甘露別院，相當一段時期，都會在夕陽西下時領眾經行，並圍繞正念修行作隨緣開示，引導大家將所學與正念相結合，相關影音已有三百多講。

如何有次第地修習正念？二〇一一年夏，我在西園寺舉辦「觀自在禪修營」，提出從內觀到禪宗的思路（見《正念，使浮躁遠離》）。內觀與禪的共同特點，是直接、簡明。不同在於，禪宗起點過高，一般人摸不著，而內觀人人可修。通過十年實踐，我在《正念禪修要領》中，施設三級正念禪修，正式建構從內觀到禪宗的修行理路。

正念修行所依託的三十七道品，在阿含聖典中稱為一乘道，是通向解脫的行門。而大乘經教是以六度四攝為主，將三十七道品作為附帶項目，未能引起足夠重視，導致許多人修行不得力。事實上，解脫道是菩薩道的基礎，不論走哪條路，依三十七道品建立的正念修行，都是不可或缺的。

學習大乘經教者，很難將中觀、唯識、如來藏的見地學通學透。即便在理上有所領悟，也不容易落實於禪修，成為契入空性的方便。原因是什麼？正是缺乏止觀的基礎。正念修行既可訓練專注，培養止的力量；又可訓練覺知，開啟觀的作用。有了這些基礎，就有能力看清念頭和影象，進而運用大乘空性正見，消除二元執著，回歸本心。

關於慈悲利他的修行，首先要發起菩提心，具足慈悲心。如何才能真正發起菩提心？雖然大乘經論中有七因果、自他相換等方法，但能否用得起來？三級修學成立以來，我一直把《慈經》作為同喜班的定課，並圍繞如何修習《慈經》作了闡述，其關鍵在於，將經文內容變成自己對眾生的真切願望。

進而，又以《慈經》為重點，建立三級利他禪修。初級依《慈經》修習慈心；中級依《道次第》、《入菩薩行論》修習大悲心，發起菩提心；高級依《辯中邊論》、《金剛經》等，修習空性見，超越二元執著，成就無所得心。此外，慈悲的修行還要配合相關心理，如感恩、隨喜，是生起慈悲心的增上緣；理解、同情、接納、陪伴、關愛，是修習六度四攝的前提；大悲心、平等心、無我利他心、無所得心、無住，可使我們超越世俗菩提心，成就勝義菩提心，圓滿大慈大悲。

本書的〈開啟正念與慈悲大愛〉，對如何把正念和慈悲利他，落實到日常生活和服務大眾中，提出了具體的操作方法。這是我們特別需要認真對待的。

普願所有接觸佛法的人，都能沿著覺醒之道，同登彼岸！

二〇二三年春於阿蘭若處

認識菩提導航

——講於二〇二三年農曆二月十九

在觀音菩薩聖誕講述「認識菩提導航」，意義重大。可以說，菩提導航也像觀音菩薩的千手千眼那樣，能以極大的方便服務眾生，幫助社會，是慈悲精神的體現。

我從二〇一六年開始做菩提導航，前後歷時六年。隨喜我們優秀的科研團隊，因為他們的精進努力，才有這樣一個助力修學的高科技工具。應該說，我也是其中的重要參與者。據統計，在導航建設過程中，我的相關講話多達七十六萬字。

為什麼要做菩提導航？大家應該用過各種路線導航。過去我們去陌生地方，尤其是大城市，尋找自己要去的處所是件難事。怎麼走？怎麼坐車？即使反覆查問，還是會出錯。有了導航之後，只要一設置，到哪都很方便。而且這種指引是即時的，稍微有點偏離，就能立刻得到提醒，糾正錯誤，回到正道。

學佛同樣存在這個問題。事實上，比起現實中的任何道路，修行路要難百倍、千倍、萬倍甚至更多。在各個階段，都有不同的歧路和障礙。很多人有心學佛，但面對博大精深的佛法，根本不知該怎麼走，或是盲修瞎練，或是偏執一端。即使修學某個法門，誦誦經，打打坐，也往往不清楚自己已走到哪裡。如果不得力，問題又出在哪裡？

我們做菩提導航的初心，就是要讓佛法不再難學。任何人只要想學，就能依此深入，並且隨時對照，糾正偏差。以下，我從七個方面為大家介紹。

一、三級修學課程的建設

針對以上問題，我在二〇〇四年發表了〈漢傳佛教的反思〉。佛教傳入中國後，自隋唐達至鼎盛。

為什麼明清之後一路衰落？今天的人應該如何認識並學習傳統宗派？通過反思，我提出皈依、發心、戒律、正見、止觀五大要素。任何一個完整的修學體系，都應該包含這些要素，否則是不完整的。

隨後，我又在世界佛教論壇發表〈一個根本，三大要領〉。一個根本，即「建立大眾化的修學體系」。之所以強調大眾化，是希望大家都能修學，而不是局限於少數人。三大要領，即完善三項制度，一是僧伽教育制度，二是僧團管理制度，三是弘法布教制度。做好這三項制度的建設，才能確保佛教的健康發展。

基於這些思考，從二〇〇八年起，我們就開始探索三級修學體系，希望建立一條有次第的修學之路。首先是有效的引導，即目標明確、路線清晰、具有可操作性；其次是良好的氛圍，讓大家在修學中彼此增上。應該說，三級修學體系的建設，為菩提導航提供了重要基礎。缺乏這個基礎，導航是做不起來的。

二、三張圖與「一二四五九」

二〇一六年的三張圖，和二〇一九年關於「一二四五九」的開示，是建設導航的關鍵。

我們的科研團隊包括資訊科技界、研究機構、心理學界等領域的優秀人才，開始做導航時，大家有許多思路。首先，想到佛陀成道前，經歷了降魔的過程。在我們的修行路上，每個站點都要戰勝魔障，才能繼續前行。是否可以模仿西遊記的思路，歷經九九八十一難？

其次，想到生命程序的產生原理。我們的前六識，尤其是意識，時時都在起心動念。這個過程就在編寫生命程序，並儲藏於阿賴耶識，形成種子。不同的種子，便會形成不同的生命代碼，呈現不同的生命現象。

最後一個思路，是關於生命的海洋。唯識宗把我們的意識喻為大海：「藏識海常住，境界風所動，種種諸識浪，騰躍而轉生。」在這個海洋中，因為境風吹動，會現起種種波浪。其中包含兩種緣起，一是雜染緣起，由有漏種子，形成動蕩、汙濁、昏暗的輪迴海洋；一是清淨緣起，通過正聞薰習，完成生命轉依，顯現平靜、清澈、明亮的海面。修行，正是治理生命海洋的過程。

為了做導航，大家提出各種設想，但落實起來有一定難度。因為我們要做的是生命產品，其底層邏輯，又取決於生命的底層邏輯。究竟怎麼呈現？

1．三張圖

二〇一六年，我畫了三張圖。

圖一，提出菩提導航的路線。

這張圖示明了菩提導航的路線框架，提出整個修行的流程，包括十大站點和若干小站，應該說是導航的雛形。後來

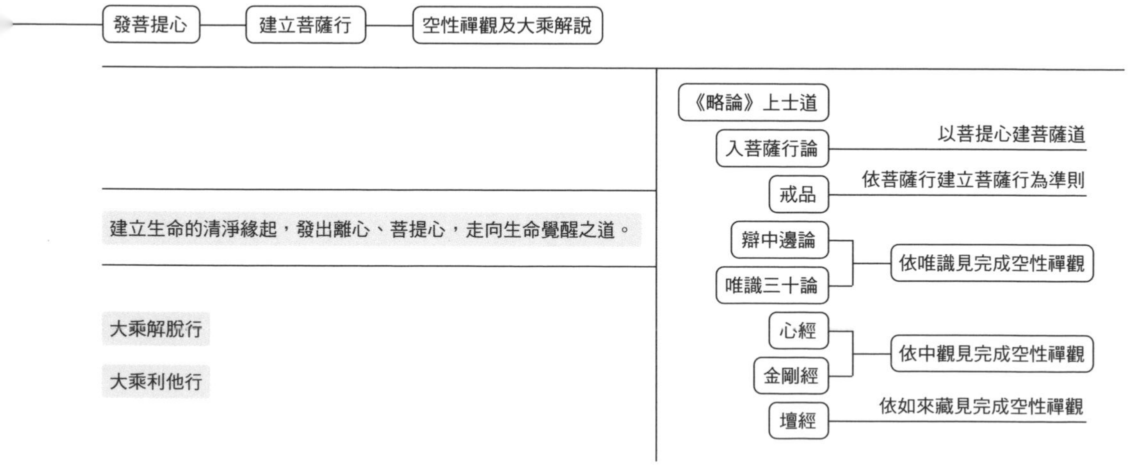

雖然名稱略有改變，但結構基本如此。

圖二，確定各階段的課程和重點。

這張圖是菩提導航的修學之路，為具體的課程設置提供了指導意見。

圖三，生命海洋，依染淨緣起，說明輪迴與解脫的心理過程。

這張圖呈現了生命海洋的兩大內涵，包括雜染緣起和清淨緣起。其中以《百法》的五遍行，即作意、觸、受、想、思為基礎，依無明、煩惱、貪嗔痴，進入惑業苦的輪迴路線，開展雜染緣起；通過正聞薰習，依正見、正念導向覺醒和解脫，建立清淨緣起。在曲線圖中，通過修學反映輪迴和覺醒過程中的心理情況，是導航建設人格模型和生命海洋的重要依據。

圖一．覺醒之道線路圖

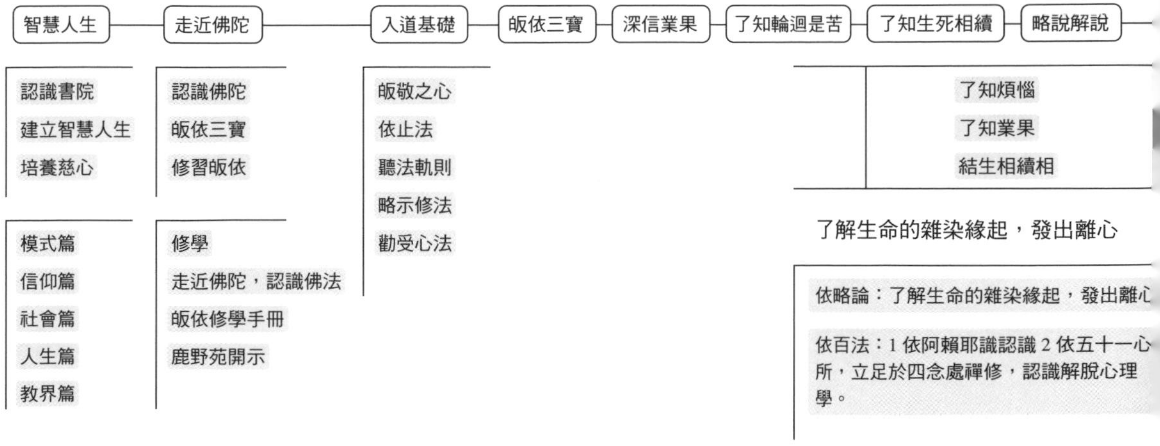

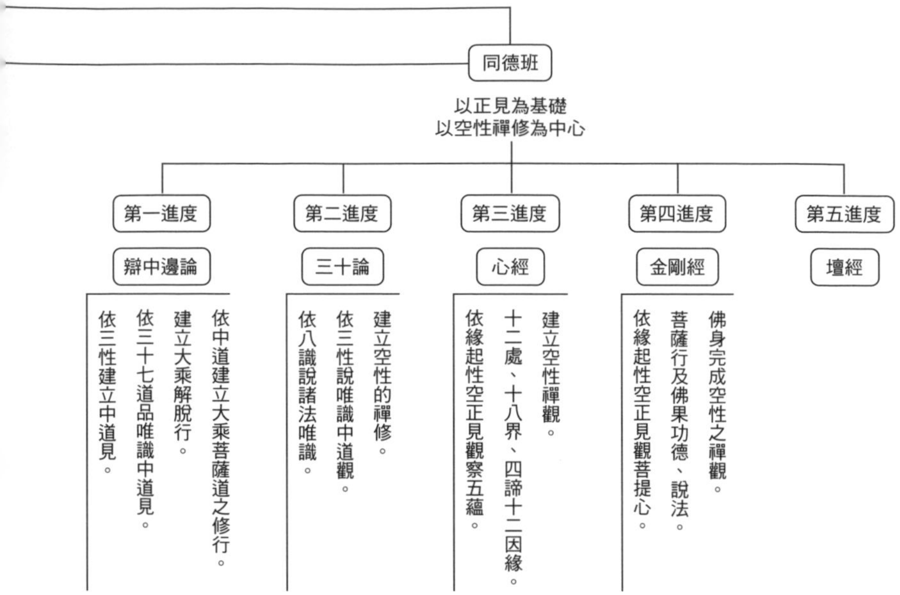
同德班
以正見為基礎
以空性禪修為中心
第一進度
辯中邊論
依中道建立大乘菩薩道之修行。
建立大乘解脫行。
依三十七道品唯識中道見。
依三性建立中道見。
第二進度
三十論
建立空性的禪修。
依三性說唯識中道觀。
依八識說諸法唯識。
第三進度
心經
建立空性禪觀。
十二處、十八界、四諦十二因緣。
依緣起性空正見觀察五蘊。
第四進度
金剛經
佛身完成空性之禪觀。
菩薩行及佛果功德、說法。
依緣起性空正見觀菩提心。
第五進度
壇經

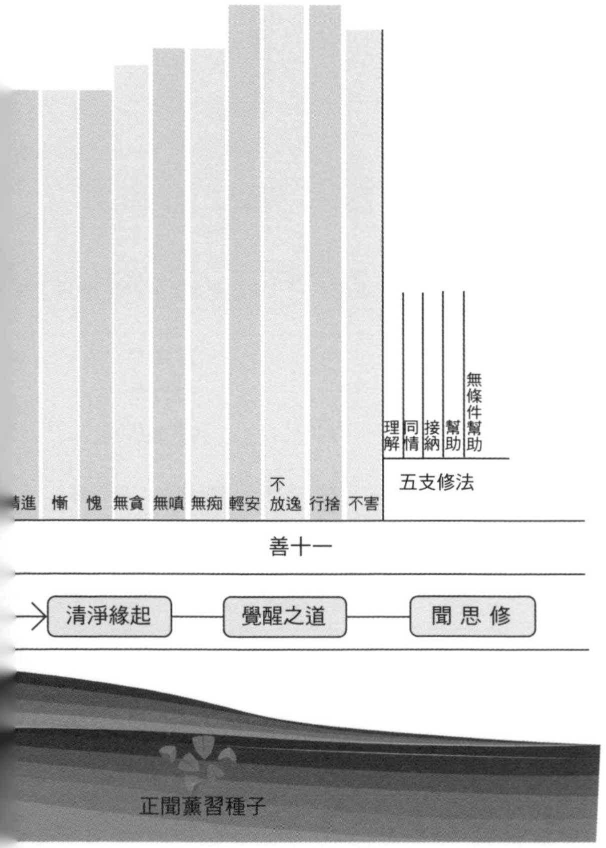
進
慚
愧
無貪
無嗔
無痴
輕安
不放逸
行捨
不害
善十一
理解
同情
接納
幫助
無條件幫助
五支修法
清淨緣起
覺醒之道
聞 思 修
正聞薰習種子

圖二・覺醒之道課程設置

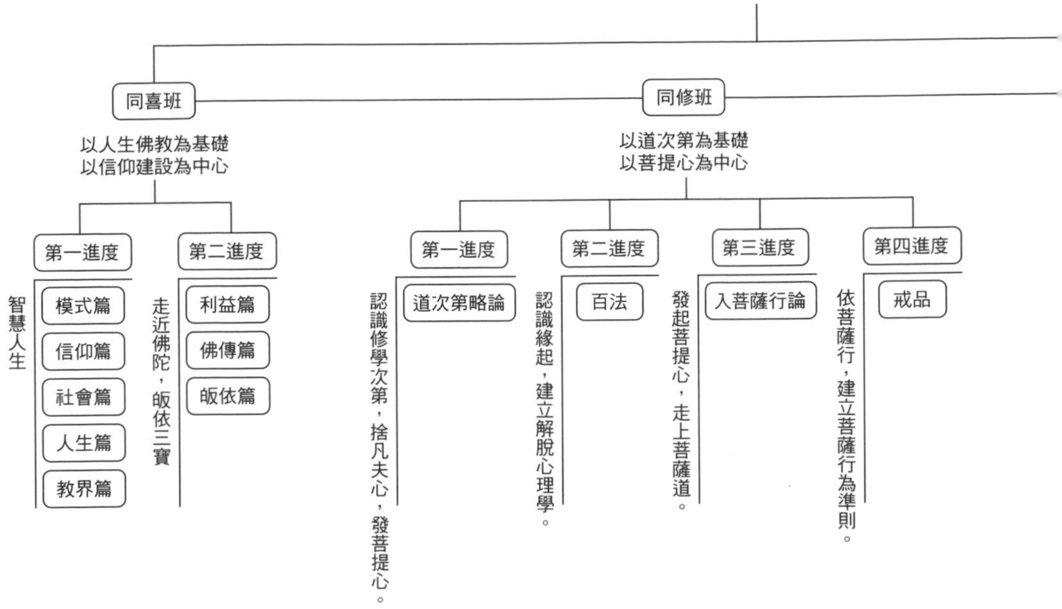
同喜班
以人生佛教為基礎
以信仰建設為中心
第一進度
智慧人生
模式篇
信仰篇
社會篇
人生篇
教界篇
第二進度
走近佛陀，皈依三寶
利益篇
佛傳篇
皈依篇
同修班
以道次第為基礎
以菩提心為中心
第一進度
道次第略論
認識修學次第，捨凡夫心，發菩提心。
第二進度
百法
認識緣起，建立解脫心理學。
第三進度
入菩薩行論
發起菩提心，走上菩薩道。
第四進度
戒品
依菩薩行，建立菩薩行為準則。

圖三・輪迴與解脫的心理過程

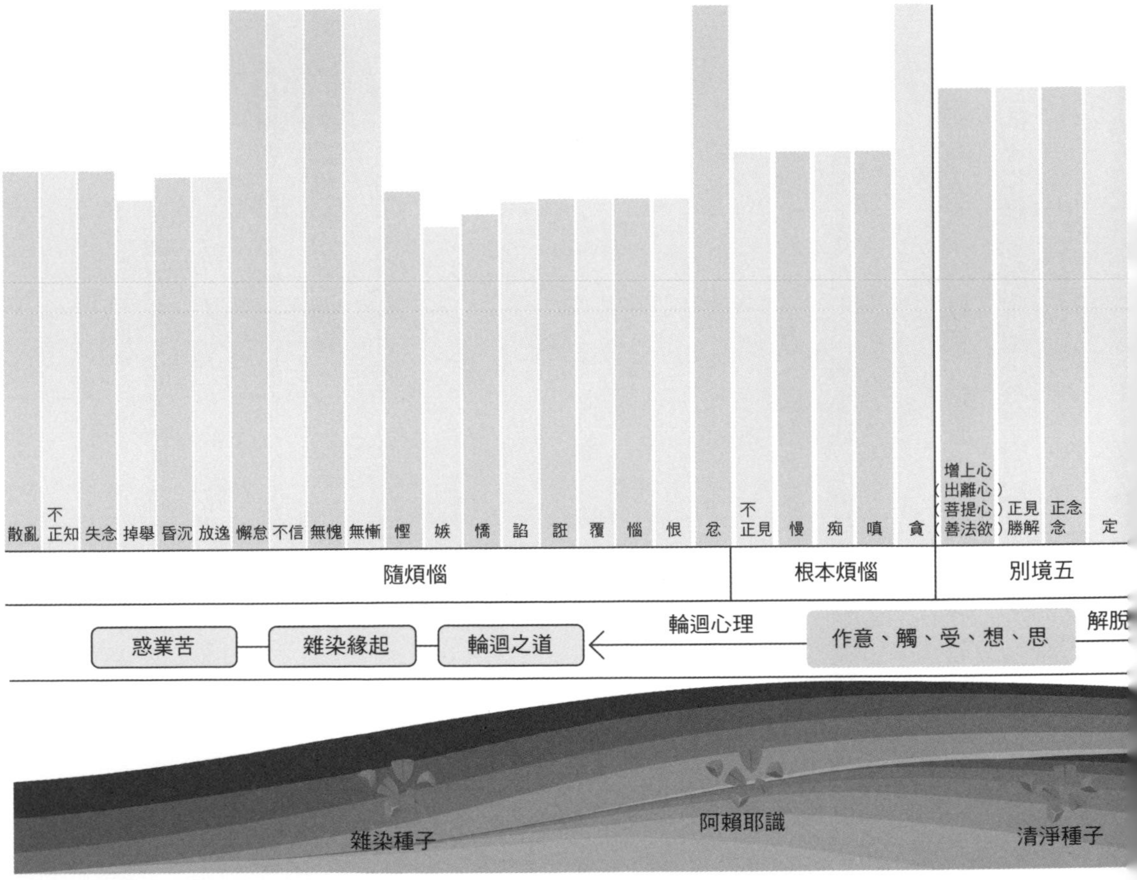
散亂
不正知
失念
掉舉
昏沉
放逸
懈怠
不信
無愧
無慚
慳
嫉
憍
諂
誑
覆
惱
恨
忿
不正見
慢
痴
嗔
貪
增上心（出離心）（菩提心）（善法欲）
正見勝解
正念念
定
隨煩惱
根本煩惱
別境五
惑業苦
雜染緣起
輪迴之道
輪迴心理
作意、觸、受、想、思
解脫
雜染種子
阿賴耶識
清淨種子

2．一二四五九的修行密碼

二〇一九年春，我講了〈一條道路，九種禪修〉，提出「一二四五九」的成佛修行密碼。一是一條道路，二是兩個層面，四是四種身分，五是五處用心，九是九種禪修。其中，一條道路是路線，四種身分是流程，五處用心是任務，九種禪修是方法。此後，只是對九種禪修稍作優化，改為六種禪修：即慈心的禪修、八步三禪、皈依的禪修、正念的禪修、菩提心的禪修和空性禪修。

走在菩提路上，會經過哪些階段？要完成什麼樣的修行任務？又該用什麼方法來完成？文中，既指出了走向覺醒的途徑，也闡明了菩提導航的底層邏輯。

三、一條道路的設立

一條道路，包含修學之路和心靈之路兩個層面。

1．修學之路

修學之路共有十大站點，即智慧人生、走進佛陀、入道基礎、皈依三寶、深信業果、發出離心、修解脫行、發菩提心、修菩薩行、空性禪修。每個站點又開出若干，共四十二個小站。這些站點的設立有什麼依據呢？

第一，這條道路要符合修行邏輯。三乘佛法中，人天乘有人天乘的邏輯，解脫道有解脫道的邏輯，菩薩道有菩薩道的邏輯，彼此之間還有關聯。我們要設立的不單純是解脫道，也不單純是菩薩道，而是成佛之道，必須和整個修學邏輯不相違。

第二，這條道路要兼具完整性和獨立性。很多人學佛，往往停留在某個點上，或是誦經，或是打坐，還有人特別喜歡持戒。這樣就會產生偏差。作為完整的修學體系，必須具備皈依、發心、戒律、正見、止觀五大要素，才能涵蓋信仰建設和戒定慧三學。同時，各階段的修學還要有一定獨立性，才能有次第地分段前行。三級修學的施設有初級、中級、高級，就像社會上讀書，有小學、中學、大學，層層遞進。

第三，這條道路要大眾化，而不僅是適合少數人。在佛教發展過程中，出現了精英化和民俗化兩個極端。傳統的天台、華嚴、唯識、中觀，基本屬於精英佛教，有能力研究、修持的人極少。而那些燒香、拜佛、求保佑的普通信眾，對佛法的了解又少得可憐，甚至流於迷信。所以，我們希望打通精英和民俗的隔閡，讓大家都能修學正法，從中受益。

第四，這條道路要簡明直接，具有可操作性。佛法有三大語系、無數宗派，大家都希望自己「深入經藏，智慧如海」，事實上，卻往往被如海的知見所淹沒，抓不住要領。我在修學過程中發現，這些宗派都有共同的核心，就是從迷惑走向覺醒，進而幫助眾生從迷惑走向覺醒。我們建構的修學體系也要立足於此，直達核心。更重要的是具有可操作性，如果學了很多義理，只是拿來談玄說妙，遇到問題卻用不起來，就是研究佛學而非學佛了。所以這點特別重要，必須落實到心行，才能依法改變自己的觀念、心態乃至生命品質。

第五，這條道路不能有危險和副作用。因為種種原因，有些人學佛學得怪怪的，甚至學出各種問題，不僅影響個人的法身慧命，還使大眾對學佛產生誤解。這是需要特別注意的。雖然問題多是由個人修學偏差造成的，但我們在設置課程時，可以未雨綢繆，有針對性地加以預防。

這是關於修學之路的建設要求。

2．心靈之路

除了修學之路，我們還要建立心靈之路。就像射箭，你給人箭之後，還要給他立個靶，否則他就不知道該射向哪裡。我們修學種種法門，研讀種種經論，究竟要導向哪裡？達到什麼目的？很多人並不清楚。設立心靈之路，正是幫助我們明確修學所要成就目標所在。心靈覺醒之路包括四個部分內容。

第一，共同基礎心理，包含信心、慚愧、懺悔、出離心、菩提心、持戒、精進等。這是三乘修行都要具備的共同基礎。當然也有個別差異，比如走解脫道只要出離心即可，走菩薩道還要進一步發菩提心。

第二，解脫相應心理。解脫不是一個點，而是邁向覺醒的心理之路。《百法》的作意、正見、勝解、念、定、慧、無貪、無嗔、無痴、輕安、行捨，禪宗的無所得心、無念、平常心，都是與此相關的心理。如何落實這些心理，真正走向覺醒？在三級修學課程中，正念是修行的關鍵，正念是開啟覺醒的鑰匙，作意、正見等是邁向覺醒的輔助心理。

第三，慈悲相應心理。漢傳佛教屬於大乘，但真正發起菩提心、具足慈悲心的人並不多。如何把菩提心和慈悲心修起來，而不是流於口號？我找到的重點，是依《慈經》修習慈心。這個修法操作性很強，大家都能做得起來。在慈心的基礎上，再發菩提心，修慈悲心，就不會流於空洞。

進一步，還要落實到菩薩行。關於菩薩行的項目，我們最熟悉的就是六度四攝，即布施、持戒、忍辱、精進、禪定、般若、愛語、利行、同事，但做得是否到位？如果不到位，原因是什麼？我在思考過程中發現，六度四攝還有更基本的修習要素，即隨喜、感恩、理解、同情、接納、陪伴、關愛、引導等。

這些是修習慈悲必須具備的心理要素，在此基礎上，才能有效修習六度四攝的菩薩行。如隨喜和感恩，可以幫助我們建立慈悲心。理解、同情、接納，又是修習布施、愛語等利他行的前提。如果沒有這些心理，布施、愛語往往會修得很主觀，難以真正利他。而在圓滿菩提心的過程中，還要修習大悲心、無我利他心、平等心、無所得心、無住，才能使世俗菩提心昇華為勝義菩提心，成就無上菩提。

第四，輪迴相應心理，主要有《百法》所說的根本煩惱和隨煩惱。根本煩惱，是貪、嗔、痴、慢、疑、惡見。隨煩惱又分為小隨煩惱十種，即忿、恨、惱、嫉、慳、誑、諂、驕、覆、害。中隨煩惱兩種，即無慚、無愧。大隨煩惱八種，即不信、懈怠、昏沉、掉舉、放逸、失念、不正知、散亂。這些都是必須解決的不良心理。在覺醒路上，我們要逐一認出這些心理，通過修習止觀，把此徹底解除。

立足於以上四個部分，我們就知道修行究竟要建立什麼，擺脫什麼，才能使所學落到實處。此外，我們還要了解修學之路和心靈之路的關係，知道在哪個站點，應該修習哪些心理。關於這個問題，在設計導航的過程中，我曾編寫「依三級修學走向覺醒的路線圖」，列出每個站點的課程、流程、修學說明、修學方法，以及這個站點需要建立及解決的心理。

四、四種身分，分階教育

佛教有句話，叫作「佛道長遠，久經辛苦，方有成就」。但漢傳佛教可能受禪宗影響，好簡好頓，總想著一超直入如來地。但現實的情況是，很多人根機不夠，又缺乏善知識引導，怎麼悟得起來？所以要輔以漸修，通過有次第的學修，逐步接近終點。

1．四種身分設立的依據

社會上的教育，從幼稚園到博士後都是有次第的。每個人可以根據次第，接受不同階段的教育。在三級修學中，我們設立了學士、修士、勝士、智士四種身分。依同喜班的修學設立學士，依同修班的修學設立修士和勝士，依同德班的修學設立智士。每種身分包含相應的課程學習和人格畫像，同樣是一套有次第的修學體系。

第一是學士階段，學習人生佛教系列課程，及《走近佛陀》、《皈依修學手冊》。這一階段的人格畫像，是通過人生佛教的學習，重建智慧的三觀，解決粗重煩惱；通過正念禪修，增加心的穩定性；通過修習慈心，對自己和身邊人更有愛心；通過靜心慢生活，使生活更健康。

第二是修士階段，學習《道次第》、《百法》、《辯修對治品》，了解佛法要領，走上解脫道。這一階段的人格畫像，是通過《道次第》的四種轉心思惟，生起真切的出離心、菩提心；依三十七道品，深化正念修行，建立趣向覺醒、解脫的人格。同時，也開始修習利他心。

第三是勝士階段，學習《入菩薩行論》、《瑜伽菩薩戒》，了解菩薩的人格特徵，以慈心為基礎，生起菩提心和大悲心，確立「我要利益一切眾生」的願望。進一步，在菩提心的基礎上修習菩薩行，建立菩薩的人格特徵。對菩薩行者來說，正念和解脫的能力也很重要，否則就是泥菩薩過河，自身難保。

第四是智士階段，通過修學《辯中邊論》、《唯識三十論》、《金剛經》，超越二元對立，建立覺醒的人格，聖賢的品質。

在此過程中，正念和利他行是貫穿四種身分的，只是在不同階段有所側重。

2．四種身分的修學要求

在修學過程中，我們要不斷重溫三級課程、四種身分的修學要求，明確各階段的修學任務和方法，以及所要達到的心理目標。這是修行不可或缺的認知。在菩提導航中，對四種身分各階段的修學，也會設置相應的提醒。比如同喜班學士階段的修學要求中，有以下七點。

第一，認識並建立真誠、認真、老實的修學態度，依八步三禪，修學人生佛教，樹立因果正見，解決粗重煩惱。

第二，學習佛陀傳記，探索生命真諦，思考人生意義。通過《走近佛陀》，了解佛陀為什麼要出家，如何從迷惑走向覺醒，以佛陀作為修行典範。在此過程中，要依八步三禪的修習，發自內心地以佛陀為榜樣。

第三，開展初級慈心禪修，以聽《慈經》為定課，以其中的修法為引導，隨文入觀，對他人生起友好關愛之心，發起初級利他心。

第四，學習如何用心做事，培養利他精神，落實慈心修行。

第五，把慈心帶入生活，認識並建立感恩、隨喜、理解、同情、接納之心。

第六，開展初級正念禪修，修習身體掃描、靜茶七式、八段錦等，選擇一個所緣，培養專注和覺知，在生活中建立正念。

第七，修學《皈依修學手冊》，認識皈依的內涵和意義，為進入修士階段的修學作好準備。這是關於皈依的信仰建設，從認識到建立，也是使用八步三禪的方法。

修學要求主要告訴我們，四種身分各階段的課程，應該如何修學，運用什麼方法；正念和利他的心理，要成就什麼結果。了解要求，按要求修學，是學好這一階段課程的關鍵。

3．四種身分修學的相關心理

三級修學包含四種身分。從一條道路來說，又分修學之路和心靈之路兩個層面。前面講到，心靈之路包含共同基礎心理、解脫相應心理、慈悲相應心理、輪迴心理。每種心理包含七個層面，即認識、建立、培養、訓練、熟悉、提升、圓滿。導航中，對每種身分要修哪些心理，修到什麼程度，設立了清晰、明確的標準。

在學士、修士、勝士、智士各個階段，包含共同基礎心理、正念及相關心理、利他及相關心理、輪迴心理四個方面。當我們進入某個階段，應該具備什麼樣的心理基礎？通過這一階段的修學，又該達到什麼樣的心理目標？「四種身分相關修學心理說明」中，都有清楚的說明。

此外，還有三級正念禪修和三級利他修行。初級正念禪修在學士階段，修習靜茶七式、身體掃描、經行、八段錦動中禪等，通過一個所緣，培養專注和覺知。中級正念禪修在修士階段，通過《百法》和三十七道品的修學，重點拓展覺知力。高級正念禪修在智士階段，通過空性理論的修學，放下覺知，體認無念。與三種正念相關的心理，在各階段的修習和成就，也有相應說明。

三級利他也對應不同階段。初級利他在學士和修士階段，通過《慈經》的修學，建立慈心和相關心理。中級利他在勝士階段，通過《入菩薩行論》的修學，發起菩提心，建立大悲心、平等心。高級利他在智士階段，通過空性理論的修學，在利他過程中，成就無念、無住、無所得之心。正如《金剛經》所說的那樣：「我今利益一切眾生，實無眾生得滅度者。」

三種正念和三種利他，讓我們認識到，四種身分分別修習、成就什麼樣的正念和利他相關心理，才能由淺入深，有次第地走在菩提道上。

4・生命海洋

生命海洋是對修行結果的藝術性表達，關於此，菩提導航有三個內容。

首先是生命海洋的四個維度，即動和靜、清和濁、明和暗、冷和暖。凡夫的生命海洋，是動蕩、渾濁、昏暗、冷漠的。在修行過程中，要完成生命海洋的轉化，從動蕩到平靜，從渾濁到清澈，從昏暗到明亮，從冷漠到溫暖。這個變化可以通過修行數據來呈現，隨著覺醒、解脫和慈悲、利他心理的增長，海洋就會發生改變。

其次是四艘船，分別是啟明號、正念號、慈悲號和覺醒號，代表修行的四個階段。一是啟明號，在生命海洋中沉沉浮浮，隨時會被打翻。偶爾也會冒出海面，顯出微弱的光。通過不斷修行，微光會逐漸明亮。二是正念號，就像一艘快艇，通過正念解脫的修行，可以在輪迴海洋中乘風破浪，到達覺醒、解脫的彼岸。三是慈悲號，不再是一人獨坐的小艇，而是萬噸巨輪，可以承載一切眾生抵達覺醒彼岸。四是覺醒號，就像航空飛船那樣，可以超越時空，打破一切二元的局限。

每艘船都有一個口號。啟明號是「開啟光明覺醒的旅程」，正念號是「依正知正念走向覺醒」，慈悲號是「修習解脫相應心理，開展慈悲利他修行」，覺醒號是「通達空性，自覺覺他」。可見，四種身分始終伴隨著慈悲和正念，不是某個階段只修正念，某個階段只修慈悲，只是在不同階段有所側重。

第三是四艘船的裝備。我們知道，再簡單的船也要有基本裝備，如動力、方向盤、指南針、資糧、浮囊等。如果沒有這些，船就動不了，或是存在危險。修行也是同樣，所以我們設定了幾種裝備，即必須具備的心理。比如信心是動力，願力是方向，正見是指南，利他是資糧，持戒是浮囊。不管是啟明號、正念號、慈悲號還是覺醒號，都要具足這些裝備，才能順利航行，保障安全。

認識四種身分，就能釐清修行各階段的流程、邏輯，需要具備的修學和心行基礎，以及最終抵達的目標。

五、五處用心

打開菩提導航，首先出現的是五處用心，包含修學的任務和方法。這是我們順利走上菩提路的保障。五處用心，包括自修、共修、定課、日常生活、服務大眾五個方面，是三級修學特有的設置。其修行特點，主要體現於以下四點。

1．自修和共修

在學士、修士、勝士、智士各個階段，我們怎麼開展自修和共修？有四件事要做。

第一是了解課程。進入各個階段時，要對當下的修學內容清清楚楚。了解修學要求後，就要使用菩提導航，按要求修學並打卡。

第二是建立態度模式。各階段的修學，都要具備真誠、認真、老實的態度。

第三是遵循方法模式。在自修、共修時用好八步三禪。對於各個修學內容，知道自己目前在第三步、第四步，還是到第七步、第八步，以此完成觀念、心態、生命品質的改變。

第四是檢查用心。在自修和共修的過程中，我們應該用什麼心，培養什麼心，弱化什麼心？比如學士階段的自修中，有這樣一些重要提醒：

自修時，了知佛陀的偉大、佛法的殊勝，是否對三寶生起信心？這是關於信心的提醒。

自修時，是否對自己的不如法言行生起懺悔心？這是關於懺悔的提醒。

自修時，認識到生命蘊含著無限價值，沒能珍惜使用，是否生起慚愧心？這是關於慚愧心的提醒。

自修時，認識到生命是因緣因果的延續，是否生起止惡向善之心？這是關於向善心的提醒。

自修時，是否生起為利有情願成佛的利他心？這是關於利他心的提醒。

自修時，是否生起真誠、認真、老實的修學態度？這是關於態度模式的提醒。

自修時，能否用八步三禪，通過觀念的禪修調整心態、建立正念？這是關於正念的提醒。

自修時，是否對如此殊勝的修學因緣生起感恩心？這是關於感恩心的提醒。

自修時，是否存在懈怠、放逸？這是關於輪迴心理的提醒。

在每個修學階段，我們都設置了相關內容。自修有自修的提醒，共修有共修的提醒，定課有定課的提醒。包括在日常生活和服務大眾時，都有不同的用心提醒。讓我們明確，要用什麼心來修學兩條道路，由此建立什麼心，成就什麼心。

2・定課的要求

關於定課，同樣是有要求的。

第一是修學要求。在不同修學階段，定課會有不同的內容和要求。

第二是態度模式。我們做定課時，是不是真誠、認真、老實？只有端正態度，才會把心力投注其中，與法相應，而不是有口無心地念一念。

第三是方法模式。在四種身分各階段的修學中，定課有《慈經》、皈依、菩提心、正念和無念。正確了解各種定課的修行方法，才能有效完成定課。

比如《慈經》的定課，我們將在導航上提供修行標準，包括兩方面。

首先，是《慈經》的修行方法。其一，把《慈經》經文變成自己真誠的願望；其二，觀想自己的每個細胞都散發慈心，像陽光普照大地，溫暖一切眾生；其三，真正認識到自己和眾生是一體的，生起無緣大慈。

其次，是《慈經》修行對象的擴大。從對自己修慈心，到對身邊人，再到本地、全國、全人類，最後是法界一切眾生。

在慈心的修行中，我們是採用初級、中級還是高級的方法？慈心能散布到什麼程度？是對少數人還是對一切眾生？都是需要考量的。這樣才能知道目前處在什麼水準，有哪些需要改進的方面，未來又如何提升。

皈依的定課，是依《皈依共修儀軌》的引導影音，用心修習，幫助我們認識並建立對三寶的信心，真正將三寶作為生命的歸宿和依賴，最終開啟自性三寶，成就三寶品質。

菩提心的定課，是依「菩提心修習儀軌」，不斷強化菩提心，使之成為生命的主導力量。

正念的定課，圍繞發心、熱忱、有序生活、作意、所緣、專注、覺察、接納、不評判、正見十個元素。在方法上，可以選擇禪坐或身體掃描等方式修習。

無念的定課，是依無所緣、無造作、放鬆、空、明、寂靜、認出念頭、體妄即真、無分別不妨分別、夢幻感九個元素修習。

在不同修學階段，我們或以慈心為定課，或以皈依、菩提心，或正念、無念等為定課，都要根據五處用心的要求來做。

3．日常生活

日常生活的修行，分獨處和與人相處兩方面，重點是落實正念修行。包含以下幾方面。

第一是修學要求。根據自己所處的身分和修學階段，知道目前的修學課程是什麼，修學要求又是什麼。

第二是態度模式。不論獨處還是與人相處，都要具備真誠、認真、老實的態度。

第三是方法。運用正念禪修，在日常生活中訓練覺知，保持正念。

第四是用心。正念禪修中的用心包含兩方面，一是共同基礎心理，二是正念禪修需要訓練的十種心理要素，即前面所說的發心、熱忱乃至正見。在正念禪修中，首先要檢討，十種正念的元素是否具足。其次在日常生活中，從早上睜開眼睛，到晚上睡覺乃至做夢，是否都能保有正念？可以通過正念日記，對一天的心行加以記錄和檢討。接下來，我們也會把正念日記納入菩提導航的修學管理中。

4．服務大眾

服務大眾，重點是落實利他的禪修。關於這一點，我們原來是以做事為重點，比如項目管理關注的，是怎麼做好一件事。現在要加以調整，把利他禪修的週記落實到導航中。包含以下幾方面。

第一是修學要求，即當前課程的內容和要求。

第二是態度模式，即做事時要保有真誠、認真、老實的態度。

第三是方法模式，其中又包含三方面。首先，選擇當前要修習什麼心理，是修隨喜、感恩，還是修理解、同情、接納，還是修大悲心、平等心？其次，修習利他的對象主要有哪些人，是共同生活、工作、修學的人，還是社會大眾？

第四是用心方法，如何開啟利他修行？一是依《慈經》修習慈心，二是利和弊的思惟，三是緣起的思惟，四是空性見。四種方法中，可任選其一。

未來，我們就可以通過導航，檢測自己在服務大眾過程中，修習利他的情況。

五處用心代表了全方位的修行。我們過去的修行往往聚焦在某一點，比如念個經、做個功課，需要在特定場所進行，離開這個場所就不是修行了。而五處用心是把修行落實到生活的方方面面，通過八步三禪、正念、利他等禪修方法，確保我們完成各階段的修行，及學士、修士、勝士、智士的身分建設。

社會教育有學歷和學位，四種身分也包含學歷和學位。學完相關課程，可以得到結業證或畢業證；具足相應心行，才能獲得某種學位。當然，這種學位是無形的，是在大家心中。同時，這個學位又是無價的，是走向生命覺醒的通行證。

六、心理檢測與人格模型

五處用心到底修得好不好？有什麼成果？在過去的修行中，往往不是那麼明確。在導航中，我們通過具體的心理檢測，使這一成果標準化。自己修得好不好，對照一下，就能清清楚楚。

1．心理檢測流程

心理檢測的流程分四部分，即修學管理、心理提示、心理積累和心理檢測。

第一是修學管理。通過打卡，幫助我們建立有規律的修學習慣，以及良好、有序、健康的作息。現代人的生活多半混亂而無序，這是很不利於修學的。如果我們在這方面做得不好，導航會加以提醒。

第二是心理提示。通過每天的修學打卡，從自修、共修、定課到日常生活、服務大眾，提醒我們此刻應該用什麼心。凡夫都是活在強大的輪迴串習中，看不清自己。通過提醒，可以進一步確認，自己要擺脫什麼心理，培養什麼心理，就像《道次第》講的「捨凡夫心，發菩提心」那樣。

第三是心理積累。通過點泡泡，我們就會看到，自己所做的這件事應該用什麼心，在實際做事過程中，我們又是用的什麼心，用得對不對？

第四是心理檢測，即檢測修行結果。可以看到自己當前處於什麼樣的生命狀態，努力的方向在哪裡。這樣就不會盲目自大或妄自菲薄。

從管理、提示、積累到檢測，可以幫助我們深入地了解自己，知道當前應該建立什麼心理，擺脫什麼心理，有效地培養正念和利他心。

2．心理檢測方法

這個方法是受到心理學的啟發。其中，正向心理檢測有七個問題，負面心理檢測有八個問題，分別立足於三個維度。一是檢測時間維度，是偶爾有信心、經常有信心，還是始終有信心？二是檢測穩定性，信心是容易動搖、不易動搖，還是始終堅定？三是檢測心力強度，信心不能戰勝不信、有時能戰勝不信，還是始終能戰勝不信？

負面心理也是同樣，一是檢測時間維度，是偶爾放逸、經常放逸，還是不放逸？二是檢測覺知的反應速度，是放逸時覺察不到、很久才能覺察，還是能迅速覺察？三是檢測對治力量，是覺察後無力對治、有時能對治，還是覺察後立刻就能對治？隨著正念的增長，我們對煩惱的覺察會越來越敏銳，對治力也會越來越強大。

3．心理數據——人格模型——曲線圖

我們要定期檢測自己的心理數據，看看依此形成的人格模型：共同基礎心理修得如何？解脫相應心理、慈悲相應心理成就了多少？輪迴相應心理減輕了多少？打開曲線圖，我們就會一目了然，知道修行的產值有多高。這樣，修行就會變得既直觀，又具體，而不是含含糊糊的。

修行不是玄學，通過這些檢測可以知道，自己當下是什麼狀況，下一步要做什麼。

4・生命海洋

這是心理數據的藝術化呈現。我們過去做這一塊時，不能如實呈現生命海洋的所有變化。比如修士階段，重點呈現了解脫相應的心理數據；勝士階段，重點呈現了慈悲相應的心理數據。事實上，從學士、修士、勝士到智士，整個修學過程都貫穿著正念和利他，不僅是在某個階段才修。所以，我們未來會對生命海洋作進一步優化，不管修正念還是利他，有一分數據就會有一分呈現。

生命海洋的呈現，有動靜、清濁、明暗、冷暖四個維度。通過八步三禪和正念、利他的修行，隨著正見、正念、慈悲的增強，平靜、清澈、光明和溫暖的力量也會不斷增長。從昏天黑地、濁浪滔天，逐漸風平浪靜，最終是碧海藍天，光照大千。

這些都是根據心理數據呈現的，是多維且立體的。當我們看到生命海洋的正向變化，就會對修行充滿力量，對未來充滿信心。

七、小覺同學

按我們最初的設想，小覺同學主要有三個功能，分別是提醒、點讚、幫助。

第一是提醒。比如你的行為是否達標，每天該做的事完成了沒有，他會跳出來提醒。

第二是點讚。當你做得比較好，完成度比較高，他會給你一些鼓勵。

第三是幫助。比如導航中有新手上路時，他會就各種常見問題提供幫助。

目前，小覺同學的水準比較低，還在幼稚園，希望未來能成為專家，成為時刻陪伴大家的善知識。

這就需要為他建立知識圖譜，提升智慧程度，讓他具有思考能力，自己就能解決問題。而不是你設定一些問題，給他一個現成的答案。現在，人工智慧有了飛速發展，可以自己寫文章，做設計，相信這也會成為小覺同學的成長契機。

我們要建立的知識圖譜，主要是訓練兩點：一是根據課程系統，讓小覺同學具備相應的知識結構和理論體系；二是幫助小覺同學形成自己的思惟方式，最好能把我的思惟方式變成他的。總之，我們要把小覺同學的成長作為努力方向。

一條道路，九種禪修

——二〇一九年春講於三綱培訓

二〇一八年下半年以來，我們一直在探討三級修學的App，要做好這項工作，必須明確整個修學的理路、方法，及每一步所要完成的心行改變。在此過程中，我們對三級修學的理路和禪修方法作了細緻梳理，今天和大家分享一下。

一、一條道路

修行是一條路，一條通往覺醒、解脫的道路。那麼三級修學和這條路有什麼關係？怎麼認識這條路？首先要看到，這條路有兩個層面，一是修學層面，是目標清晰、次第明確的修學之路；二是心理層面，是一條通往覺醒、解脫的心理路線。

1．修學之路

從修學層面來說，三級修學是構建一條生命的覺醒之道。簡單地說，可分為十個步驟，也可理解為十大站點，分別是智慧人生、走近佛陀、入道基礎、皈依三寶、深信業果、發出離心、修解脫行、發菩提心、行菩薩行、空性禪修。同喜、同修、同德的課程設置，正是幫助我們有目標、有次第、有方法地走在修學路上，邁向覺醒。

2．心靈的覺醒之路

不少人雖然學了很多教理，做了很多事情，也在努力修行，表面是向前走，但內在心行如何呢？如果不懂得如何用心，所有的修學和做事可能還是在成就我執，成就輪迴的心理。這種現象在佛教界並不少見。所以在三級修學中，我們特別強調「讓做事成為修行」，並建立了一套有機制保障、用心引導和團隊提醒的做事方式，盡量避免這種現象。

因為無始以來的串習力量強大，所以我們要認識到，除了修學之路，還有心靈的覺醒之路，這才是學佛的關鍵所在。在修學過程中，不僅在於學了多少，做了多少，關鍵是用什麼心做事？成就了什麼心？有沒有構建起通向覺醒的心理路線？如果不抓住這些重點，忙了半天，不過是增長世間福德而已。

禪宗公案記載，梁武帝問達摩祖師：我廣造寺宇，度人為僧，有多少功德？祖師回答說：這些並沒有功德，有的只是人天小果，有漏之因。為什麼這麼說？因為功德來自心性修養，而不在於做了多少事。修行正是如此。除了看得見的修學層面，還有看不見的心理層面。學佛的結果如何，不僅在於學到哪個進度，知道多少法義，還要看內心是不是和覺醒、解脫相應。

關於心靈的覺醒之路，我綜合《百法明門論》、《道次第》、《入菩薩行論》作了歸納，可以分為四部分。

第一是入道的基礎心理。一是信，即對三寶的信心；二是慚和愧，即羞恥心，所謂知恥而後勇，是走向菩提的動力；三是善法欲，即出離心和菩提心；四是持戒，此為定慧之基，解脫之本。這些都是走上菩提道不可缺少的心理基礎。

第二是和解脫相應的心理，重點是成就智慧，成就解脫。一是勝解，對三寶和佛法正見有堅定不移的信解；二是念，依正見建立正知正念並不斷修習；三是精進，即堅持不懈的努力；四是定，持續安住於正念並使之穩定；五是慧，即開啟智慧。最終成就無貪、無嗔、無痴，從而遠離粗重，身心輕安，處於平衡、平靜的平等捨心。培養覺醒、解脫相應的心理，就能完成覺醒、解脫的修行。

第三是和慈悲相應的心理，主要來自《道次第》、《入菩薩行論》的體系。通過修習菩提心成就慈悲，包括平等心、慈心、悲心、理解、同情、接納、布施、愛語、利行、同事、忍辱等心行。

第四是空性正見。我們要徹底斷除迷惑，打破二元對立，必須修習空性見，包括無我、無自性空、無所得、無住的正見，以及唯識、如來藏的正見等。通過這些正見，完成空性禪修，開啟內在覺性。

通過以上兩條道路，可以有效改造生命系統，走上覺醒之路。我們要相信，眾生都具備覺醒、解脫的能力，具備自我拯救的能力。只是這種能力被無始以來的凡夫心掩蓋了，暫時不起作用，這就需要加以開發。關於覺醒、解脫心理的建設，就是幫助我們明確這條道路的心理過程。只要走對了，就能穩步向前。

佛法不是玄學，每種心行都有檢驗標準，修得好不好也是可以衡量的。三級修學是構建一條生命的覺醒之道，我們知道這條路怎麼走，明確重點在哪裡，在修行過程中才有信心，才不會偏離方向。

二、四種身分

修學的過程，也是生命成長的過程。在不同修學階段，生命品質會有什麼特質呢？根據三級修學預科、專科、本科和研究生的學習，我們施設了學士、修士、勝士、智士四種學位。世間的學位是代表知識積累，但三級修學是一種生命教育，學位也是和生命成長掛勾的。只有具備某種生命品質，才能獲得相應的學位。生命品質來自哪裡？來自觀念和心態。當我們的觀念和心態發生改變，生命品質才能隨之改變。佛菩薩的修行歷程也是如此。

1．學士

三級修學中，學士屬於預科階段的身分，學習內容為同喜課程。世間的學士是完成本科學習並參加論文答辯，才能拿到學位。三級修學也是一樣，不是學完同喜班課程就算學士了，也要參加答辯。我們正考慮設立學位委員會，對如何獲得學位建立一套考核標準，並和生命品質掛勾。

所謂學士，即學習人生智慧、探究生命意義的人。同喜班的學習，正是引導我們以佛法智慧認識世界，探索生命真相。人生有兩大問題，一是現實問題，這是多數人關心的；一是終極問題，這是哲學和宗教關注的。

同喜班第一進度中的人生佛教小叢書，包括對現實和終極問題的關注。不僅從佛法角度解讀傳統文化、環保、財富等現實問題，還引導我們思考終極問題，比如「我是誰？生從何來，死往何去」等。

第二進度的佛傳篇、信仰篇則告訴我們，對終極問題的探索究竟有沒有出路。在《走近佛陀，認識佛法》中，通過佛陀的修行和成道經歷，為我們介紹了成功的解決案例。佛陀不僅自己找到了答案，還施設無量方便，引領我們從迷惑走向覺醒。

通過同喜班的學習，我們學會以佛法智慧看待人生，關注終極問題，並找到生命出路。古往今來，很多哲學家也在關心這些問題，但真正找到出路的人很少。我們能遇到佛法，遇到有效的修學方式，是很有福報的。所以這個學士的含金量很高，不管我們在世間有多高的學位，生命教育都是不可缺少的。

2．修士

修士屬於三級修學專科階段的身分，課程為同修班第一和第二進度，開始走上生命覺醒之道。現在很多人學佛，但並不清楚這條路究竟怎麼回事，甚至搞不清自己是否已經上路。即使僥倖走上正路，也往往不清楚自己走到哪裡，接著要怎麼走。

同修班《道次第》的課程，重點是為我們開顯修行的綱領和要素。如道前基礎、下士道、中士道、上士道的設置，就是告訴我們，這條路有哪些重要階段，應該怎麼修，檢測標準是什麼，為我們開示了清晰的修行理路。

而《百法明門論》的課程，則指出了菩提道、解脫道的心理路線。世間有各種心理學，從某種意義上說，《百法》就屬於解脫心理學。它所關注的，正是輪迴和解脫。這是印度所有宗教關心的兩大問題，佛教也不例外。

怎麼認識輪回和解脫？其實，輪迴是一個心理過程，解脫也是一個心理過程。解脫心理學就是引導我們擺脫輪迴的心理，構建解脫的心理。如果不了解調心之道，即使做了很多事，可能還是在構建輪迴的心理。因為輪迴和解脫是取決於我們的內心，而不在於做了什麼。做事只是修行的助緣，以此成就與解脫相應的心行。

專科階段的學習，主要是認識解脫道的修行要領和心理路線，確保修行走上軌道。《道次第》的學習，是完成「捨凡夫心，發菩提心」的心理引導；《百法》的學習，則是從正知、正念、定、慧，到無貪、無嗔、無痴、輕安，一路往前。當我們明確解脫路線，走上解脫之路，才有資格稱為修士。

3・勝士

勝士屬於三級修學本科階段的學習，課程分為兩類，在家眾是同修班第三、第四進度，出家眾增加第五進度。所謂勝士，即具備廣大願心，並願意幫助一切眾生走向覺醒的人。《入菩薩行論》、《瑜伽菩薩戒》和《道次第》上士道的學習，就是引導我們發起真切的菩提心，建立崇高的利他主義願望。通過預科、專科階段的學習，我們已經看到迷惑、煩惱的過患，如果不能解脫，只能繼續輪迴，別無他路。

所以我們要戰勝自己，去除我執形成的不良串習，把走向覺醒當作人生最重要的事，同時還要具備大願心、大胸懷，真正獻身於利他事業。這一思想境界已遠遠高出普通的世間人，故稱勝士。

4・智士

智士屬於三級修學研究生階段的身分，課程為同德班的內容。所謂智士，即開啟智慧、認識生命真相的人。在這一階段，我們要學習唯識見、中觀見，以及禪宗和普賢行願的見地，並依此指導空性禪修，從文字般若到觀照般若，最終成就實相般若。如果前面的學習基礎扎實，粗重的煩惱已經去除，進入空性見的修行並不會太難。只要方法正確，次第前行，是可以抵達的。

三、五處用心

說到修行，我們總覺得要有某種特定形式。比如聞思法義才是修行，修習皈依才是修行，做有關佛教的事才是修行，等等。這就涉及一個問題：怎麼認識修行？是不是有特定形式？在三級修學中，修行包含五個方面，又叫五處用心。

1・自修

這是三級修學的重要內容，學員每天、每星期都要自修法義。怎樣才能有效自修？首先要有真誠、認真、老實的態度，這樣才能擺脫凡夫心的把戲，與法相應；其次是運用八步三禪的方法；第三是考量效果，檢查這些學習有沒有完成觀念、心態和生命品質的改變。我們在自修時，要從這三點來禪修。

其中，態度模式非常關鍵。人都是活在各自的認識和需求模式中，這就決定了我們的生活，乃至我們的世界。凡夫現有的認識和需求模式是以無明為基礎的，是導向輪迴的。如何才能改變這一現狀？前提就是端正態度。

《道次第》的聽聞軌則講到「離三過，具六想」，正是引導我們調整學法態度，成為合格法器。凡夫心的干擾很多，如果不培養真誠、認真、老實的態度，是不可能於法受益的。如何從不真誠到真誠，從不認真到認真，從不老實到老實？這個過程必須不斷串習，通過禪修訓練，改變態度模式。

八步三禪屬於方法模式，通過這種方法，所學法義才能在心相續中產生作用，進而改變生命品質。其中最重要的，是觀察修和安住修。這是《道次第》開顯的心理引導方式，從認識到人身的暇滿、義大利、難得，再到下士道、中士道、上士道的施設，引導我們成為合格法器，走向解脫，自覺覺他。每一部分法義，我們都要通過相應禪修才能完成心行建設。如果心行沒有建設起來，即使表面看起來在學佛，其實還是走在輪迴路上，和修行是沒關係的。

以上是關於自修的用心，通過態度模式、方法模式的禪修訓練，完成觀念、心態、品質的改變。

2·共修

關於共修的用心，和自修的共同之處在於，都要圍繞法義建立態度模式、方法模式，完成觀念、心態和生命品質的改變；不同在於，共修時還要訓練自我檢討的心、接納的心、結緣的心、隨喜的心、利他的心。

每個當下都是修行的增上緣，也是不斷檢討自己的過程。在共修時，我們能否帶著自檢的心，檢討自己的不足，隨喜他人的功德？每個人都可能出現各種問題，這時你是牴觸、對立、沒興趣，還是用接納的心包容對方？這些都是修行的對境，如果沒有對境，我們很難看清自己還有沒有對立的心。

在和他人分享時，我們是否帶著結緣、利他的心，希望以此和大家結下法緣，希望我的分享能利益更多的人？如果我們帶著供養、利他的心，每一次都會認真地參加自修和共修。否則就可能隨便說幾句，於人於己都沒有利益，甚至是在浪費時間。所以我們要培養結緣的心，利他的心，供養的心，督促自己認真自修，否則拿什麼來利他，來供養？此外，還要培養隨喜的心。平常人看到他人表現出色，往往會不以為然：也沒什麼了不起的。事實上，隨喜是很好的修行捷徑，可以讓我們迅速打開心量，積累資糧。

總之，從小組共修到班級共修，都可以完成自利和利他的修行。自利就是用八步三禪提升自己，利他就是在共修中培養接納、結緣、隨喜、供養等正向心行。如果不能利用好這個機會，是極大的浪費。

3·定課

定課是重要的修行內容，通過持之以恆的訓練，可以令心安住，強化信心道念。如何讓定課真正成為修行，而不是流於形式？關鍵是善用其心。

同喜班的定課是修《慈經》。很多人聽到《慈經》時，會感覺很安靜，很祥和，但對定課來說，更重要的是依此修習慈心。現代人往往內心封閉，對他人冷漠、無感甚至對立，使得人與人之間形成一道無形的牆。而修習慈心可以打破隔閡，培養對他人的好感。

所以我們在聽《慈經》時，要用心體會其中的每一句話，隨文入觀，將此當作發自內心的想法——「願我無敵意，無危險，願我沒有身體的痛苦，願我沒有精神的痛苦，願我保持快樂。願我的父母親，我的導師、親戚和朋友，我的同修，無敵意、無危險，無精神的痛苦，無身體的痛苦，願他們保持快樂」。然後帶著這樣的慈心，散播給身邊所有的人，乃至一切眾生。進而在生活中不斷串習這種心行，隨時修習並散播慈愛，長養慈心。

此後還有關於皈依的定課，我們也有詳細的引導，主要包含前行和正行。前行是通過發心、懺悔、供養，營造心靈氛圍；正行是通過觀察修和安住修，對三寶生起真切的皈依之心，然後唱誦並憶念三皈依，修習佛隨念，投歸三寶懷抱，安住於三寶的無盡功德中。

其中每個環節，都要用心去修。比如修發心時，我們是有口無心地念一念，還是把它變成對自己的提醒，變成自己真切的想法？還有懺悔，能否通過念誦懺悔文，檢討自己的身語意，避免陷入輪迴的串習，安住在清淨的三業？用心到位了，定課才能保質保量。

通常的定課就是千篇一律地念一念，也不管是否理解。而我們的定課是建立在三級修學的基礎上，每個內容都有理論為支持，修什麼，怎麼修，需要達到什麼效果，都是清清楚楚的。所以我們要把學習和定課的用心結合起來，避免流於形式。這不僅是在選擇令心安住的目標，同時也包含如何直接認識心的本質，是佛教中最高的禪修。

4．日常生活的修行

日常生活的修行包含兩方面，一是獨處時怎麼用心，二是和別人相處時怎麼用心。

一般人獨處時，因為無人監督，很容易隨順凡夫心，隨順世俗串習，如刷手機、看電視、玩遊戲、打妄想，任由貪嗔痴當家作主。所以儒家也講到慎獨，要人們重視獨處時的心行，因為這時候最容易打回原形，放任自流。

我們修學後，能否在獨處時保有正念？如果不注意的話，還是會被凡夫心左右。修行是要讓正念貫穿到二六時中，包括睡覺乃至臨終，任何時候都讓正念成為主導。但在我們的生命中，凡夫心根深柢固，想和它爭奪領地，必須付出極大的努力。尤其在獨處時，我們究竟是隨順凡夫心的串習，還是用來培養正知正念，用來聞思、禪修、利他？生命是我們所擁有的最大資源，究竟用這個資源為輪迴服務，還是為覺醒服務？我們要作出選擇，更要用行動來支持這個選擇。

與人相處也有兩種情況：或是隨順世俗串習，長養和輪迴相應的心理；或是保有正知正念，建立和解脫相應的心理。這也是我們需要加以審視的。不少人在與人相處時，或是以自我為中心，對人冷漠無感；或是帶著功利心，虛偽應酬，假意諂曲；或是貪著他人福報，甚至心生嫉妒。當然也有很多好的，這裡是指凡夫心的把戲。事實上，這些不良心態往往在不知不覺中就會生起，所以我們要保持正念，而不是隨順世俗串習，被凡夫心乘虛而入。

進一步，還要在與人相處時培養正知正念，培養慈悲、利他、理解、同情、接納、包容等正向心行。

對自己來說，這是自利的修行；對他人來說，這是利他的修行。

5．服務大眾的修行

在修學的同時，大家會積極參與傳燈、修學、輔導等義工行，包括生活中，也會做很多利他善行。在做事過程中，我們是沿用世間做事的心態、習慣，還是在行菩薩行，培養菩薩應該具備的心態和素養？這是關鍵所在。

如果我們用世俗心做事，即使做得再多，還是在增加我執，增加貪嗔痴。事實上，這種情況非常普遍。因為凡夫就是這樣的用心習慣，根深柢固，所以我們才一再強調要「讓做事成為修行」。如果隨順固有習氣，那麼做的事越多，輪迴的串習就增長得越快，最後自己痛苦，大家彆扭，團體隨之遭殃。反之，如果在做事過程中不斷弱化我執，增長慈悲，就是個人成就，大家開心，團體平安和樂。

怎樣讓做事成為修行？關鍵是學會怎麼用心。我們提出的「陪伴、關愛、理解、引導」的八字方針，以及「理解、同情、接納、幫助、無條件幫助」的菩提心五支修法，再到「布施、愛語、利行、同事」的四攝法門，都可以作為檢驗標準，看看自己在服務大眾過程中，有沒有跳出自我感覺，修習利他心和慈悲心。如果我們能這樣做的話，本身也是修習空性的助緣。

學佛要解決的心靈堡壘就是我執，主要有兩種方式。一是通過智慧照見五蘊皆空，因為我執本來沒有，只要看清真相即可；一是在利他過程中弱化我執，如果生起純粹的利他心，這個我就沒有立足之地了。要讓服務大眾模式真正成為智慧和慈悲的修行，必須有正見指引，善用其心，否則的話，利他同樣會成就我執。

以上是修行的五處用心，包括了人生的方方面面。我們要讓修行滲透到每個當下，讓凡夫心沒有戰場，沒有發揮餘地。

四、九種禪修

說到禪修，大家首先要明確，通過所學法義來訓練並改變內心，這個過程就是禪修。有些人之所以學了用不起來，就是因為缺少禪修訓練，所學永遠只是知識，無法轉變為觀念、心態和生命品質。

過去有些人覺得我們沒有禪修，其實三級修學中蘊含著九種禪修訓練，只是我們沒有特別強調而已。通過多年發展，三級修學的外在建設正逐步完善，接下來要加強內在生命系統的建設，讓修學真正保質保量，這就離不開有效的禪修。那麼，九種禪修是什麼呢？

1．慈心的禪修

慈心的禪修，主要是根據《慈經》隨文入觀。現代人往往以自我為中心，對他人冷漠、無感；或是從自我感覺出發，對他人生起對立、排斥等負面情緒。這樣的人生是很難幸福的。想改變這種生命狀態，必須通過慈心的禪修不斷串習，對眾生建立好感，給予關愛。

每種心理如何從生起到穩固，我總結了八個字，那就是「建立、培養、訓練、熟悉」。關於慈心的修行，我們首先要建立對眾生的慈愛，然後加以培養，並在各種境界中不斷訓練，讓慈心的力量逐步壯大，最後成為自己最熟悉的一種心理，時時都能生起，任運自如，就像以往對貪嗔痴那麼熟悉。換言之，是讓慈心替代原有的貪嗔痴。

《慈經》就在幫助我們完成這樣的訓練。關鍵是在聆聽《慈經》時用心思惟，把其中的每一句話，真正變成發自內心的願望和想法。

2・八步三禪

八步三禪是我們重要的修學方法，是把法義落實到心行的有效途徑。但我發現，凡夫人格也是通過八步三禪形成的。凡夫人格的基礎就是無明，所以對人生和世界充滿誤解，進而形成無明的文化。反過來，又使我們受到這種文化的影響。所以我們都是活在無明文化的大環境中，一方面參與製造，一方面又在接受這種文化，形成錯誤的人生觀、世界觀和價值觀。

因為三觀不正，就會導致根本煩惱和隨煩惱。進而重複、強化、發展這些煩惱，在煩惱中不斷輪迴，造就凡夫的觀念、心態和品質，成為合格的凡夫。這個過程也離不開八步三禪，離不開態度和方法模式。可見八步三禪的方法是中性的，且具有普遍性，不僅可以用來修行，也可以訓練凡夫心。我們投入什麼材料，就能加工出什麼產品。

三級修學依託的是覺醒文化，不論同喜班的內容，還是同修、同德的課程，都來自佛陀在菩提樹下證悟的真理。我們通過聽聞佛法，不斷思惟，依正見建立三觀。然後運用這種觀念，完成心態的改變；進而強化心態，造就佛菩薩那樣的生命品質。

在此過程中，八步三禪是重要的轉化環節。佛法所說的聞思修、信解行證，以及親近善知識、聽聞正法、如理作意、法隨法行，都是告訴我們要善用理性，通過如理分別完成修行，改造生命。只是很多人忽略了這一點，只注重修行的外在形式，內心卻和佛法智慧嚴重脫離。

我經常感慨，佛法如此高深，普通信眾的素質卻相距甚遠，讓人感覺佛教只是求求拜拜，沒有文化，甚至是愚昧、迷信的象徵。之所以這樣，正是因為我們不能落實佛陀指出的修學理路，不能通過自身言行展現這一智慧的殊勝。所以說，如何於自身落實佛法，也是作為佛弟子的責任所在，是續佛慧命的根本所在，而八步三禪正是對如何認識佛法到依教奉行，作了實操性很強的現代解讀，意義重大。

3．日常生活的修行

生活中的衣食住行、工作交往，占據了人生的大部分時間。如果這段時間不能和修行相應，還是在修凡夫心、修貪嗔痴，即使每天有一兩小時的定課或聞思，又怎麼抵擋得了？所以修行必須貫穿到整個生活中，而不只是在座上，還要延伸到座下，延伸到一切時。

說到日常生活，包括吃飯時怎麼修行，走路時怎麼修行，獨處時怎麼修行，待人接物時怎麼修行，乃至生活的方方面面，數不勝數。但概括起來無非是兩點，一是觀念，一是心態。這是修行必須解決的兩大問題。一個人會不會修行，區別就在於，我們有什麼樣的觀念和心態。

在三級修學中，也貫穿著日常生活的修行，並在各個階段為我們提供不同支持。比如人生佛教的學習，是幫助我們重塑人生觀、世界觀、價值觀。過去很多人覺得，三觀是哲學問題，或代表政治水準。其實，三觀和每個人的生活密切相關。不論你有沒有學哲學，有沒有思考人生，都會在不知不覺中形成自己的三觀，形成相應的人生態度、思惟方式，以及習慣、心態、性格。

正是這些生命積累，構成了我們當下的存在，也決定了未來的人生。修行，正是從這兩方面開始改變。我們的很多學員學了一兩年，甚至幾個月，心態和人際關係就有很大改變。為什麼能有這樣的效果？原因就在於，他的三觀改變了，能以智慧來看待人生，解決問題。這樣做的時候，心態自然會隨之改變。心態變了，世界也隨之改變。

當然，三觀建設也要隨著修學不斷深入。從《道次第》的因緣因果，再到同德班的唯識正見、中觀正見、禪宗正見等，都在引導我們不斷提升認識。包括正念、慈心和利他心的訓練，也是引導我們在生活中隨時隨處地修行。

總之，不論聞思、禪修還是生活、工作，關鍵是用什麼心在做。如果能在正見、正念的指導下，具備和解脫相應的心行，那麼生活的每個當下都可以是修行。

4・皈依的禪修

在同喜和同修的課程中，都有皈依的相關法義。此外，我們還將皈依的修行作為定課，需要每天強化三寶在心目中的分量。

因為凡夫的生命基礎是無明，所以對自我和世界充滿誤解。我們不斷尋找依賴，最後卻發現，我們所依賴的財富、地位、家庭、感情都是泡沫，唯有三寶才是究竟的歸宿。但確認這一選擇後，它的力量還是微弱的，還會受到各種干擾，不足以推動生命走向覺醒。這就需要通過皈依的禪修，不斷培養、訓練、熟悉對三寶的信心。

三級修學的方法模式中，有一個十六字竅訣，即「樹立正見，認清真相，擺脫錯誤，重複正確」。其實這個竅訣也有普遍性，想學好世間任何東西，都離不開這一規律。所以我們在確立信仰後，還要不斷重複。通過正確的重複增進信心道念，增進對三寶的歸屬感，乃至時時安住其中，將自我中心轉變成以三寶為中心。

5．菩提心的禪修

學佛人都知道要發菩提心，但真正發起來、發得有力量的不多，往往是流於口號。為什麼會這樣？一方面是對菩提心的意義認識不足，另一方面是缺乏訓練，不知道如何長養這一心行。

自二〇〇三年以來，我一直在弘揚菩提心教法，相關書籍和影音有《認識菩提心》、《修習菩提心》、《入菩薩行論》等，並多次傳授菩提心戒。在三級修學中，「修習菩提心」也屬於定課之一。

說到菩提心的禪修，首先要認識到：為什麼要發菩提心，怎麼來禪修？凡夫心混亂而迷茫，我們看不清方向，看不清生命的究竟價值，也不知道未來去向何方。而發菩提心正是幫助我們找到生命中最有價值的心理，最有意義的方向——那就是覺醒。

《入菩薩行論》開篇就是「菩提心功德品」，詳細闡述了菩提心的意義和重要性，使我們心生嚮往。因為菩提心首先是一種願望，要確立幫助眾生走向覺醒的願望，然後不斷地培養、訓練、熟悉、安住。發起願菩提心之後，還要受持菩薩戒，在每個當下，都能帶著慈悲心去利他，此為行菩提心。

但願心和行心都屬於世俗菩提心，進一步，還要通過同德班的修學，生起勝義菩提心。這就需要通過空性觀修解除凡夫心，使菩提心不斷提純，像佛菩薩那樣，以無相、無住、無所得的心利益眾生。

6．僧格養成的禪修

這是出家眾的修行，在家眾也可增長一點認識。說到僧格養成，我們都知道和戒律相關，那麼它和禪修有什麼關係？其實，僧格養成也需要訓練。出家前，幾十年的社會生活和教育，使我們從外在形象到思惟方式都已形成世俗串習。如果不加改變，即使剃髮染衣，也算不上合格的出家人。

關於僧格，簡單地說，就是外在威儀；深入地說，則是內在氣質和生命品質。外在和內在的共同轉變，才能從俗人脫胎換骨，蛻變為合格僧人。首先是威儀的訓練，比如出家人應該怎麼吃飯，怎麼和人交流，怎麼行住坐臥，都要符合戒律的規範，符合沙彌戒到比丘戒的要求。進一步，還要了解這些外在威儀的修行意義，導向內在的改變。

如果說生命是一個產品，那麼僧格就是出家人的產品標準。在成為合格僧人的過程中，需要通過禪修的訓練。外在需要依戒而行，使自己的言行舉止符合威儀，而更重要的是培養內在氣質。我經常說，僧人要有兩個特質，一是脫俗，一是寂靜。這就必須在持戒的基礎上，進一步修定發慧，對世俗不再有任何黏著。當內心真正放下，再加上外在威儀，就會成為法相莊嚴、受人尊重的僧寶。

如果不通過相應訓練，哪怕學了一點戒律知識，或是生活在僧團，但整個表現可能還是與在家人無異，那就不具備僧格，這個產品也是不能完成的。

7．服務大眾的禪修

在五處用心中，也講到服務大眾。我們踐行的兩套模式，是以三級修學模式導向智慧的成就，以服務大眾模式導向慈悲的成就。但如果我們不能把做事變成修行，服務大眾也可能長養我執，甚至成為貪嗔痴的助緣，所以我們會通過團隊、模式、正確用心等方式來避免這一偏差。

那麼，怎麼把服務大眾變成禪修？這就要在做事過程中，帶著菩提心去做，通過「陪伴、關愛、理解、引導」，通過「理解、同情、接納、幫助、無條件幫助」，以及「布施、愛語、利行、同事」的四攝法門，根據不同的因緣，來建立慈悲心和利他心，進而不斷地培養、訓練、熟悉這些心行。

8．正念的禪修

未來我們會在學習《百法》的階段，加入正念禪修。因為《百法》貫穿著輪迴和解脫的心理，從欲、勝解、念、定、慧，到無貪、無嗔、無痴、輕安等，都是導向解脫的心理。

欲是善法欲，希望以修行提升生命品質的願望；勝解，是對佛法正見和佛菩薩功德有堅定不移的信解；念，是依四念處建立正知正念，以此開發智慧，遠離貪嗔痴，使身心輕安。進一步還要發菩提心，在空性見的指導下，完成大乘解脫道的修行。

這是三級修學中關於解脫行的重要理路。以《道次第》作為禪修的基礎和輔助，採用四念處的訓練方法，了解什麼是正知正念，然後不斷培養、訓練、熟悉，時時安住其中。

9．空性的禪修

在八步三禪、正念禪修的基礎上，還要學習唯識、中觀、普賢行願和禪宗的見地，以此觀照內心。心態就是兩個東西，一是影象，一是念頭。平常人的念頭太粗，無明的力量太重，所以總是被影象和念頭左右。如果能把前面的禪修做好，心變清淨了，再來觀照心念，體認空性，自然會容易多了。

空性禪修就是引導我們體會本自具足的覺性和明性。有了觀照力，就能照破影象，看到念頭的本質是空性，所謂覓心了不可得。看清這一真相，影象和念頭的力量就沒那麼大了。平常人體會不到心的明性，體會不到虛空般的心，才會把影象和念頭當作一切，為其左右，不得自在。

對覺性有了體會後，還要不斷培養、訓練、熟悉。所以禪宗在見道後還要保任，就是不斷熟悉，時時安住，生命才能自在無礙。

以上講到九種禪修，在用心方法上，主要是運用心的三種能力。八步三禪是運用理性，通過聞思經教，重新認識生命和世界，解構以往的錯誤認知，擺脫凡夫心。

同德班有關《普賢行願品》的修行，則是運用想像力。我們要通達空性，關鍵是轉化所緣對象。因為心和認識有關，比如我們覺得某人對自己很好，對他就感到親切，反之則會心生嗔恨。這些念頭都來自我們對境界的設定，進而決定我們的心態。如果我們改變設定，心態也會隨之改變。此外，我們的心很容易陷入某個焦點，局限而狹隘。而普賢行願的觀修是讓我們放棄所有焦點，建立無限的所緣。其實這是心的本來狀態，是非常高明的修行。如果我們經常做這種觀修，利用想像建立無限的所緣，體會無限的心，將是證悟空性的重要助緣。

第三是運用覺知力，比如我說話時知道自己在說話。唯識宗認為，人的認識包括見分、相分和自證分。當我們看到影象時，知道自己在看影象；或是在情緒生起時，知道自己高興還是不高興。這種自覺、自證、自知的能力，是心本身具備的，可以用來修習觀照般若。當這種覺知力生起時，心就不會陷入對所緣的執著，而能像《楞嚴經》所說的「反聞聞自性」那樣，讓心回歸覺性，完成空性禪修。

三種用心方法，分別運用了理性、想像和覺知力。通過這些手段，可以引導我們解構凡夫心，解構二元對立的世界，最終通達空性。

以上所說的一條道路、四種身分、五處用心和九種禪修，都屬於內在修行道路和禪修方法的建設，非常重要。希望大家對這個思路有明確認識，接下來，我們還會做相應的完善，讓大家對每一部分的修行和檢驗方式更加清晰。有了這些引導，未來我們在修行上一定能達到無我無相，保質保量。

八步驟三種禪修

二〇一五年，我們的整個工作要回歸核心，即傳承並傳播三級修學。不論輔導、修學，還是傳燈、慈善，都要圍繞這個共同的核心。其中，輔導工作又是傳承三級修學的關鍵所在。

如何才能有效落實三級修學？重點就在於十八字方針，在於八步驟三種禪修。所以，我們要把認識和運用十八字方針，作為輔導委培訓的重點。從輔導員、實習輔導員到輔助員，都要掌握相關內容。如果輔導員都不能掌握十八字方針，不知如何運用八步驟三種禪修，怎麼能帶好一個班，並指導學員運用？

今天，我將從五個方面來和大家談一談。

一、真誠、認真、老實

十八字方針中，「真誠、認真、老實」屬於態度模式，也是落實方法、達到修學效果的前提。那麼，它對落實三級修學到底有多大作用？這是很多人開始修學時容易產生的疑問。有些學員甚至會對此心生牴觸：我們是仰慕佛法智慧來修學的，這個起點是不是太低了？我們是小學生嗎？這也值得強調嗎？

之所以有這樣的定位，是特別針對今天的學人而設置的。當今這個時代，就是一個不真誠、不認真、不老實的時代，這種習慣和學佛完全是背道而馳的。事實上，這正是很多人修學難以相應、不得受用的癥結所在。不真誠，就會目標不清，不知學佛是為了調心治病；不認真，就會淺嘗輒止，就像用藥劑量不足，難以生效；不老實，就會四處攀緣，今天接受這種治療，明天嘗試那個配方，尚未看到療效就不了了之。總之，沒有真誠、認真、老實的態度，是不可能藥到病除的。

在《道次第》的聞法軌則部分，講到聞法要離三種過、具六種想，這和三級修學所說的「真誠、認真、老實」到底是什麼關係？

凡夫心的特點，就是無明和我執。因為無明，使我們的認識受到感覺、情緒和觀念的影響，從而產生種種錯誤認識。因為我執，又會以自我為中心，把自己對世界的錯誤認識當作真實，並執著於此。我們相信自己的感覺，但這個感覺是錯誤的。所以，人要改變自己非常困難。除非我們認識到自己存在的問題，進而接受智慧文化的教育。

佛法不僅能幫助我們看到存在的問題，還能為我們提供智慧的認識。但它究竟能對我們產生多少療效，是取決於每個人自己。我們惟有具備「真誠、認真、老實」的態度，才能以開放的心態接受佛法，改善生命。否則就會像覆器那樣，雖然法雨普潤，卻依然活在自我的感覺中，滴水未沾；或是像垢器那樣，把所學的一切都用自我感覺改造過，成為「我的法」，而非佛的法。

具六種想，則是「真誠、認真、老實」的重要基礎。在學佛成為時尚的今天，不少人只是將之作為一種愛好，就像品茗、聞香、聽琴那樣，不過是生活的點綴而已。之所以這樣，關鍵在於沒有「於己作病者想，於說法者作醫師想，於教法作藥物想，於修行作療病想，於如來作正士想，於正法起久住想」。在這些認識中，最重要的是病者想。

我們必須認識到，自己是生死輪迴的重病患者，是貪、嗔、痴的重病患者。如果不能生起這一認識，學佛必然流於表面，是不可能相應的。只有看到以迷惑煩惱為基礎的生命存在重大過患，看到輪迴的本質是痛苦的，才會尋醫問藥，積極治療。進而認識到，佛法是藥物，法師是醫生，修行是治療過程。具備這些認識，才能建立「真誠、認真、老實」的修學態度。

那麼，這種修學態度和「理解、接受、運用」又是什麼關係？

比如理解，有錯誤和正確之分，有膚淺和深入之分；比如接受，有少量接受和全部接受之分，有勉強接受和欣然接受之分；再如運用，有偶爾運用和經常運用之分，還有生搬硬套和任運自如之分。為什麼會有這些差別？正是取決於「真誠、認真、老實」的修學態度，取決於能否離三種過，具六種想。

如果是覆器，佛法根本就進入不了心田，哪裡談得上理解？如果是漏器，無論接受多少法都會流失殆盡，無法積聚為改造心行的力量；如果是垢器，接受的法都會被自己處理過，不能產生應有的正向作用，甚至成為煩惱的增上緣。

所以說，態度模式決定了我們對法的「理解、接受、運用」，也決定了我們對法的受益程度，即能否通過學佛完成觀念、心態和生命品質的改變。

二、認識八步驟

關於如何修學，我們首先提出了有關態度、方法、效果的十八字方針，進而提出八步驟三種禪修。後者是對十八字方針在修學運用上的概括，不僅是一種方法，同時也蘊含了結果。其中，前四步偏向理解和接受，後四步則是通過傳承佛法來改造生命，在理解、接受的基礎上加以運用。

對於三級修學每一課的內容，只有理解之後，知道其中講的是什麼，才談得上接受。如果不曾理解，或理解出現偏差，哪怕聽得再多，仍是活在自己的世界裡，不能真正和法產生連接，更談不上運用了。所以，「理解、接受、運用」就是通過心相續來傳承佛法，完成生命的改造，進而幫助更多的人走向覺醒。

對八步驟的概念，我們應該不會陌生。但具體怎麼運用？並不是人人都很清楚了。其實，八步驟就是一種方法論。簡單地說，就是把書本道理變成生命品質的方法。

學佛大體有兩種誤區。一是偏於理論，知道很多道理，說起來頭頭是道，但只是紙上談兵，和安身立命關係不大；二是盲修瞎練，每天忙於功課，總在念著拜著，但內心煩惱依舊，把學佛和生活打成兩截。

須知，佛陀一生應機設教，都是為解決眾生問題服務的。在佛陀的教法中，有理論，有實踐，是一個從言教到生活，從觀念到心行的系統工程。如果單純當作理論，或是修行技術，乃至生活方式，都是不完整的。

如何把理論和實踐結合起來？佛法的常規修行理路，有八正道、聞思修、信解行證，及親近善知識、聽聞正法、如理作意、法隨法行等。這些方法包含在眾多典籍中，是佛陀為我們提供的共同路徑。但對今天的學人來說，僅在文字上理解這些經典就存在障礙，要認識其中蘊含的深意，更是難上加難。

基於此，我根據現代人修學的需要，概括出八步驟三種禪修。其中，包含了從理解法義到思考人生、形成認識，進而落實心行、改善生命品質的過程。不僅是一套有效的修學方法，同時還蘊含著學佛所要達到的結果。

1．前三步

八步驟的前三步非常關鍵。第一步是讀懂每個句子，第二步是了解每個段落的內涵，第三步則是從發現問題到解決問題，從傳承法義到建立認識。這是修學不可或缺的基礎。

以往的學習方式，通常是總結段落大意，現在比較流行做思惟導圖。關於這個方法，我三十年前在廣化寺讀《四分律行事鈔》時就已開始使用。《行事鈔》由道宣律祖編著，共三十篇。每篇涉及一項內容，包括出家人如何受戒、安居、依止師長等等。我每讀完一篇，就做出相關的思惟導圖，使整個綱領一目了然，知道其中到底要說什麼事，這件事該從哪些方面去做，等等。

三級修學有不少教材來自我的歷次演講，其中，有些是影音資料，有些已整理成書。不論哪一種，都會有相應的結構。比如從若干方面來談這個問題，每個方面大概講些什麼。整理成文後，一般會有若干層級的標題。現在編寫的同修班輔助材料也做了思惟導圖。大家在學習過程中，可以藉助這些方便。

但光看目錄和思惟導圖是沒有內容的，還是不清楚它到底要說什麼，這就需要回到相關的影音和書籍。三級修學為什麼要求我們把每課內容學習三遍以上？其實，這是「理解」的最低要求。如果不是觀聽或閱讀三遍，很難理解其中究竟要告訴我們什麼。事實上，這也是很多學員認真學習後的共識。

讀一遍的時候，可能感覺知道得差不多了；讀第二遍的時候，才發現許多之前忽略的內容；讀第三遍的時候，又會發現之前的學習還有遺漏，還不夠深入。如果繼續下去，其實還會有新的領悟。哪怕之前的三遍已經學得比較扎實，在內容上完全沒有遺漏，但因為你對佛法的認識在加深，對同樣的內容就會有不一樣的發現。

或許有人會覺得，有必要這樣嗎？對不少人來說，從一段話甚至一個句子中，也能了解一些佛法道理，從中有所受用。但我們要知道，這種接受是不完整的。真正學佛，不僅是讓自己的煩惱稍微少一點，讓心稍微安靜一點，而是要從迷惑走向覺醒，從輪迴走向解脫，這就必須對法義有完整、準確、透徹的認識。這三項標準缺一不可。

首先是完整。比如《佛教的財富觀》，是要告訴我們財富和人生的關係。內容包括「怎樣看待財富、財富與道德、佛教徒能否追求財富、怎樣追求財富、合理支配財富」等方面。由這些問題，構成對財富的完整認識，而不僅僅是了解一個方面。否則就會以偏概全，影響對這個問題的認識。

其次是準確。這就必須反覆地觀聽和閱讀，理解其中到底要告訴我們什麼道理。所以，三遍是基本要求，要準確理解，其實需要讀上更多遍。古人說，「書讀百遍，其義自見」，確為經驗之談。更何況，佛法博大精深，很多道理都是層層展開的。隨著修學的提升，你再去讀，每次都會有不一樣的收穫。所以只要時間允許，我們應該多聽聞，多思考，確保理解沒有偏差。

第三是透徹。只有完整、準確地理解法義，對它到底要講什麼了然於胸，佛法智慧才會進入我們的心相續中。否則就會浮在表面，好像知道了，但知道的只是皮毛，沒有真實力用。書法有個標準叫「力透紙背」，學佛也是同樣，要把法義深深鐫刻在心中，念念不忘，才能在境界現前時有效運用。

我們對法義的理解包含兩個層面，一是理論層面，二是現實層面。佛法能不能用得起來，首先取決於理論層面的理解是否完整、準確、透徹。具備這個基礎，才能在現實層面去對照、檢驗並接受。比如無常，有關於無常的理論，也有關於無常的事實。我們學習的所有理論，都要到現實中去反覆觀察，一一驗證。

佛法講無常，現實到底是不是無常的？講人生是苦，現實到底是不是苦的？講金錢是毒蛇也是淨財，現實中到底是不是有這樣兩種面向？所有問題，我們都要回歸到現實中加以對照，只有這樣，才能把聞思正見落實於心行，真正成為自己的認識。

我們是充滿迷惑煩惱的凡夫，所有的痛苦、輪迴、顛倒，都是因為無明而產生。我們本來擁有無價珍寶，卻一無所知，只能流轉生死，乞討度日。這是何其可憐的人生！佛陀說法的目的，不是為了給我們提供一套理論，讓我們掌握一些知識，而是幫助我們認識人生和世界的真相，找到開啟寶藏的鑰匙。所以在學習書本理論之後，必須聯繫現實進行觀察，由此建立正見，也就是觀察修。

由無明建立的錯誤認識，給生命帶來了無窮過患。現在，我們需要傳承智慧的認識來替換它。這種智慧不是複製進去就行了，那是不能生根的，對境現前，很可能就隨風飄零，根本無力抵禦。只有通過觀察，看清人生和世界的真相確如佛法所說，而非我們原來認識的那樣，才能對佛法心悅誠服。那樣的認識，才會深深鐫刻在心田，任憑風吹雨打，考驗重重，都不再構成干擾。

在近四十年的學佛過程中，我越來越感覺到，佛陀簡直把人生道理說盡說透了。有句話叫做「世間好話佛說盡」，這個好話，就是真實語、智慧語。所以，佛法是靠智慧而不是別的什麼折服我們。只有明白這一點，我們在給別人介紹佛法時，才能充滿自信，而不是鸚鵡學舌。或是像複讀機那樣，只會照搬佛陀怎麼說，古德怎麼說，導師怎麼說。當然，我們可以引用，但關鍵是要真正理解並接受，形成自己的認識。這樣的話，才是從內心流淌出來的，是具有感染力的。

2．第四步

在前三步的基礎上，第四步就是建立正確認識，即觀念的禪修。所謂正確認識，包括理論認識和實際認識兩部分。理論的正見，就是佛陀所說的因緣因果、無常無我等道理；實際認識，就是我們的人生觀、世界觀和價值觀。

通過八步驟的前三步，我們對佛法所說的每個內容，都能完整、準確、透徹地理解，從中獲得正見。

進一步，還要過度到對現實的觀察。缺少這個環節，書本理論和實際認識就不能發生連接，產生作用。如果把理論比做一粒種子，聞思只是獲得種子，而觀察修才是耕耘、播種，讓種子生根發芽的過程。

3．第五步

建立正見之後，第五步就是運用觀念，建立正向心態。常常有人說：「佛法我怎麼用不起來？」如果種子還沒有埋入土壤，怎麼生長？同樣，如果法還沒有變成你的認識，怎麼運用？另一個常見問題是：「道理我都懂，就是做不到。」其實，凡是我們真正懂得的道理，一定可以做到。我們不會吃下毒藥，因為知道這樣會失去生命。可為什麼明明知道是錯誤還會去犯？歸根結柢，就是對道理認識不足，對其中的危害認識不足。知道這件事不對，但只是停留在概念上，並沒有發自內心地認同，成為實際認識，所以就用不起來。

可見，真正產生作用的是實際認識。一旦將佛法理論變成自己的認識，自然就用起來了，不用都不行。就像我們平時看到喜歡的東西，立刻會生起貪心，根本不需要什麼過程。因為貪欲已經被訓練得任運自如，一旦境界現前，瞬間就會自動運轉。所以說，運用是取決於觀念的改變，取決於觀念的深入程度。

4．第六步

從第五步的運用觀念、建立正向心態，到第六步的完成心態改變，都屬於心態的禪修。很多學員通過幾個月的修學，煩惱變少了，人際關係和諧了。為什麼有這樣的效果？因為佛法已經在他的生命系統中運轉起來，自然就會產生作用。這種作用，首先就表現在心態的改變。

生命有兩條道路，一條是輪迴道，一條是解脫道，非此即彼。輪迴就是迷惑心理的發展過程。因為錯誤的認識和觀念，引發狹隘、自私、貪婪、對立、冷漠等一系列負面心理，給人生帶來種種煩惱。如果我們不想繼續這樣的痛苦，就要建立正確認識，重新觀察世界。通過觀察，讓這種正確認識在內心扎根，逐漸替換原有的錯誤知見。錯誤知見減少一分，煩惱痛苦也會隨之減少一分。佛陀之所以能斷除煩惱，成就斷德，安住於無限的寂靜，也是因為他的正見已經圓滿。

所以說，心態的禪修，是來自於觀念的禪修；心態的轉變，是取決於觀念的轉變。

5．第七步

心態改變之後，第七步就是重複正向心態，改變生命品質。無始以來，輪迴的串習始終在主導生命，力量根深柢固。相比之下，修學建立起來的正向心態還不穩定，需要不斷養護。一方面，要認識到負面心理的過患，不再進入原有軌道，不去肯定它、認可它、支持它、參與它；另一方面，需要認識到正向心理的意義，時時對它加以關注、欣賞、支持和重複。這個過程，就是佛法所說的掃塵除垢，轉染成淨。

6．第八步

隨著正向心理的強化，最終進入第八步，完成生命品質的改變。從三種禪修來說，第七和第八步所進行的，就是生命品質的禪修。佛和眾生的最大區別，就在於生命品質。凡夫的生命品質是以貪嗔痴為基礎，而佛菩薩的生命品質則體現為圓滿的慈悲和智慧。這種生命品質不是與生俱來的，而是通過修行造就的。

八步驟的修行，就在引導我們成就這樣一種生命品質。首先是捨凡夫心，消除負面心行，佛教稱之為斷德；其次是成就正面心行，圓滿無限的智慧和慈悲，佛教稱之為智德和悲德。這些品質需要通過戒定慧三無漏學來成就，三級修學同樣是圍繞這個目標而設定。

除了八步驟，我們還有十六字竅訣，即「樹立正見，認清真相，擺脫錯誤，重複正確」。八步驟的前四步，是幫助我們「樹立正見，認清真相」；而後四步則是引導我們「擺脫錯誤，重複正確」。如果前四步，尤其是第三步沒有完成，就無法樹立正見，也就不能認清真相，擺脫錯誤，更談不上重複正確了。

所以說，八步驟貫穿著學習教理到轉變生命品質的整個過程。其中，第一、第二步是基礎，第三、第四步是關鍵，第五、第六步是提升運用，第七、第八步是達到圓滿。

三、觀察修與安住修

很多學佛人對禪修有一份嚮往，覺得三級修學沒有禪修，總想去哪裡體驗一下。之所以這樣，是因為我們對禪修有一定的誤解，覺得只有閉上眼睛、盤腿坐在那裡才是禪修。

對於這個觀點，禪宗早在一千多年前就作了批判。《六祖壇經》說：「生來坐不臥，死去臥不坐，一具臭骨頭，何為立功課？」身體不過是個皮囊而已，怎麼可以根據它是坐著還是躺著來判斷是非功過呢？關於此，禪宗還有一個著名的公案。當年，馬祖道一精進禪坐，南嶽懷讓看出他是個堪當大任的法器，就想度一度他。於是，懷讓禪師取了一塊磚在他身邊磨。馬祖被吵得不行，就問：你磨磚幹啥？懷讓說：我想把它磨成鏡子。馬祖奇道：磨磚豈能做鏡？懷讓反問：如果磨磚不能做鏡，坐禪豈能成佛？懷讓接著舉例說：就像牛車不動的時候，應該打車還是打牛？

禪修是心地功夫，關鍵是改變我們的心，打坐只是輔助手段。真正的用心，貫穿在一切時，一切處，包括行住坐臥，乃至吃喝拉撒。只要保持正念，隨時隨地都是修行。很多人不懂得怎麼在心地下功夫，既不學習教理，也不改變觀念，調整心行，只是渾渾沌沌地坐在那裡，以為這才是禪修的唯一方式。其實，是對禪修的誤解。

話說回來，既然躺著、走著都可以修行，盤腿坐著自然也可以是修行。事實上，這也是常規的禪修方式。但我們要知道，坐在那裡幹什麼，才是最重要的。禪修並不是讓身體保持某種姿勢就行了，關鍵在於用心，而不是形式。正因為如此，禪宗修行歷來都不拘一格，但用心卻綿綿密密，絕不空過。

佛教中，關於禪修的方法很多。比如止觀，是通過培養定力來獲得觀智；內觀，是通過培養覺知來獲得觀照力；觀想，則是通過想像來調整心行。三級修學比較重視觀察修，這也是《道次第》宣導的修學方式。通過聽聞法義，運用理性思惟，建立對世界的正確認識。因為說法是佛陀一生教化的重要手段，所以，學習佛陀言教，也是他老人家為我們施設的常規修學途徑。

1．觀察修的心理基礎

學佛是要開智慧，見真理，而智慧和人的理性有關。為什麼說人是萬物之靈？為什麼人類會有五千年文明？為什麼諸佛世尊出自人間，而不以其他身分成佛？都是因為人有理性。人類要離苦得樂，就會不斷探索生命。在探索過程中，去認識生命是怎麼回事，世界是怎麼回事。同時，通過思考對已有認識進行審視，看到自己存在的不足，從而加以改變，轉染成淨，轉識成智。

這種理性的形成，包括生活方式的文明與否，又和我們接受的文化教育有關。我們接受什麼樣的文化教育，就會建立什麼樣的理性，成為什麼樣的人。古往今來的罪犯乃至暴君，也是因為接受不良文化，形成錯誤觀念，才會導致種種不良行為，從而危害自己，危害社會。

幸運的是，我們今天接受到覺醒的文化，智慧的文化。否則，將永遠看不清世界真相，找不到生命出路。我是誰？生命的意義在哪裡？靠我們自己去想，是想不出來的。雖然路就在那裡，過去也有古佛走過，但除了慧根極利的獨覺，凡夫是沒有能力找到這條道路的。

古往今來，不少哲學家和藝術家在功成名就後走上了絕路。他們並不是為生計所迫，也不是受到什麼打擊，而是找不到人生的意義。世間很多人，為了事業、財富、家庭就可以忙碌一生，樂此不疲，但總有一些人不能滿足於此。當他們真正開始探索人生時，才會發現，這是一條迷霧重重、崎嶇坎坷的道路，需要勇猛精進，更需要智慧抉擇。

佛陀不但找到了這條道路，還為我們施設種種教法，苦口婆心地引領我們。儘管有了這麼多方便，也儘管我們有幸得人身，聞佛法，但佛法浩瀚，很多人窮其一生都在上下求索，不得要領。有鑑於此，我們特別根據現代人的特點，安立三級修學模式，只要「真誠、認真、老實」地遵循這一次第，下多少工夫，就能有多少受益。

2・觀察修的教理依據

聞思修是佛法修學的基本次第。其中的思，就是如理思惟。這個「如理」非常重要。凡夫也總在思惟，可那是虛妄分別，是胡思亂想，不但沒有解決問題，反而會想出種種煩惱。所謂「天下本無事，庸人自擾之」，說的就是這個。所以說，理性本身是雙刃劍，必須合理運用，才能令我們破迷開悟。否則，只會迷上加迷。

在「親近善知識，聽聞正法，如理作意，法隨法行」四法行中，如理作意也是關鍵所在。從親近善知識到聽聞正法，是在接受智慧的傳承。在此基礎上，通過如理作意，知道佛法究竟告訴我們些什麼，才能法隨法行，走向覺醒。

而在八正道中，首先是正見，其次是正思惟。我們接受了佛法正見，就要落實到心行，以此觀察世界，思考人生，而不是一味隨著妄念跑。唯識也講到，由四種尋思（名尋思、事尋思、自性假立尋思、差別假立尋思），才能引發四種如實智。

可見，如理思惟對學佛非常重要。《道次第》倡導觀察修，正是基於這些常規修行路線提出的，並非獨闢蹊徑。忽略這個關鍵，就會走上歧途而不自知。長期以來，為什麼佛法修學存在這麼多問題？有人談玄說妙，徒逞口舌之利；有人盲修瞎練，只做表面功夫。佛法本身是深奧的智慧，但現在的教界越來越沒文化了。學禪的不要看經教，說是「不立文字，教外別傳」；念佛的也不要看經教，說是「三藏十二部，留給他人悟」。而不學經教意味著什麼？就意味著我們無法傳承佛陀的言教，無法傳承這種智慧的認識。

參禪也好，念佛也好，都是在眾多經論基礎上濃縮的修行手段，而不僅僅是我們看到的表現形式。在這些方法背後，還有完整的理論和修證體系。如果把理論去掉，把知見和用心方法去掉，最後剩下一個話頭，一句佛號，就像內容去掉後剩下的標籤，被完全架空了，力量從何而來？

佛教和其他宗教最大的不同，就在於正見。很多宗教也有戒律，也有禪修，在這兩方面，佛教和其他宗教是共通的。尤其是和印度本土宗教，連概念都有很多相似之處。如涅槃、解脫、業力和輪迴等術語，在印度其他宗教早已有之。為什麼只有佛法能將人導向解脫？正是因為知見不同，對這些概念的剖析和解讀不同，由此發展的修行原理也不同。這才是佛法真正的不共所在。

當然，理性是不能直接抵達真理的，但它可以幫助我們找到方向，接近真理。只有最後進入空性的禪修時，才要放下分別，開啟無分別的智慧。在此之前，如理思惟都是不可或缺的。

3．凡夫心是依觀察修而建立

其實對凡夫來說，觀察修和安住修並不陌生。因為凡夫心也是通過觀察修和安住修建立起來的，可以說，我們無始以來一直在做觀察修和安住修。比如我們喜歡一樣東西，就會反覆想著它的好處，想著一定要把它占為己有，這就是觀察修。最後使這個念頭變得極其強烈，在內心久久不去，甚至強烈到只剩下這個念頭，這就是安住修。比如有些人自視甚高，感覺良好，也是來自觀察修。因為他總想著自己的長處，越想越覺得自己了不起，覺得別人都不如他，最後生起極大慢心，並沉浸在這一感覺中，處處透著優越感。這種感覺從何而來？其實就是自己修出來的。

總之，觀察修就是針對某個問題，通過各種角度的反覆思考，形成相應心念，並使這種心念增長廣大。無始以來，凡夫在無明和我法二執的認知基礎上，思惟種種問題，形成現有的凡夫人格。所以，這種修行方法很適合凡夫。我們曾經因為錯誤的觀察修和安住修帶來煩惱，流轉生死。現在還是依照這個心行運作規律，只是調整方向，通過對佛法的思惟獲得正見，以此認識問題，改變心行，這樣就能解除煩惱，出離生死。

改變心行包括兩方面，一方面是擺脫導向輪迴的負面心理，一方面是建立與解脫相應的正向心理。這不是玄談，完全可以在修學過程中不斷實證。只要「真誠、認真、老實」地按照八步驟，尤其是第三、第四步，從理解法義到建立觀念，再以這些觀念思考人生，心態必然會發生改變。

4．觀察修在《道次第》中的運用

整個《道次第》所說的，就是這樣一個修心次第。這個過程圍繞「捨凡夫心，發菩提心」展開，包含道前基礎的依止善知識、暇滿義大，下士道的念死無常、念三惡趣苦、皈依三寶、深信業果，再到中士道的出離心，上士道的菩提心和菩薩行。每個環節都在幫助我們消除錯誤觀念，建立正確認識，即觀念的修行。再通過對這種認識的觀修，擺脫凡夫心，建立走向覺醒的心，即心態的修行。

這個過程需要一步步地落實。比如聽聞軌則，如果不能離三種過，具六種想，就不能成為法器，不能讓純淨的佛法進入心相續中，完成生命品質的改變。同樣，沒有「真誠、認真、老實」的修學態度，就談不上「理解、接受、運用」，更談不上「觀念、心態、品質」的改善。

此外，下士道的重點是建立對三寶的信心，生起皈依之心，並深信業果；中士道的重點是深刻意識到輪迴的痛苦本質，生起出離心；上士道的重點是通過修習七因果和自他相換，認識到菩提心的功德，發菩提心，修空性見。其中的每個過程和環節，都貫穿著相應的觀察修和安住修。

在《二十一禪修手冊》中，把《道次第》的重要環節都形成禪修內容。觀察修部分，是把《道次第》的相關內容，用簡要的語言加以總結。就像我們修習皈依儀軌時，要思惟暇滿義大、念死無常、念三惡道苦等，由此生起真切的皈依之心。此處的關鍵，不是念誦相關文字，而是通過對這些現象的觀察思惟，發自內心地覺得：三寶對自己無比重要，是人生唯一的依怙和歸宿。當我們生起強烈的皈依之心，再來念誦三皈依，才能具足力量。進而安住於三寶功德，與三寶心心相印。

除了皈依，我們對每一法都可以進行這樣的觀察修和安住修。依止善知識如此，發出離心、菩提心也是如此。如果沒有觀察修和安住修，我們對這些法的學習，往往會停留在理論層面，不能落實到心行，和人生發生連接。那樣的話，我們所學到的法，就只是人生的包裝，不會成為人生的內容。

四、八步驟三種禪修

禪修的重點，不在於是坐著，還是站著或走著，而在於心行的建立和改變。明確這個重心，才能完成觀念、心態到生命品質的改變。

在三級修學的設置中，完成這個目標的方式，包括自己的閱讀和觀聽，也包括小組共修和班級共修。可能有人會問：這樣的話，和世間人讀書有什麼不同？兩者的差別在哪裡？差別就在於，有沒有運用八步驟。如果沒有運用八步驟，就是在學文化，學知識，學理論。即使所學的是佛法，但因為沒有經過八步驟進行轉化，也算不上修行。反之，如果運用八步驟在修學，不管是自己思惟法義，還是在參加共修，都屬於禪修的範疇。

因為禪修要做的，就是如何把佛法智慧轉化成你的認識和觀念。這不是必須坐在那裡、閉著眼睛才能完成，可以在看書時完成，也可以在小組和班級共修中完成。所以，關鍵是要了解到禪修的意義和作用，知道它的重點在打車還是打牛。如果抓不住重點，哪怕把車打得散架了，牛還是原地不動。一旦把佛法智慧真正變成自身的觀念和心態，隨時隨地都能灑脫自在，了無牽掛。正如禪宗所說的那樣：「行亦禪，坐亦禪，語默動靜體安然。」

對於法的落實，則在八步驟的基礎上提出了三種禪修，即觀念的禪修、心態的禪修和生命品質的禪修。

1．觀念的禪修

第一步到第四步，是觀念的禪修。通過閱讀、觀聽、使用輔助教材，準確理解法義。進一步，學會用這種法義認識世界，思考人生，並通過現實中的對照和檢驗，知道佛陀告訴我們的一切真實不虛。從而擺脫錯誤，建立正見。具備正見之後，以此斷除煩惱，導向解脫。

所有課程的安排，都是在幫助我們建立相關正見。比如同喜班部分，是從佛教的角度看待信仰、財富、環保、世界等種種問題。為什麼有這樣的設置？因為在我們的煩惱中，有的來自家庭，有的來自感情，有的來自事業，有的來自人際關係，總之，每種煩惱都有一個歸屬。那麼，它的最終歸屬在哪裡？為什麼這些事讓我們產生煩惱？就是因為無明，因為用錯誤觀念看問題。換言之，這是由錯誤的觀察修和安住修所造成。

正因為煩惱是由錯誤觀念造成的，所以，解脫必須建立在正見基礎上。首先就要了解，佛法是怎麼看待這些問題的。我們通過對課程內容的閱讀和觀聽會發現，原來我們習以為常的一些觀念是經不起推敲的，原來事物還有我們從未涉獵的另一個角度，原來真相並不是人云亦云的那一個，而是要通過觀察、思惟和實證才能找到的。

我們對每一課、每本書的學習，都是在傳承一種智慧的認識，這就必須準確、完整、透徹地理解其中內容。建立正確認識後，還要持久、穩定地安住其中，以此替代原有的錯誤觀念。一旦正確觀念淡化了，就要重新認識，重新思考，讓正見再次清晰起來，成為內心的主導力量。

2．心態的禪修

第五步到第六步，是心態的禪修。建立正見後，我們要以此處理問題，指導人生。從運用正確觀念到建立良性心態，這個過程離不開觀察修。當我們真正能以智慧觀察世間和人生時，煩惱就不起現行了。然後就要安住在智慧觀照中，保有內在的清淨和慈悲，並使這一狀態不斷延長。

當這個狀態模糊了，難以為繼了，就要繼續觀察，去念死無常，念輪迴苦，或憶念三寶功德。總之，針對當前存在的困擾，對相關法義進行思考，將心重新調整到位。

所以，觀察修和安住修不是一次就能完成的，而要經過十次、百次，甚至千萬次的重複。這個過程需要輪番修。一方面是用正見對治妄念，一方面是用正向心態對治負面心態。當心能夠安住在正見和正向心態中，就持續、穩定地保持這一狀態，不再觀察。否則，反而會使心趨於掉舉。

3・生命品質的禪修

第七和第八步，是生命品質的禪修。無明迷惑造就了凡夫的生命品質，我們希望成就佛菩薩那樣的生命品質，就要不斷發展與覺性相應的心理，強化與解脫相應的心理，並使這些心理穩定下來，占據主導，最終才能轉變現有的生命品質。

在此過程中，需要讓心長時間地安住於正向心態。一旦偏離，就要通過觀修把它調動起來，進而安住其中。這個過程也需要輪番進行，通過重複正確，造就全新的生命品質。

八步驟三種禪修的要點，觀念的禪修是修正觀念，心態的禪修是調整心態，生命品質的禪修是改變生命品質。也就是通過對法義的理解，建立正確觀念；通過運用正確觀念，建立正向心態；通過重複正向心態，造就高尚的生命品質。這是一個轉迷為悟、轉凡成聖的過程。

五、座上修和座下修

在三級修學中，雖然把《道次第》作為重點，但這只是其中的一門課程，不是全部。包括對觀察修、安住修和座上修、座下修的定義，也和《道次第》有不同側重。

比如《道次第》說到觀察修和安住修，我們又在此基礎上提出了八步驟三種禪修。在《道次第》的略示修法部分，將每個法的修行分為加行、正行、結行和未修中間四部分。其中，加行、正行和結行屬於座上修行，未修中間屬於座下修行。在《二十一禪修手冊——道次第實修手冊》中，還對各項內容形成了相關儀軌。

在這些儀軌中，每項修行前都有皈依和發心，接著是對於某一法進行觀察修和安住修。比如怎樣對依止善知識進行觀察修和安住修，怎樣對念死無常進行觀察修和安住修，最後是迴向。也就是說，主要是在座上進行觀修。

三級修學特別針對在家居士而施設，考慮到初學者往往還不習慣坐在那裡觀修，要不就昏沉瞌睡，要不就胡思亂想，效果並不理想。所以，我們將座上修行貫穿到自修和共修中。也就是說，只要運用八步驟來修學，不論自修還是共修，都屬於座上修的範疇。

因為禪修的重點是改變觀念、心態和生命品質，形式只是輔助。從具體實踐來看，如果我們真正運用八步驟去自修共修，修學效果是顯而易見的。當觀念有了改變，進一步，就是把這些觀念帶到生活中，使心態得到調整。這種座下的修行，既是對座上修的落實，也是對它的檢驗和鞏固。假以時日，必然會導向生命品質的改變。

所以，只要對八步驟三種禪修運用到位，嚴格按照這套模式來學，觀念和心態肯定越來越健康，越來越有智慧。與人的相處，對事的處理，也會越來越圓融。反之，如果沒有正見指導，一味執著某種外在形式，往往會修得煩惱重重。為什麼很多人學佛學得怪怪的，和大家格格不入？就是因為他的修學不是立足於智慧，而是執著於某種形式，這就很容易和生活脫節，和他人對立。

總之，八步驟三種禪修是一套行之有效的方法，也是落實三級修學的關鍵。希望大家結合自身修學，對如何運用這套方法進行深入交流，把它真正落到實處。

認識人格密碼，開啟八三禪修

——二〇二二年秋講於甘露別院正念堂

八三 APP 是繼菩提導航之後，我們研發的重要修學武器。八步驟三種禪修的提出，來自我在弘法中的長期觀察。我發現，很多人的修學偏向一端，主要表現為學和修的割裂。學教者學了很多法義，但多半停留於理論，不知如何運用；實修者接受某個法門後就照著做，但往往缺少教理支持，不知修行原理是什麼。甚至於，使學和修形成不同程度的對立，學教者認為實修者不懂法，實修者認為學教者不能行。

一、八三的提出

在佛陀建構的修學次第中，是把學和修、教和行統一起來。如四法行，為親近善知識、聽聞正法、如理作意、法隨法行，既重視教理，又關注實修。而聞思修、信解行證、八正道同樣告訴我們，首先要聽聞正法，其次是通過如理思惟，把法義變成自身觀念，然後依此實踐，將法真正落實到心行。可以說，這是修學的常規道路。

但長期以來，大家並沒有很好地繼承這個次第。八步三禪正是針對這種現象特別提出的，使所學和所修緊密結合，互相增上。實踐表明，我們的學員通過短短一年甚至幾個月的學習，就能有很大改變：三觀調整了，粗的煩惱減少了，智慧和慈悲增加了，生活狀態和人際關係也得到改善。為什麼有這些效果？正是取決於學習方法。可以說，八步三禪是使修學效率最大化的利器。

但我們也發現，大家對八三的運用還是有一定差距，不是每個人都用得好。所以就希望通過這個工具，引導大家有效運用八三，依此改造生命。如果說，菩提導航為我們提供了完整的修學引導，那麼八三所做的，是幫助我們走好其中的每一步。比如菩提道有十大站點，細分是四十二個小站點。再細分，每個站點又包括十課、二十課、三十課。學好一課，就意味著我們在菩提道上邁出了一步。

這是一條修學之路，也是一條心理之路，是從掌握法義導向心行成就。一方面要捨凡夫心，捨棄隨煩惱和根本煩惱；一方面要發菩提心，成就智慧和慈悲的佛菩薩品質。怎麼捨棄煩惱，成就智慧？主要有兩大方法。一是八三，為基礎；一是正念，為關鍵。這也是我們始終倡導的重點所在。

二、人格形成的密碼

那麼，如何用好八三？我覺得，其中的修行原理並不難，就是依託思惟、理性，完成觀念、心態到生命品質的改變。思惟、理性是人類特有的，也是我們非常熟悉的。在成長過程中，我們正是運用理性，通過學習和思考，形成人生觀、世界觀、價值觀。然後帶著這樣的三觀去生活，引發相應的行為和心理。再由心理的積累，形成心態、性格乃至人格。這一切都離不開思惟、理性，凡夫心也是由此形成的。

八三正是運用這個心理規律，對我們來說並不陌生。而正念是從培養覺知，到開發內在的純淨直覺，對多數人來說，是從未經歷的用心方式，需要從頭訓練。既然八三是沿用原有心行模式，為什麼會有人用不好，用不到位？怎麼讓它變得更好用？

在APP的設計中，是以人格形成的基本邏輯為中軸。我們來到世間幾十年，從接受教育，到工作、生活、成家立業，成為現在這樣的人。從某種意義上說，我們當下的存在，正是生命打造的一個產品。它是怎麼形成的？很多人對這個問題並不清楚。我們都希望自己變得更好，卻不清楚，什麼樣的自己才是真正美好的。所以多數人會著眼於外在改變，或是追求身分、地位、財富，或是衣著光鮮，以化妝、整容來裝飾外形。如果不了解生命內涵，不了解人格的改造邏輯，能做的無非是這些而已。

古聖先賢追求的美好是什麼？關於此，東西方有很多文化傳承，也有無數榜樣。其中雖有差異，但根本方向是一致的，就是從認識自己，到提升生命品質，成為智慧、慈悲、品行高尚的人。遺憾的是，隨著物質文明的飛速發展，人們開始迷失其中，一味向外追求，造成了種種心理問題，越演越烈。

想要改變這個狀況，離不開對文化的傳承，也離不開有效的學習方法。如果我們對人格成長的邏輯不清楚，對改造生命的邏輯不清楚，即便支離破碎地接受一些文化，也很難讓它在內心產生作用。一方面，以無明為基礎的生命撲朔迷離，使人看不清自己；一方面，凡夫心和輪迴串習的力量巨大，使人身不由己。所以，我們要理出生命和人格形成的基本邏輯，知道怎麼會成為今天的自己，如何才能改造生命，成為更好的自己。

每個人的成長，都是由接受某種文化，在思惟後形成觀念，進而產生行為。再由行為的積累形成習慣，習慣的積累形成性格，性格的積累形成人格。可見，人格形成的邏輯就是從文化、思惟、觀念、行為、習慣、性格，最終固化為人格的七個步驟。因明學認為，一個道理要得到大家認可，前提是共許，即共同認可。以上這個邏輯，不管我們從佛法，還是哲學、心理學的角度看，應該不會有異議。所以，我們要理解並接受這個邏輯。

三、生命的黑牌與白牌

了解其中規律，我們就知道生命是怎麼形成的。然後以此為中軸，建立黑牌和白牌。什麼是黑牌？在我們從小到大接受的知識中，有不少是存在問題的，甚至有很大的危害性，會將人導向非理思惟，即佛法所說的顛倒夢想，進而形成錯誤的三觀。三觀似乎是哲學問題，其實代表了我們看問題的方式，也體現於我們作出的每一種選擇。可以說，每個人都有三觀，也時刻在運用三觀。如果三觀不正確，就會產生負面的行為、習慣、性格乃至人格。

設置黑牌、白牌的意義在哪裡？從四諦法門來說，黑牌是立足於苦諦和集諦，屬於輪迴的規律；白牌是立足於滅諦和道諦，屬於解脫的規律。黑牌到白牌，代表從苦集到滅道，從輪回到涅槃的過程，讓我們從貪嗔痴的重病患者，逐步成為解脫自在的聖者。

對八三的運用，首先讓我們了解輪迴的規律。每個人在學佛前，包括學了之後，會有不同層次的問題。我們要檢討：自己為什麼會成為今天這樣的人？為什麼有那麼多煩惱，那麼多不完美？此外，也可以立足於一個案例或一種煩惱來看。這些都是代表生命的現狀，即苦諦。

進一步，要尋找問題到底出在哪裡，知道怎麼去改變它。集諦，就是找出原因。籠統地說，就是貪嗔痴。具體地說，可以按人格邏輯的七步驟，探究問題是出在教育上，還是思惟方式上？是觀念的問題，還是行為、性格、習慣、人格的問題？其中可能有某一點特別突出，但未必是絕對的。並不是說，一定只是行為問題，或只是性格問題，往往是幾個因素的相互影響。我們要找到關鍵，知道什麼是造成痛苦的因。這是黑牌部分的任務。

白牌的重點是解決問題。滅，代表問題的徹底解決；道，代表解決的方法。其中有兩個層面，一是運用八三，一是運用正念禪修，二者相輔相成。如果單純用正念，不會用八三，可能固有觀念和思惟方式就存在問題。如果觀念不改變，認識問題的方式不改變，單純想靠正念讓自己擁有清淨心，瓦解二元對立，是不容易做到的。

不論在禪修還是生活中，我們要面對的無非是兩個東西，一是影象，一是心念。我們每天在不知不覺地追逐影象，不知不覺地被各種心念牽著走。如果沒有智慧，是看不清這些狀況的。正念禪修就是幫助我們從中跳出，對影象和心念保持距離，最終將它徹底照破。但沒有經過八三的對治時，我們往往覺得心念很實在，影象很真切。這樣的時候，是沒有力量去照破的。所以說，八三是正念禪修不可或缺的基礎和輔助。

我們要用好八步三禪，按人格形成的七步驟，通過接受覺醒文化，以如理思惟建立正見。這部分非常重要，包含第二步的思惟導圖，及第三、第四步。我們拿到一個法本後，先要理出思惟導圖，了解到它到底告訴我們什麼道理，然後帶著問題意識去學習，了解佛法是怎麼看待並解決問題的。我幾十年來的弘法講座，都是針對當今社會存在的問題，從道德、信仰、幸福、科學、哲學、環境、公共衛生等方面，提供佛法的認識角度和解決之道。

我們學習之後，覺得佛法智慧有沒有道理？是不是心悅誠服？只有發自內心地認可並接受這種智慧，法義才能成為我們的觀念，取代以往的錯誤認識。這樣學習的話，哪怕接受得很少，但只要接受一點，佛法就能在身上產生一點作用。隨著學習的深入，法義在心相續的力量就會逐步強大。

除了觀念以外，我們還要逐步改變行為、心態、性格和人格。有時雖然觀念調整了，但行為和心態已形成習慣，不是立刻就能改變的，需要不斷以佛法正見觀察世界，指導行為。在審視過程中，逐步斷除不良行為，建立正向行為；擺脫煩惱和輪迴心理，建立與智慧、慈悲相應的解脫心理。當行為和心態不斷調整之後，就能重新塑造我們的性格乃至人格。

黑牌和白牌，包含著四諦修行。黑牌是從認識苦，到尋找苦因，即生命存在的問題，然後予以解決。白牌是通過八三接受智慧文化，改變輪迴串習，以及人生的種種痛苦、煩惱、缺陷，造就圓滿人生。這一部分，是從觀念、心態的禪修，完成生命品質的改變。對這些問題的解決，我們是通過觀念禪修、心態禪修，還是生命品質的禪修完成的？把自己的改變寫出來，就是白牌的案例。

四、結說

這樣的修行和改變，可以讓人們對生命的邏輯，從模糊到清楚，從無知到確定，找到真正的解決之道。從修行來說，菩提導航為我們建構了學士、修士、勝士、智士的次第，這些身分不同於世間學位，而是代表生命成長的果位。

從每種心理的建立來說，包含認識、建立、培養、訓練、熟悉、提升、圓滿七個層次。在此過程中，我們不僅要用好八三，還要進一步宣導正念，才能確保每一步都走得實實在在。讓輪迴的負面心理，從重度到中度、輕度，最終徹底斷除；讓解脫、慈悲的正向心理，從生起到提升、強化，最終圓滿成就。

《慈經》的修行

《慈經》一直是我們重要的修學內容，既是交流前的常規儀式，也是同喜階段的定課。但我們究竟對此有多少認識？是作為背景音樂聽一聽，起到靜心的效果，還是能隨文入觀，使之成為慈心的修行？

如果沒有方法，往往只能起到前一種作用，甚至連這一點都未必有保障，一邊聽著，一邊依然妄想紛飛。想讓《慈經》真正成為慈心的修行，必須了解經文內涵，改變固有認識，再輔以相應的觀修和實踐。以下，我從七個方面介紹《慈經》的修習重點。

一、慈心是什麼

慈為與樂，是給予眾生快樂的心。常常和慈同時出現的還有悲，意為拔苦，希望幫助眾生擺脫痛苦。這些心理是有前提的，因為很多人對眾生沒感覺，無法和自己產生連接，自然生不起與樂拔苦之心。還有人對某些眾生是討厭、排斥的，甚至會幸災樂禍，希望他們過得不好，更談不上與樂拔苦。

生起慈心，必須克服這些障礙。一方面和眾生建立連接，對眾生有感覺，願意友好地對待他們，幫助他們；另一方面要打開心量，接納各種眾生。做到這兩點，才能真正對眾生生起慈愛之心。

二、修慈心的意義

有人覺得，我做好自己就行了，為什麼要對那些本來沒關係的人修慈心，希望他們過得好？這麼做對自己有什麼好處？對世界有什麼好處？

我們知道，修行的關鍵在於調心。當我們修習慈心時，可以克服內心的冷漠、對立、仇恨，使自己變得溫暖而祥和，進而散發這種正向氣息。一個具備慈心的人，可以讓眾生產生親和感。這樣才能與他人建立善緣，形成良好的氛圍。

慈心也是福報的源泉，《寶行王正論》云：「一日三時施，美食三百器，福不及剎那，行慈百分一。天人等愛護，日夜受喜樂，免怨火毒杖，是行慈現果。無功用獲財，後生於色界，得慈十功德。」說明慈心能感得巨大的福報。

慈心還是利他的動力，可以讓我們成就佛菩薩那樣的大慈大悲。佛菩薩有兩大品質，一是智慧的成就，一是慈悲的成就。在修習菩提心的七支因果中，慈心是菩提心的重要基礎。如果沒有慈悲，不希望眾生得到快樂，不願意為眾生解除痛苦，就不可能生起菩提心，修行也無法圓滿。

七支因果中，以知母、念恩、報恩為引導，由此生起慈心和悲心，再由增上意樂導向菩提心。這也告訴我們，慈悲是有前提的，就像前面說的，要改變對眾生的冷漠、無感、嗔恨。如何改變？就是和眾生建立連接，從輪迴的角度認識到，無始劫來，六道眾生都曾當過我們的母親。

僅僅這樣想還不夠，因為很多人對現世的母親都不孝順，更顧不上往昔的母親了，所以要在知母之後，進一步憶念母恩，發願報恩。《道次第》和省庵大師的《勸發菩提心文》中，都有關於念恩的思惟。沒有母親的生養，就沒有我們的生命，沒有我們現在擁有的一切，這份恩德是怎麼報答都不夠的。在此基礎上生起的慈心，才能真切並落到實處。

認識到慈心對生命的意義及生起之因，是修習慈心的必備前提。如果不認可這兩點，即使聽著《慈經》，覺得內容很好，也會像旁觀者那樣，覺得只是經文而已，無法和自己產生聯繫，引起共鳴。又或者，僅僅當作美妙的音樂在聽，覺得很悅耳，很舒服，起不到調心的作用，更想不到聽了要做些什麼。

除了對心行的調整，慈心還可以消除對立和仇恨，這是世界一切衝突乃至戰爭的源頭。如果更多的人擁有慈心，散布慈心，讓慈心形成強大的場，就能使人心安定，社會和諧。現代人都擔心空氣汙染，其實最大的汙染不是空氣中的有害物質，而是人心散發的戾氣，是嗔恨、殘暴帶來的不祥之氣。在這樣的世界中，格外需要慈心的淨化。

可見，修習慈心不論對自身還是世界都意義重大。

三、《慈經》說了什麼

《慈經》到底告訴我們什麼道理？如果不清楚，只是那麼聽著，往往過耳即忘。即使一字一句地念著，也往往有口無心。這樣的聽和念，是達不到修心效果的。《慈經》的內容包括兩部分，一是修慈心的方法，二是修慈心的對象。

1．修慈心的方法

從方法來說，就是核心的四句話：第一，願我乃至一切眾生無敵意，無危險；第二，願我乃至一切眾生無精神的痛苦；第三，願我乃至一切眾生無身體的痛苦；第四，願我乃至一切眾生保持快樂。

這四句話看似簡單，但我們想一想，如果自己和世界沒有任何對立，也沒有來自他者的敵意和危險，就不必有任何擔憂，充滿安全感。進一步，沒有煩惱糾結帶來的精神痛苦，沒有四大不調帶來的身體痛苦，時時都能保持快樂，不正是最圓滿的人生嗎？

看看我們當下的現狀，想想我們努力追求的一切，為了什麼？無非是為了獲得安全感，為了解除身心痛苦，得到快樂。所以我們要用這四句話來祝福自己，祝福眾生。如果大家都能擁有這樣的理想生活，不正是最美好的世界嗎？

可能有人會說：難道想一想，世界就會好嗎？事實上，當你以慈心面對一切時，你的世界就是美好的。進一步，還能把這樣的美好帶給眾生。能不能有這樣的效果，取決於你的慈心有多少力量，是不是純粹、圓滿、沒有夾雜？這是需要訓練和培養的。所以慈心不是生起一次，也不僅僅是在座上祝願，而要讓這樣的心逐步增長、強大並延展。

2．修慈心的對象

如何讓一念慈心，擴大到一切時，一切處，一切眾生？從對象來說有三個層面，是逐步擴大的過程。

首先是對自己修慈心。我們的五蘊身心雖然是假我，如夢如幻，但它又是修行不可或缺的助道之緣，可以借假修真，所以我們要關愛它，祝福它。有人說，一個不愛自己的人，是不會愛他人的，因為他根本不懂得愛是什麼。在慈心的修行中，我們要去體會慈心是什麼樣的心理，由衷的祝福是什麼樣的感覺。雖然這些概念聽起來很熟悉，沒有難度，但在我們心中未必有多少經驗，也未必能馬上調動起來，所以自己是最好的切入點。

我們現在學習的身體掃描，就是從對身體的熟悉到關愛，賦予它正念、正氣、正向力量，排除身心的負面感受和情緒，使自己以健康的身心來修行，來利益眾生。當我們自身具備慈心之後，才談得上散布慈心。

其次是對身邊的人修慈心。把對自己修習並體會到的慈心，散布給父母、導師、親戚、朋友、同修，包括我們這個道場中的出家眾、在家眾，真誠祝願他們無敵意、無危險，無精神的痛苦，無身體的痛苦，願他們保持快樂。這些都是我們熟悉的人，很具體，修起來不會太難。當然也不是一下子對那麼多人修，開始可以分批進行，讓觀修清晰、穩定後再擴大。

第三是對一切眾生修慈心。從一切有形體、有名相的眾生，從聖者到非聖者；從東方、西方、北方、南方、東南方、西北方、東北方、西南方、下方、上方的眾生，到陸地、水中和空中的眾生；從人類到最高的天眾，再到苦道中的眾生……總之，祝願十法界的眾生無敵意、無危險，無精神的痛苦，無身體的痛苦，願他們保持快樂。修慈心是不斷打開心量的過程，通過由己及他、由親及疏的次第，把一切眾生作為散布慈心的對象，排除內心的冷漠、嫉妒、仇恨、憤怒，排除對自己和他人的負面情緒。只有了解經文的含義，才能將這一引導落實到心行。

四、讓每句話成為自己的願望

了解《慈經》每句話的含義後，接下來要做的，是從聽聞者成為真正的實踐者。這就需要看到慈心對自己、眾生和世界的意義，最好能發起菩提心。即使同喜階段達不到這個層次，也要認識到，慈心有益於我們的身心健康、人生幸福乃至社會和諧。

當你有了慈心，對人不再冷漠、對立，不論在家庭、工作還是人際交往中，就會主動關愛他人，祝願他人擺脫身心之苦，保持快樂，這樣就能營造和諧友愛的氛圍。有句話叫作「贈人玫瑰，手有餘香」，而當我們散布慈心時，不僅讓對方感受到你的善意，自己的慈心也會增長廣大，越用越有。

我們要把《慈經》的每一句話，變成發自內心的願望。就像我們身患重病時，由衷地希望自己早日健康；也像我們想得到最需要的東西時，急切地期盼自己心想事成。這種願望是真真切切的，純粹而沒有摻雜。

把《慈經》作為定課，每天聽聞，就是通過重複來強化這種願望，讓經文一遍遍刻在自己心上，不斷提醒自己，最終使慈心成為生命的底色。用現在的話說，就是讓慈心成為本能反應。這樣的話，不管我們平時在說什麼，做什麼，都不會減弱這個願望。隨時隨地，都能調動並散布慈心。

當《慈經》從法義變成觀念和心態，我們自然願意為眾生的利益和福祉去做些什麼。通過這些實踐，又能進一步強化觀念和心態，完成生命品質的轉變。

五、《慈經》的觀修

修慈心時，如何把經文轉化成自己切實的感受？觀修是很好的手段。我們可以把慈心觀想成普照大地的陽光。陽光是光合作用的能量源泉，有了它，萬物才能生機勃勃；陽光是驅除病毒的天然利器，曬一曬，那些在潮濕、發黴的東西就能消毒除黴；陽光還給我們帶來溫暖，尤其是冬日的陽光，讓人由內而外地舒展、放鬆而歡喜。

想到這些，我們應該對慈心有直觀的感受。然後帶著這樣的心，把《慈經》的每一句話轉化成陽光。觀想我們的祝願如陽光般遍照一切，驅散世間的敵意和危險，驅散眾生精神和身體的痛苦，使他們的每個細胞得到能量，快樂無憂。當我們這樣觀想時，眼前彷彿看到日出東方，所到之處黑暗消散，萬物生長，大地欣欣向榮。

我們知道，觀音菩薩可以千處祈求千處應。《普門品》講到，當我們遇到水災、火災、風災、盜賊、刀兵等天災人禍時，只要「念彼觀音力」，就能化險為夷，轉危為安。為什麼觀音菩薩能消災免難？就在於慈悲的力量。久遠劫來，觀音菩薩一直修習慈悲，最終成就無緣大慈，同體大悲，才能救眾生於一切危難之中。

我們在聽聞《慈經》的過程中，也要輔以觀修，使慈心的力量日益強大，內心的陰暗隨之消除，生命就會越來越祥和。如果暫時觀修不起來，先把經中每句話當作發自內心的真誠願望，這樣做也是有力量的。

六、從座上到座下

我們在座上修慈心時，有時會感覺良好，似乎已經充滿慈心，可一到座下就沒感覺了，再遇到什麼對境，慈心更是無影無蹤。之所以會這樣，說明慈心並沒有真正生起。我們知道，菩提心有願菩提心和行菩提心之分，慈心也是同樣。只有經過座下的檢驗，我們才知道座上修到了什麼程度。

我們首先要在座上真誠祝願，通過觀想，在內心不斷類比、建立、長養慈心，讓自己成為慈心的蓄電站和發射台。念每一句話的時候，都在散布慈心，散布到四維上下，十方法界。有時，我們會想到自己討厭或沒感覺的人，慈心可能被卡住。這就需要重新認識自己和眾生的關係，去理解並接納對方，感恩他們給了自己檢驗修行的機會。

進一步，還要在座下落實慈心。生活中，我們能不能對一切眾生平等相待？利他時，我們能不能對一切眾生友好關愛？這是檢驗慈心的關鍵所在。否則，座上修得再多也可能是空頭支票，必須到座下去充值。

利他，是長養慈心的有效方式，其中有初級、中級和高級之分。初級的利他，是從理解、同情、接納，建立隨喜、感恩之心。修慈心時為什麼會卡住？為什麼看到有些人無法生起慈心？是因為我們活在自我感覺中，無法理解他人，就做不到同情和接納，更談不上隨喜和感恩。即使有，也只是極其有限的一小部分，無法遍及眾生。這些冷漠、隔閡、對立，都是我執惹的禍。

我們要擴大慈心，必須放下我執，學會用緣起的思惟，通過理解、同情來接納眾生。有些人之所以傷害我們，因為他本身就是貪嗔痴的受害者，是輪迴的重病患者，是在煩惱控制下，身不由己地做出這些行為。理解到這些，我們就會從對立轉為同情。

有時我們會在做事過程中對別人有很多要求，不理解別人的想法和做法，也是因為從自我的立場看問題。如果學會緣起的思惟，就能尊重個體的差異性。生命是無盡的累積，每個人會形成什麼樣的性格、習慣、想法、思惟方式，代表他的生命累積。我們可以做的，是在尊重緣起的前提下，去理解，去接納，然後用適合對方的手段加以引導。

總之，我執是修習慈心的最大障礙。尤其在座下，這一問題表現得更為突出，需要用智慧去處理。我們面對的眾生有三類，一是喜歡並親近的，二是沒感覺的，三是討厭並疏遠的。在修慈心的過程中，要把無感變成有感，把討厭變成接受，把疏遠變成親近。這樣才能以慈心面對現實中的眾生，而不是把座上座下打成兩截。

觀音菩薩的大慈大悲，到底大到什麼程度？是不是把眾生度盡才能圓滿？其實不是。否則，那麼多眾生還在沉淪，佛菩薩是怎麼成就的呢？圓滿的標準是在於，你對自己接觸的每個眾生都能生起慈悲，願意盡己所能地幫助對方，沒有絲毫冷漠、仇恨、對立，那你的慈悲就圓滿了。

中級的利他，是建立廣大悲願，修習六度四攝。高級的利他，是在利他中做到平等、無我、無所得。這就必須體認空性，了知六道眾生在根本上是一體的，所有的自他分別都是出於我執。這樣才能從世俗菩提心昇華為勝義菩提心，利他而三輪體空，度眾生而無眾生可度。

總之，座上修習的重點，是把經中每句話當作對眾生的真切祝願，全身心地散布慈愛。然後在座下不斷落實，把想法變成做法，把祝願變成行動。二者是相互促進的，座上修是座下修的引導和基礎，座下修則是座上修的檢驗和增上。

七、《慈經》修習次第

根據我們的定課要求，聽《慈經》時要隨文入觀，觀想自己的心無所不在。心是無相的，心包太虛，量周沙界。所以盡虛空遍法界都是你的心，錄音機也是你的心，它所發出的每句話都是心聲，是從我們內心的真切願望。我們每聽一遍，都是在不斷宣誓，在提醒並強化這一願心。

《慈經》的內容很廣泛，從自我到身邊的人，再到六道眾生，乃至一切聖賢。我們在修習初期，應該分階段觀修，否則會抓不住重點，只有泛泛的感覺。先總的聽一遍，然後單獨強化某一部分內容。

比如「願我無敵意，無危險，無精神痛苦，無身體痛苦」，這四句話可以分別觀修或總的觀修，一遍遍地不斷重複，知道敵意和危險意味著什麼，無敵意和無危險又意味著什麼。重複的過程，是在修習專注力；對念的過程清清楚楚，則是在修覺察力。

在相關心行清晰、穩定、持續之後，再修其他。所謂清晰，即確定這是什麼樣的願望，不是模模糊糊的感覺，就像糖的甜味和鹽的鹹味一樣，不會混淆；所謂穩定，是隨時可以提起相應心行，且達到一定強度，不是時有時無或時強時弱；所謂持續，是修習時念念相續，不被妄念干擾，而且能將這樣的心行延續到座下。憶念這句話的時候，就能散發強大的慈心，彷彿陽光普照大地，驅除黑暗，讓生命充滿慈悲、祥和、寂靜。

在所緣對象上，也要分階段修。從對自己修，再對身邊的人修，然後進一步擴大心量，到一切眾生。未來我們也可以結合《普賢行願品》的觀修，使慈心和菩提心的修行相結合。

通常，我們是把慈心作為菩提心修行的基礎；但發起菩提心再來修慈心，就可以使慈心更有力量，從有限擴大到無限。再結合空性見，真正成就無緣大慈，同體大悲。這是我們需要在修行過程中不斷提升的。

八、結說

總之，《慈經》的修行大體有以下幾個重點：一、了解《慈經》的每句話，把經文內容變成自己對眾生的真切願望。二、把座上的願望帶到座下，在生活中實踐並檢驗。三、學習《慈經》的觀修，驅除身心的陰暗、冷漠、對立，與他人建立友好、祥和、溫暖的關係。四、立足於普賢行願的見地，依慈心發菩提心，依菩提心圓滿廣大慈心。五、依平等、無我、無所得的見地，建立無緣大慈、同體大悲之心。作為學士、修士階段的修學，能做到前三點就很好了，至於後兩點，是勝士、智士努力的方向。

四無量心的觀修

——二〇一八年講於西園菩提靜修營

四無量心，即慈、悲、喜、捨四種願心，且每一種都是無量的，即慈無量心、悲無量心、喜無量心、捨無量心。具體發願內容為：「願諸眾生永具安樂及安樂因；願諸眾生永離眾苦及眾苦因；願諸眾生永具無苦之樂，身心怡悅；願諸眾生遠離貪嗔之心，住平等捨。」四無量心雖是聲聞乘的修行內容，但和大乘菩薩道「無緣大慈，同體大悲」的精神相通，也是培養菩薩情懷的重要內容。

那麼，如何認識並修習四無量心？如何將這四句話變成自己的生命實踐？

一、四無量心和三乘佛法

三乘，即佛法修行的三個層次，分別是人天乘、聲聞乘和菩薩乘。四無量心和三乘修行是什麼關係呢？

從人天乘的角度，修四無量心可以成就廣大福報，在世間財源廣進、事業順利、家庭美滿、人際關係和諧。更重要的是，未來能招感生天之福。四無量心又稱四梵住，是大梵天的品德。在印度各宗教中，大梵天是神格最高的。具足四無量心，即與梵天同德，能生梵天。這在不少佛典都有記載，如《長阿含經》的「修四無量心，身壞命終，生梵天上」，《增一阿含經》的「行四梵行，慈悲喜護，於是壽終，得生梵天」，《佛本行集經》的「行四梵行，命終已後，生於梵宮」。

從聲聞解脫道的修行來說，修四無量心可以成就無量心解脫。《中阿含經》說：「若有沙門、梵志在無事處，或至樹下空安靜處，心與慈俱，遍滿一方成就遊。如是二三四方，四維上下，普周一切。心與慈俱，無結無怨，無恚無諍，極廣甚大，無量善修，遍滿一切世間成就遊。如是悲、喜心與捨俱，無結無怨，無恚無諍，極廣甚大，無量善修，遍滿一切世間成就遊，是謂無量心解脫。」《雜阿含經》也說：「若比丘修習慈心，多修習已，得大果大福利。云何比丘修習慈心得大果大福利？是比丘心與慈俱，修念覺分，依遠離，依無欲，依滅，向於捨。乃至修習捨覺分，依遠離，依無欲，依滅，向於捨。」

從大乘菩薩道的修行而言，四無量心中的慈和悲，正是發起菩提心的基礎。《道次第》關於菩提心修行的七因果中，就是由知母、念恩、報恩，而能修慈、修悲、修增上意樂，進而導向菩提心。從另一個角度說，修習菩提心又能圓滿慈悲。平常人雖然也有慈悲，但往往是狹隘而有分別的，純度、廣度、力度都不足。如何讓這一念慈悲無限擴大，圓滿佛菩薩那樣的大慈大悲？需要發起「我要利益一切眾生」的廣大願心，並以空性見去除其中雜質，提升願心品質。

平等捨心，正是空性見的特徵之一。凡夫做事都會帶著我法二執，帶著我相、人相、眾生相、壽者相，總覺得我做了多少事，給了他人多少幫助，始終在二元對立的關係中，是有限且有漏的。只有不執著四相，不執著自己在度化眾生，修習慈悲才能成為真正的菩薩行。

可見，四無量心和三乘佛法關係密切。

二、慈無量心

1．慈的語義

慈，是與樂，給予他人快樂。無量，即廣大無邊。「願諸眾生永具安樂及安樂因」，就是發願幫助一切眾生，希望他們都能得到快樂，更重要的是，具足產生快樂的因。在因上努力，才能源源不斷地招感樂果。

生起慈心的前提，首先是不討厭眾生，否則就不會希望對方過得開心；其次是不惱害，任何情況下都沒有傷害對方的念頭。但僅僅這樣還不夠，有些人雖然不討厭也不惱害眾生，但對眾生形同陌路，毫無感覺，也是無法主動生起慈心的。這就需要把心打開，接納眾生，對他們的苦樂感同身受，才能進一步培養慈愛之心，就像對待自己的至愛親朋那樣，真誠希望眾生得到利益和安樂。

修習慈心要擺脫兩種心理，一是貪著，一是嗔恨。慈心來自愛，但世間的愛是夾雜貪著和染汙的。比如我們對孩子、父母、親友的愛，雖然強烈，但因為建立在某種特殊關係上，往往帶有不同程度的貪著。尤其在夫妻之間，還會因為愛產生極端的占有欲和排他性。所以這些愛是有副作用的。而慈心沒有任何貪著和占有，純粹只是希望眾生快樂，不加分別，不求回報。如果修慈心時進入貪著、占有的狀態，就意味著這種修習是失敗的。進一步，還要克服嗔恨，這是修習慈心的最大障礙。只有徹底止息嗔心，才代表慈心的圓滿成就。所以從佛教角度來說，一個愛恨分明的人，慈心是修不圓滿的。哪怕他愛再多的人，只要其中還夾雜貪著或嗔恚，就不是真正的慈無量心。

2・安樂及安樂因

修習慈心是希望眾生得到安樂和安樂因。那麼，人生有哪些安樂？簡單地說，有現前樂和究竟樂兩種。現前樂，包括內在的身心健康，外在的諸事順遂，是世人追求並為之努力的。但我們要知道，這些不過是人生的小確幸，是對痛苦的暫時緩解。健康，抵不住生死；順遂，擋不住無常。只有證悟涅槃，才是究竟的無苦之樂。

安樂因，即得到安樂的條件。佛法以因緣因果看世界，我們希望得到樂果，就要探討安樂之因，從源頭努力。一個人擁有慈心，真誠利他，就是在耕耘福田，自然會招感福報，所以慈心是最好的安樂因。從個人來說，慈心使我們內心調柔，遠離嗔恨等不良情緒，有益身心健康。從人際關係來說，慈心使我們處處為他人著想，避免自私自利、自以為是等凡夫串習，從而與他人和諧相處。從經營企業來說，同樣需要慈心利他，對內可以得到員工支持，對外可以得到大眾認可。如果一心考慮個人利益，是很難把企業做大做強的。可以說，慈心是放之四海而皆準的企業文化。

除了世間利益，慈心還能使我們成就究竟利益。修行解決的核心問題是我執，由此才能斷煩惱、證涅槃。如何破除我執？通常所說的，是依空性見禪修。事實上，慈心利他也是有力的助緣。當一個人內心總是裝著別人，我執就會因得不到支持而弱化，遮蔽智慧的障礙也會隨之減少。所以利他不僅能增長慈悲，還能開啟智慧。

我們修習慈心，希望眾生具足安樂，就要了解什麼是真正的安樂，怎樣培植安樂之因。否則往往是南轅北轍，以苦為樂。

3．如何修習慈無量心

生起慈心並不難，事實上，每個人都有不同程度的慈心。但我們的慈心往往只是對少數人，且在特定情況下才能生起。而慈無量心是面對一切眾生，時時保持這樣的用心。這不僅是美好的願望，也是高尚的人格。

如何才能成就這樣的生命品質？《慈經》和《道次第》的七因果，都是修習慈心的指南。

（1）《慈經》

《慈經》的修習方式，是從愛護自己開始，然後推己及人，把這份愛不斷擴大。當然，這是清淨正向的慈愛，不是出於我執的自戀和自私行為。怎麼愛護自己？經中以四句話作了歸納——願我無敵意、無危險，願我無精神的痛苦，願我無身體的痛苦，願我保持快樂。這是《慈經》的觀修重點，對自己如此，對眾生也是如此。

第一句，「願我無敵意、無危險。」世間一切衝突乃至戰爭都出自敵意，這使人始終處於緊張狀態。因為敵意，我們和他人是對立的，和世界是對立的，同時還要防範來自他人的敵意。如果帶著敵意看世界，這種敵意同樣會投射到自己身上，感覺周圍的世界充滿危險，防不勝防。這是何其辛苦！當今世界有那麼多天災人禍，那麼多動蕩不安，都和人們內心的敵意有關。有道是「世界和平來自內心的和平」，那麼內心的和平來自哪裡？就是放下敵意，放下對立，這樣才能化解彼此傷害的因，在根本上解除危險。

第二句，「願我無精神的痛苦。」近年來，心理疾病患者急劇增多，已成為突出的社會問題。在我們身邊，越來越多的人正遭受精神問題的困擾，輕則內心空虛，重則抑鬱狂躁，有的甚至走上了絕路。當一個人的精神處於痛苦中，不論有多麼豐足的物質條件，都是無法感受幸福的。

第三句，「願我無身體的痛苦。」我們的五蘊身本是純大苦聚，也就是老子說的「吾有大患，為吾有身」。當它健康時，還能保持相對平衡，不會造成多少困擾。一旦出現問題，不僅使身體遭受痛苦，還會令行動受限，進而影響心理，對生活、工作、學習造成一系列障礙。

第四句，「願我保持快樂。」快樂來自能感受快樂的心。我們應該有這樣的體會，長大後，越來越難得到孩提時那種純真的快樂。當內心有了牽掛和束縛，就像背上沉重的負擔，與快樂漸行漸遠。所以我們要培養感受快樂的能力，這是過好今生的重要前提。

我們通過真切的祝願，讓自己生起慈心並安住於此。當慈心逐漸清晰、強烈、穩定時，再把這種願望傳遞出去。從自己傳遞到身邊的父母、兄弟、姐妹、親人、同參道友，進而傳遞到整個地區、國家乃至全世界。從生命形態來說，包括「一切活著的眾生，一切有形體的眾生，一切有名相的眾生，一切有身軀的眾生，所有雌性的，所有雄性的，所有聖者，所有非聖者，所有天神，所有人類，所有苦道中的眾生」；從時空來說，包括陸地、水中、空中，包括東方、西方、北方、南方、東南方、西北方、東北方、西南方、下方、上方……對於一切眾生，都全身心地真誠祝願，願他們「無敵意、無危險，無精神的痛苦，無身體的痛苦，願他們保持快樂」。

《慈經》的修行主要有兩方面，一是怎樣生起慈心，一是怎樣擴大慈心。平常人的慈心很狹隘，如何從小愛到大愛，從自己延伸到一切眾生，必須通過觀修來突破。所以我們念誦《慈經》時，不能只是有口無心地念一念，而要隨文入觀，讓其中每句話都成為發自內心的願望，確確實實地這樣想。

同時，在「願我的父母親，我的導師、親戚和朋友，我的同修……」時，眼前能呈現相應形象，如對目前。我們的觀修越清晰，對境越具體，表達祝願時就會越真切。這樣的念誦才能真正散播慈愛，成為慈心的修行。所以《慈經》本身就是觀修儀軌，而且非常具體。關鍵是觀想必須到位，用心必須專注，否則是沒有力量的。

（2）七因果

從對自己生起慈心到推己及人，對他人生起同樣的慈心和祝願，是觀修的難度所在。怎樣完成視他如己的轉換？《道次第》是通過七因果和自他相換，引導我們生起慈悲，進而將這一心行無限擴大。這裡重點介紹七因果，從知母、念恩、報恩，到修慈、修悲、修增上意樂，再到菩提心。

所謂知母，是從輪迴視角看待自己和一切眾生的關係。在無盡輪迴中，我們生生死死，不知換了多少種身分，每一世都有父母、兄弟、姐妹等至愛親朋。這些緣分使我們在流轉中繼續相遇，雖然彼此的身分和關係變了，卻不能否定曾經的親緣。《梵網經》的「一切男子是我父，一切女人是我母」，就是讓我們把一切男性看作父親，把一切女性看作母親。以這個思考為前提，看到眾生和自己的切身關係，就會對他們心生慈愛，覺得有責任幫助他們獲得快樂。

這個方法是不是對大家都管用呢？其實未必。今天的人對現世父母都不容易孝順，何況無始以來的父母，就更沒感覺了。所以在知母之後，關鍵是要念恩。人們之所以不孝順父母，就是忘了他們的養育之恩，不覺得有什麼恩情要報答。這就必須思惟：父母不僅給予我們生命，還含辛茹苦地撫育我們。如果沒有父母的付出，我們根本無法長大成人，擁有現在的一切。他們的恩情，無論怎麼報答都是報答不完的。

傳統的儒家重視孝道，但對現代人來說，從兒時的家庭影響，到入學後所受的各種教育，都缺乏相關引導。正相反，現在大多數父母對兒女溺愛縱容，百依百順。這就導致很多孩子對父母之恩沒感覺，似乎所得一切都是理所當然的。如果不改變這個觀念，不僅是學佛的障礙，還會影響為人處世的方方面面。現在很多人自私自利，自以為是，在很大程度上，就是不知念恩、不懂感恩導致的。

只有調整觀念，念恩生敬，才會進一步想到報恩。為了報恩，才會生起慈心、悲心，進而通過增上意樂，把慈悲眾生作為自己不可推卸的責任，導向菩提心。這是七支因果的修行思路。

4・慈無量心和無緣大慈

慈心是一種健康、美好的正向心理。擁有慈心的人，內心必然是調柔安樂的，既能給自己帶來福德，還能成就佛菩薩那樣的生命品質，使眾生感到慈心的攝受和利益。反之，一個充滿嗔心的人，不僅自己焦躁痛苦，還會散發戾氣，讓周圍的人恐懼不安。認識到慈心的價值，我們要積極培養它，讓這一心行在生命中從無到有，從生起到堅固，從堅固到無限，乃至任何境界現前時，都能以慈心對待。那麼世間就沒有什麼可以傷害我們了，也就是佛經所說的「慈心如大地，匪亦不能侵」。

《慈經》的由來，是比丘們在森林禪修時，被鬼神和精靈干擾，佛陀讓他們修習慈心，以此化解對立和恐懼。《增一阿含》中，佛陀也對比丘們開示說：「若汝等行路為賊所擒，當執心意，無起惡情，當起慈悲喜護心，遍滿諸方所，無量、無限、不可稱計。持心當如地，猶如此地亦受於淨，亦受於不淨……亦受於惡，亦受於好，都無增減之心，起慈悲喜護之心，向一切眾生。」在遇到惡人和危險時，如果以暴制暴，只會引發更多的對立和衝突。所以我們非但不能落入嗔恨，還要對一切有情生起無量慈心，才能從根本上解除危難，所謂「慈悲沒有敵人」。

在菩薩道修行中，更強調的是無緣大慈。所謂無緣，即沒有親疏、好惡、貴賤等分別。從願望到行為都建立於無限的所緣，都是平等的。《普賢行願品》就闡述了這樣的修行理路。我們可以在生起慈心的基礎上，依《行願品》的見地，把生活中的每個所緣當作修習對象，時時保持慈心，強化慈心。進而將這一慈心從有我提純為無我，從有相昇華為無相，從有限擴大為無限，最終圓滿佛菩薩那樣的無緣大慈。

三、悲無量心

1．悲的語義

悲，是悲憫。「願諸眾生遠離眾苦及眾苦因」，就是看到眾生遭受痛苦，發願把他們從苦海中救拔出來，希望他們遠離所有痛苦，以及產生痛苦的因。進而付諸實踐，以實際行動幫助眾生離苦得樂。

悲心的修行必須以慈心為基礎。因為對眾生有一份慈愛，才會對他們的痛苦感同身受，不忍其受苦。孟子說：「今人乍見孺子將入於井，皆有怵惕惻隱之心。」為什麼會心生悲憫？正是基於對孩子的慈愛。如果沒有慈愛，沒有感覺，就談不上悲憫了。就像很多人把動物當作食材，手起刀落，活殺烹煮，對它們的痛苦掙扎視而不見，覺得不過是在做菜而已，根本想不到這是剝奪生命，想不到動物正遭受割截之難，更想不到為它們解除痛苦。之所以無感，並不是因為他們特別殘忍，而是對動物缺乏慈愛。

修習悲心也要擺脫兩種心理，一是憂愁，一是傷害。悲心是出於悲憫，發願為眾生拔除痛苦，這種心行是強有力的。如果對眾生之苦產生憂愁，甚至陷入其中，悲不自勝，用心就有偏差了。這意味著其中夾雜了貪著，是有染汙的我執狀態。此外，還要擺脫傷害眾生的心。害屬於嗔恨的分位心理，是嗔的表現方式之一。從佛法修行來說，只要對一個眾生懷有嗔恨，就意味著你的悲心是不圓滿的。必須徹底止息傷害，在任何情況下，對任何眾生都沒有絲毫嗔恨，才代表悲心的成就。

不論修慈還是悲，都要以平等捨心為基礎，既不陷入貪著或嗔恨，也不特別針對某些人。否則，我們的慈悲就是染汙而非清淨的，是有限而非無限的。所以修習慈悲是有次第的，必須漸次而行，否則很容易出現偏差。相關內容會在下面詳細解說。

2・眾苦及眾苦因

悲心是要幫助眾生擺脫眾苦及眾苦因。那麼，人生有哪些痛苦？《慈經》主要說到了身體和精神的痛苦，佛教中還有三苦、八苦等歸納。三苦，為苦苦、壞苦、行苦；八苦，為生苦、老苦、病苦、死苦、愛別離苦、怨憎會苦、求不得苦、五蘊熾盛苦。這些只是對痛苦的高度概括，如果展開說明的話，人生有著無量諸苦，數不勝數。我們希望眾生遠離痛苦，關鍵是解除苦因，這才是根本的解決之道。否則的話，苦是沒完沒了的。痛苦之因是什麼？在佛教看來，主要包括往昔的業力和今生的煩惱。

第一是業力，即身口意行為留下的心行力量。無始以來，我們的所行、所言、所思並不是發生後就結束的，還會成為種子，保存在生命系統中。一旦因緣成熟，這些業力就會招感相應的結果，回到我們身上，誰也無法倖免。善業會回來，不善業也會回來，甚至加倍返回，所謂業不作不得、業作已不失、業增長廣大。我們現在的狀態來自過去生的積累，從內在身心，到外在的家庭出身、生存環境、人際關係，都離不開業力的影響。而我們現在的行為則會繼續影響未來生命。由業感果的基本規律，是善有樂報，惡有苦報。所以說，不善業是造成人生痛苦的根本。

第二是煩惱，即貪嗔痴三毒，這是不善業產生的土壤。我們會因為貪著造作惡業，也會因為嗔恨造作惡業。而貪嗔的基礎是痴，即無明、我執。只有徹底斷除我執，轉變對自我的錯誤設定，才能永離眾苦之因。

我們希望眾生都能永離眾苦和眾苦因，就要引導他們認清無明、我執的危害，進而斷除貪著和嗔恨。只有息滅貪嗔痴，才能在根本上解決不善業。

3．如何修習悲無量心

悲無量心的修習，同樣要從自己開始，即《慈經》所說的「願我無敵意、無危險，願我無精神的痛苦，願我無身體的痛苦……」我們看到有漏生命的過患，看到無明、我執、貪嗔痴和不善業帶來的痛苦，才會設法擺脫。這是修習悲心的動力。如果感受不到多少痛苦，就沒有離苦的必要了。

世人忙來忙去，都是希望離苦得樂。遺憾的是，因為找不到痛苦根源，所以在改變痛苦的過程中，又製造了更多痛苦。我們通過學佛看到，痛苦之根是因為業力，因為貪嗔痴，因為無明我執，就要從源頭解決。進一步，還要把這種願望推己及人，從自己擴大到親人、朋友，從所在地擴大到國家、世界，從人類擴大到六道，希望眾生都能從因上究竟離苦。儒家所說的「親親而仁民」，也是從對至親的愛，推廣到六親眷屬，乃至天下蒼生。

而在《普賢行願品》中，菩薩的每一個願力和行為，都是以盡虛空遍法界、十方三世一切眾生為所緣，引導我們把心打開，將悲心擴大為無限。虛空有多大，心量就有多大。只要不陷入我執，心的存在就是無限。因為宇宙的本質就是心的本質。當我們建立無限的所緣，就可以把悲心投射到一切眾生身上，無所不在。所以說，《行願品》是成就悲無量心的重要指南。

4．悲無量心和同體大悲

把悲心擴大為無限的關鍵，是認識到自己和六道眾生為一體。具備這樣的見地，會覺得幫助眾生除苦是理所當然的。就像自己某個部位受傷了，手立刻會去救治，不會考慮要不要管。因為手和這些部位是一體的，屬於本能反應。但從表面看來，我們和眾生都是獨立的個體，我是我，他是他，怎樣才能把自己和眾生視為一體？究竟來說，必須證悟空性，才能體會到自己和眾生在本質上是無二無別的，不存在任何界限。所謂的隔閡，不過是緣起的顯現而已。那麼在證悟之前怎麼辦？就沒辦法修嗎？其實不然。雖然我們沒有證悟空性，但可以通過聞思調整認識，通過觀修激發情懷，這些都是修習悲心的基礎。

和慈心同樣，悲心本身就是寶貴的精神財富，是生命中的無價之寶，可以給自己和眾生帶來無盡利益。僅僅從心理品質的角度來說，我們也應該修習悲心，成就悲心。現在很多人喜歡收藏古玩，不惜一擲千金。其實對生命來說，古玩能解決什麼？當我們陷入煩惱時，當我們要離開世界時，收藏能幫得上什麼忙？只有正向心行和善業，才能讓我們遠離煩惱，並在生死關頭成為引導，招感來生樂果。認識到悲心的珍貴，我們就要積極培養，使悲心增長廣大，進而以空性見將之提純並無限擴大，使其成為心相續中的主導力量。

四、喜無量心

1．喜的語義

喜，是喜悅、隨喜。當我們看到眾生修習善行，看到眾生的成就和利益，發自內心地為之歡喜，由衷讚歎。隨喜看似簡單，不需要什麼特殊能力，也不需要多少財力支持，只要願意，每個人都能做到。其實卻不然。很多時候，我們看到別人做好事，有成就，得利益，不是為對方高興，反而羨慕嫉妒恨，甚至因為仇富，將不良情緒升級為衝突、破壞和傷害。這種心態正是出於我執，只想自己得到利益，才會將他人所得視為對自己的侵犯，心懷敵視。

修習隨喜必須擺脫兩種心理。一是有貪著的歡喜，二是不樂，即不喜歡。隨喜本來是自利利他的心行，但如果夾雜貪著，就會使這一心行被染汙，不再平等。而不樂則和嗔恨、嫉妒有關。只要內心有絲毫嗔恨和嫉妒，就無法全然開放地隨喜他人。

2．何為無苦之樂

快樂有兩種，一是有苦之樂，佛法稱為壞苦；一是無苦之樂，即喜無量心所祝願的「願諸眾生永具無苦之樂，身心怡悅」。世人得到的快樂，不論來自家庭、感情，還是財富、事業，都是以貪嗔痴為基礎，是不穩定的，在本質上是痛苦的，有漏的。所謂快樂，只是對痛苦的暫時緩解，一旦失去平衡，就會樂極生悲。

但佛法告訴我們，除了世間的有苦之樂，還有出世間的無苦之樂，那就是涅槃樂。這種快樂是沒有任何副作用，且源源不斷的。因為它不是建立於某個外境，而是徹底斷除煩惱後，由覺性散發的寧靜、歡喜和自在。修習喜無量心，不僅要隨喜眾生得到世間利益，更要隨喜他們的修行成就，希望他們都能擁有究竟的快樂。

3・如何修習喜無量心

修習喜無量心也需要次第。我們可以按《慈經》所說，首先隨喜自己的善行和修行成就。因為隨喜自己比較容易，有利於調動歡喜心。當然要注意定位，不能產生黏著，更不能因此自大、自滿、自以為是。然後再把這份隨喜擴大到身邊的人，首先是和自己有關的六親眷屬，再到同事朋友，再到沒關係的人。當隨喜心強大之後，進一步擴大到原來不喜歡的人。隨喜的修習次第非常重要，如果開始就以仇人作為對境，通常是修不起來的。所以要從自己開始，然後是自己喜歡且願意隨喜的人。當隨喜心得到強化後，才有力量逐步向外擴展。

《普賢行願品》也闡述了隨喜功德的修行，屬於十大願王之一：「言隨喜功德者，所有盡法界虛空界，十方三世一切佛剎極微塵數，諸佛如來從初發心，為一切智，勤修福聚，不惜身命，經不可說不可說佛剎極微塵數劫，一一劫中，捨不可說不可說佛剎極微塵數頭目手足，如是一切難行苦行，圓滿種種波羅蜜門，證入種種菩薩智地，成就諸佛無上菩提及般涅槃，分布舍利，所有善根，我皆隨喜。及彼十方一切世界，六趣四生，一切種類，所有功德，乃至一塵，我皆隨喜。十方三世一切聲聞及辟支佛，有學無學，所有功德，我皆隨喜。一切菩薩所修無量難行苦行，志求無上正等菩提，廣大功德。如是虛空界盡，眾生界盡，眾生業盡，眾生煩惱盡，我此隨喜無有窮盡，念念相續，無有間斷，身語意業，無有疲厭。」

這一隨喜的竅訣在於，以盡虛空遍法界、十方三世一切佛剎為所緣，把心徹底打開。凡夫的心中往往只裝著自己、家庭，或是工作、事業，再大一點就是地區、民族、國家，而我們現在是要建立無限的所緣。這就必須把心打開，心量越小，所緣就越小；心量越大，所緣就越大。其實心本身是無限的，只是我執使它變得狹隘。當我們通過對無限所緣的觀修，就能讓心回歸本來狀態。這是無限、無相、無住的心，也是明心見性所要見的心。

在修行對象上，《慈經》是讓我們從自己開始隨喜，然後由內向外擴展，而《行願品》則是從佛菩薩開始隨喜，是從上至下的。這一施設的善巧在於，我們肯定不會嫉妒佛菩薩，所以隨喜佛菩薩功德更容易，而且很真誠。當我們通過隨喜佛菩薩建立相關心行，就可以擴大到六道眾生，成就喜無量心。

4．為什麼要修隨喜

和慈悲一樣，隨喜本身就是美好的生命品質。如果我們擁有隨喜心，對他人的善行、利益、成就見聞隨喜，就像自己做了善行或得到利益一樣，不僅自己歡喜，也能讓大家心生歡喜。因為我們看到和傳遞的都是正能量，當對方感受到這種善意，就會在受到鼓勵的同時回饋善意，彼此增上。反之，嫉妒者因為容不下他人，整天悶悶不樂。心量越小，嫉妒的對象就越多，不願看到的善行、利益和成就也越多，甚至會把別人的一切所得變成自己生氣的素材，簡直有生不完的氣。這樣的心態不僅讓自己痛苦，當它表現出來，還會和他人形成對立，使大家都不喜歡你。不必說學佛修行，即使世間的生活和工作都會產生障礙。

除了讓自己和眾生歡喜，隨喜還能成就無量功德。每個人的能力有限，精力有限，財力有限，但隨喜之心可以是無限的。雖然我們沒因緣修一切善行，但只要真誠隨喜他人的善行，所獲功德和對方是一樣的。如果發心更為廣大的話，所得甚至會超過對方。在世間做其他事往往會有力不從心的遺憾，但修習隨喜的話，只要有心就足夠了。可以說，隨喜是一本萬利的修行，只要懂得怎麼修，時時刻刻都能積累成佛資糧。從世間法來說，隨喜也是人際關係的潤滑劑，作用很大。現在有句話叫「人脈就是錢脈」，怎麼建立人脈？離不開隨喜。對他人真誠隨喜，能使我們廣結善緣，快速消除人與人之間的隔閡，使雙方其樂融融，做起事來自然順緣具足。

此外，隨喜還能弱化我執。我執重的人是很難隨喜的，看到他人的成就，總是習慣性地挑剔甚至批評。長此以往，會使我執越來越重，越來越自以為是，越來越與他人對立。反之，當我們廣泛隨喜他人，而不是執著自己的所知所行時，我執著因為得不到支持而減弱。需要注意的是，隨喜並不是溜鬚拍馬，更不是出於某種目的諂媚他人，前提必須是他人的長處、利益、善行、功德，然後真誠隨喜。

總之，隨喜既可以破除我執，集資淨障，成就菩薩道的修行，還能增長福德，實現世間利益。對於學佛修行和世間法來說，都是極好的「生財之道」，沒理由不修！我們不僅要修習隨喜，更要使之無限擴大。

五、捨無量心

1．捨的語義

捨的含義包括兩方面，一是捨棄，二是平等。四無量心的相關內容是：「願諸眾生永離貪嗔之心，住平等捨。」所謂捨棄，即捨棄貪嗔，而在根本上是捨棄我執，由此才能生起平等之心。凡夫人格是以我執為基礎的，這就勢必會有好惡分別。當我們帶著好惡看世界，將進一步引發貪嗔，對喜歡的黏著，是為貪；對不喜歡的排斥，是為嗔。當心陷入貪嗔，就會動蕩不安。嗔固然讓人痛苦，其實貪也同樣讓人痛苦。同時，貪嗔還會使人強化自己設定的局限，無法平等對待眾生。沒有平等的話，不論修習慈悲還是隨喜，都不可能是無量的。

從四無量心偈頌的次第來說，首先是慈無量心，其次是悲無量心、喜無量心，最後才是捨無量心。但在實際修行中，我們要生起無量的慈心、悲心和喜心，必須以捨心為基礎。只有克服貪嗔，才能平等看待眾生，以一切眾生作為修習慈悲和隨喜的所緣。

2．如何修習捨無量心

捨無量心的修行，首先要選擇中庸的對象，既不是所貪所嗔，也沒什麼利害關係。這樣修起來不容易有干擾。進一步是對親友修，其中又根據親密程度分為上中下三等，上等最為親密，而中下次之。修習捨心是從下等親友開始，因為關係最疏遠，貪著程度相應最輕。修到一定程度，能對他們平等看待，不起貪嗔，再選擇中等乃至上等的親友。比如自己的父母、兒女、配偶，就屬於上等貪著對象。當然，搞不好也可能是上等出離對象。關係太親近了，帶來的對境和傷害也會特別強烈，所謂愛之深，恨之切。對親人生起平等捨心之後，接著再對嗔恨對象修習。和親友一樣，這些對象也可根據嗔恨程度分為上中下三等，上等為特別討厭，中等為普通討厭，下等只是有點討厭。在修習捨心時，同樣先從下等對境開始，其次是中等，最後才是自己特別討厭的對象。修習捨心是培養平等心的過程，隨著平等心的壯大，對境難度才能隨之升級。如果不注重次第，直接面對最困難的對境，很可能立即敗下陣來。

在《道次第》等經論中，也提供了修習捨心的理路，讓我們學會從輪迴的眼光看待愛恨情仇。就今生來看，愛的人愛得如膠似漆，難以割捨；恨的人恨得咬牙切齒，勢不兩立，怎麼可能平等？這就要從輪迴的角度思考。生命不是從今生開始的，還有無始以來的過去。現在所愛的人，可能是往昔仇人，也曾做過傷害自己的事；現在所恨的人，可能是往昔愛人，也曾愛得死去活來。只不過世事流轉，我們忘了這一切而已。即使不說輪迴，僅從現世的變遷來看，愛恨情仇也不是固定的。相愛者反目成仇、對立者化敵為友的反轉，生活中常常都在發生。所謂的愛和恨，都只是當下的一種情緒，愛不是恆常的，不必執著；恨也不是固定的，不必在意。這些思考都在幫助我們建立捨心。

可能有人會覺得，沒有愛恨就是沒有立場，甚至是冷漠的表現。事實上，當我們平等看待眾生時，不僅可以放下仇恨，還能對眾生具足無二無別的慈悲，不會厚此薄彼。這非但不是冷漠，反而是大慈、大悲、大愛。

眾生因為我執，就會處處以自我為中心。事實上，我執只是自己的錯誤設定，以此作為輪迴的支撐。有了這個參照標準，我們會覺得，哪些人和我有關，哪些人和我無關，從而形成親疏遠近等一整套關係，再由這些關係發展出愛恨情仇。事實上，這些支撐和參照都是莫須有的，本身都是出自錯誤設定。如果去除我執，從緣起的眼光看待，我們和他人乃至一切眾生之間的關係都是扁平化的，並沒有所謂的中心。我是如此，世界也是如此。宇宙有中心嗎？法界有中心嗎？

捨心的修行關鍵在於去除我執，這樣才能去除中心，進而去除圍繞中心而建立的關係，以平等心面對法界眾生。只有在平等基礎上，我們才能將慈悲和隨喜擴大到一切眾生，建立廣大且無分別的慈悲和隨喜。

和平等心相應的，還有平衡、平靜、平常，這些都是心的本來狀態，也是生命中最為珍貴的品質。當我們回歸本心，就能平等無別地看待眾生，如如不動地面對世界。這種強大的安靜可以平息所有妄想，如此，內心只有慈悲，只有對眾生的深深隨喜，就能在入世的同時保有出世的超然。

六、仁愛、博愛與慈悲

對於人類社會的和諧發展，愛是不可或缺的重要動力。因為有愛，世界才會充滿溫暖。傳統文化和宗教對世界的貢獻之一，就是傳遞大愛。比如儒家宣導仁愛，基督教宣導博愛，佛教宣導慈悲。這就使很多人覺得：宗教都是教人行善的，都差不多。是這樣嗎？如果不是，這三種愛到底有什麼不同？

1．有染汙和無染汙

什麼是有染汙和無染汙的愛？區別就在於，這種愛是否帶有貪著和占有。一般人講到愛的時候，往往沒有對此作出區分。比如儒家所說的愛，是從對父母、配偶、子女、兄弟、姐妹的愛開始，然後到朋友之間的愛、上下級之間的愛、對社會大眾乃至天地萬物的愛。這是一個對象逐漸擴大的過程，但沒有對愛的本身加以界定。基督教所說的博愛，重點也是對小愛的擴大，同樣沒有對愛的本身作出區分。事實上，對身邊親人的愛往往是帶有貪著的，如果不在從小愛到大愛的過程中解決這個問題，是無法真正平等的，也就不可能遍及一切。

而佛教會把愛分為兩種。我們所熟悉的，是帶有貪著、占有的愛，幾乎涵蓋世間一切的愛。我們分析後就會發現，不論世人所愛的對象是什麼，都在不同程度上帶著貪著和占有，夫婦之間如此，父母對兒女如此，乃至我們對物品的愛也是如此。雖然愛是一種付出，但貪著和占有卻使這些愛受到染汙，帶來種種副作用。在很多經典中，佛陀都說到「無明為父，貪愛為母」，告訴我們愛的過患。在關於生命流轉的十二因緣中，也是由「愛、取、有」，導向「生、老死」。可以說，愛是生死輪迴的根本，也是世間一切痛苦煩惱的根本。如果我們想出離解脫，就要從根本上斷除有染汙的愛，否則就會沒完沒了地造業感果，生死無盡。

斷除有染汙的愛，並非六親不認，更不是對眾生冷漠無感，而是昇華為沒有染汙的愛，也就是佛法所說的大慈大悲。在佛教修行中，慈悲和智慧是最為重要的兩大項目，必須對一切眾生建立平等、無私的愛。這種愛沒有親疏遠近的分別，不是出於貪著，不是為了占有，更不想要什麼回報，所以它是沒有任何副作用的，也不會像世間的愛那樣，隨著時間而淡化或變質。

區分兩種不同的愛，我們就知道，什麼是應該解決的，什麼是應該保留和發展的。

2·有我和無我

儒家和其他宗教的愛都是從身邊親友開始，有次第地由近及遠，逐步擴大範圍，最後是愛社會大眾。這樣的愛是有我的，即使愛再多的眾生，作為中心的「我」是不變的。

而佛教所說的愛雖然從有我開始，但最後必須昇華到無我的境界，否則就無法和修行相應。所以在《金剛經》中，佛陀一再提醒我們，菩薩在利益眾生的過程中，要無我相、無人相、無眾生相、無壽者相，如果有我、人、眾生、壽者四相，就不是菩薩。因為有我就是有中心，所修就是世間善法，是有相而有限的。

3·平等和不平等

儒家說仁愛，是以孝悌為基礎，對親人和普羅大眾是有分別的；基督教說博愛，是以信仰上帝為前提，對教徒和異教徒是有分別的，對人類和動物也是有分別的。而佛教所說的慈悲，是無緣大慈，同體大悲，這就必須建立在平等的基礎上。只有內心完全平等，沒有絲毫親疏、貴賤的差別，才能包容一切，對眾生生起廣大無邊的愛。就如陽光普照一切，從不揀擇；又如大地承載萬物，從不排斥。

4·有限和無限

儒家和基督教的愛僅限於人類，並沒有將動物當作人那樣去愛，也不包括種種看不見的眾生。而佛教所說的慈悲，是以利益一切眾生為對象，是無限的。當然，如果沒有空的智慧，所謂的無限只是一個概念，是想像中的，並不能打破自他之間的界限。儒家和其他宗教沒有空性正見和依此建立的修行，也無法真正把自己和眾生視為一體，這種愛必然是有限而非無限的。只有通過修行證悟空性，了知一切都是因緣假相，三世諸佛與六道一切眾生在本質上是無分別的，所謂「心佛及眾生，是三無差別」。有了這樣的見地，才能確信利他就是利己，愛人就是愛己，從而建立無限的大愛。

七、結束語

四無量心是佛法的重要修行，希望大家把這四句話作為定課內容之一，通過每天的發願提醒自己，同時在生活中不斷憶念。最重要的是，真正把這些內容作為自己的願心，發自內心地由衷祈願。這就需要通過觀修，把心調整到和眾生相應的頻道，生起慈悲喜捨，安住於此，持續穩定，再把這無量的願心散播出去。如此，不僅是對眾生的祝福，對自己也是最好的修行，可以在祝福過程中被這種正向心行所加持。

造就慈悲品質

——在傳授菩提心戒法會上的開示

在座的出家眾及在家眾，大多受過菩薩戒。按正常情況，既已受過菩薩戒，理應具足菩提心。同時也意味著——我們是菩薩了。那麼事實又是如何呢？我們究竟是名副其實的菩薩，還是徒有虛名的假冒偽劣呢？

菩薩，不是一種說法，也不僅是一種身分。重要的，是具備菩薩那樣的品質。按社會上的說法，是達到相應的考核標準。這就必須明確：菩薩應當具備哪些品質。換言之，什麼樣的人才有資格稱為菩薩？

不僅菩薩是由生命品質決定的，凡夫也同樣如此。眾生為什麼有凡聖之別？是因為長相嗎？是因為學歷嗎？是因為工作嗎？是因為地位嗎？是因為權勢嗎？都不是。根本原因，就在於生命內在的品質。正是它們，決定了我們現有生命的不同屬性。

由凡夫品質，決定了我們是凡夫，那就是貪、嗔、痴，就是無明、我執。正是它們，不斷製造著煩惱、痛苦、輪迴，給生命帶來無窮過患。所以說，世間一切問題都源於生命的品質，源於我們的心。

因而，修行也應致力於內在改變，而非獲得外在的什麼。成佛亦是如此。成佛，是成就三世諸佛所具有的悲、智兩大品質。因為大智慧，佛陀才能不住生死，成就解脫；因為大慈悲，佛陀才願不住涅槃，廣度眾生。我們想獲得解脫自在的人生，獲得自利利他的能力，就必須成就佛陀那樣的品質。這是佛教所以被稱為心地法門的關鍵所在。

這一品質從何而來？就是從發菩提心、修菩薩行而來。

菩薩，乃成佛之因。我們想要成佛，必須從菩薩做起。或許有人會覺得，自己受了菩薩戒，就已獲得菩薩身分。至少，也是走在菩提路上的行者了。但捫心自問：我們可曾發起菩提心？可曾具備相應的素質？在我們現有的心行中，慈悲心所占的份額又有多少？努力的方向是否正確？

這些並不是關起門來想想就可以完成的。在座上觀修時，想著「我要利益一切眾生」，似乎並不是很難。但真正面對一切眾生時，面對那些親的、疏的，善的、惡的，形形色色的眾生時，還能無分別地一視同仁嗎？還能堅持不懈地繼續這份發心嗎？

世人遇到危難時，常常呼喚大慈大悲的觀音菩薩。何為大慈悲？是因為他們對一切眾生能平等生起悲心，而這種悲心是盡未來際永不間斷、永不退縮的。如果這種悲心是有選擇的，是有階段的，就不可能千處祈求千處應，也就不是遍及一切的大慈大悲了。

這樣的慈悲，必須從修菩提心開始。首先是願菩提心，即「我要利益眾生」的願望；其次是行菩提心，即「我要利益他人」的行為。這些話，大家聽起來也許覺得沒什麼新意。事實上，這些道理不少人也都知道。那麼，我們內心對此的認可程度又有多少？是將之作為一種拿來說說的理論，還是實際操作的指南？是將之作為衡量自己的標準，還是指責他人的素材？

究竟怎樣發心？其標準為何？發起後如何長久保持？如是等等，都是我們必須深入了解並付諸行動的。惟有了解，才能行之有效；惟有實踐，才能加深認識。

菩提心還須以出離心為基礎。出離心，即出離輪迴之心，這就必須真切意識到「輪迴是苦」。如果不具備這一認知，無論出家眾或在家眾，學佛都是不會有深度的，是不會得到真實受用的。

人很容易進入習慣性的麻木中。尤其是在家居士，不知不覺中，就會陷入學習、工作、人際關係的旋渦。常常聽到有人說：想學佛呵，就是沒時間學佛。其實，時間對每個人都是公平的。但在每個人心中，分配時間的標準卻是不同的。

我們有時間工作學習，有時間吃飯睡覺，甚至有時間娛樂休閒，為什麼沒時間學佛呢？無非因為學佛被排在最後，被當作無足輕重的填補。當時間被前面各項填滿時，結果就成了——「沒時間學佛」。人們為了安慰自己，往往還要加上一句——「其實是想學佛的」。如果真的想，就不可能沒時間。事實上，我們有多想，一天中就會有多少時間用來學佛。

看看我們的生活就會發現，很多人幾乎所有時間都被生活瑣事占據。我們每天想什麼、做什麼，不僅會有客觀結果，更會形成串習。這種串習，正是凡夫心的相續，從而使我們在貪嗔痴的陷阱中越陷越深。若不改變這一串習，就不可能改變由此形成的性格、人格和生命品質。

我們為什麼是凡夫？就是自己「修」來的，是無始以來一點點「修」成的。現在，我們是否還要繼續鞏固這個凡夫身分呢？是否真正意識到這種生命品質帶來的過患呢？

當我們說到出離心時，不僅要出離輪迴，更要出離輪迴之源，也就是我們內心的無明惑業。所以，我們要解脫的不只是外在的各種束縛，更是生命內在的束縛。否則，即使出家了，即使來到修道之地，還是會有貪嗔痴，還是會現起煩惱。

如果沒有出離心的基礎，對輪迴不曾生起真切的厭離，雖然發了菩提心，其中也會夾雜凡夫心，夾雜種種雜質。很多人發心行善時，確實有利他之心在作用，但這種利他心的純度卻大相徑庭。可能是百分之十，也可能是百分之九十。若以百分比說明，我們不妨評估一下：自己的發心中，有幾分利他？有幾分我執？有幾分慈悲？又有幾分有所得之心？

作為凡夫來說，不可能在初發心時就圓滿、到位、不折不扣，總會有這樣或那樣的問題。但我們也不必氣餒，關鍵不在於當下的純度有多少，而在於我們是否看到這些問題，是否願意解決這些問題。

當我們看到輪迴之苦，看到無量眾生也在遭受輪迴之苦，並將這份想要出離的心推廣到一切眾生，就是菩提心。從這個角度說，菩提心就是對出離所緣境的擴大，是將「我要出離輪迴」的願望擴大到一切眾生。這一過程，也在擴大並成就我們的慈悲心。

每個人多少都會有悲憫之心，菩提心的修行，就是將這種悲憫心不斷提純，不斷堅固，不斷擴張。當這種悲心擴大到一切眾生並堅固不退時，菩提心便成就了。那時，我們就與佛菩薩無二無別了。

願菩提心，就是「我要利益一切眾生」的願望。我們今天受持願菩提心，是通過三寶加持，將這一願望深深鐫刻在內心，變成生命中至高無上的願望。

大家今天來參加這一法會，是否意識到，受持願菩提心對人生意味著什麼？是否意識到，從今往後要擔當解除一切眾生痛苦的責任，並對一切眾生生起平等無別的悲心？這是我們今後必須牢牢記住的兩個原則：一、救度一切眾生；二、對一切眾生生起悲心。

當然，做到這兩點並不容易。因為我們現有的心行基礎是凡夫心，充滿著好惡，充滿著不平等。很多人會覺得：自己還在輪迴中受苦，哪裡顧得上別人？而當我們付諸實踐時，更會發現眾生是那麼剛強難調，那麼令人難以接近，何況利益？

但如果我們不願克服這些障礙，就永遠會被凡夫心折磨。我們面臨的生命前景，無非是兩種，一是主動挑戰，一是被動受苦。主動挑戰，就是發菩提心；被動受苦，就是繼續沉淪。如果縱容凡夫心，痛苦將永無止境，生命也將永無出頭之日。

若能發菩提心、行菩薩行，固然也要經歷受苦的過程，但這種苦難是會結束的。因為它也是解除痛苦的過程，是逐步瓦解凡夫心的過程。就像割除身上的腫瘤，手術固然痛苦，卻是恢復健康的必由之道。

否則，痛苦將永無休止，且愈演愈烈。

行菩薩道的過程，也是改變凡夫心的過程。隨著凡夫心的減少，生命就會恢復本有的自在。所以，發菩提心在當下看來雖然像是自討苦吃，但這種代價是必須付出的。

受持菩提心，必須認識到菩提心的內涵，認識到它對生命的意義。我不希望你們只是抱著種種善根的心態來受持願菩提心戒，隨便參加一下，受完也就不再想起，內心沒有絲毫改變。

希望通過受持願菩提心，能使大家在相續中獲得強大的力量，並以這種心行力量來淨化生命。菩提心是諸善中王，其力量無與倫比。通過修習願菩提心，在長養慈悲的同時，將不斷化解我執。一旦勝義菩提心得以開顯，我們就有能力消除一切煩惱，幫助一切眾生了。

菩提心是大乘佛法的不共之處。如果不了解菩提心，也就不了解大乘佛法；未發起菩提心，就不是合格的大乘佛子。

修行的關鍵在於用心。如果心能用得真切，自然就會具有力量。你們今天來受菩提心戒，是否生起這樣的願望？是否發願以救度一切眾生為自身使命？如果沒有這樣的願望，其實是沒有資格受菩提心戒的。那樣，即使受了也只是徒具形式而已。

所以，大家首先要把願菩提心作為生命內在的願望。其次，通過每天的不斷修習來鞏固這一願望。我們還有一個《菩提心修習儀軌》，是作為日常修習之用。每天，我們要這樣提醒自己：「我的生命目標就是利益一切眾生。」每天鞏固這一使命感、責任感，使之融入我們的血液，成為生命不可分割的一部分。

生活中，我們隨時要面對許多誘惑。如果不每天提醒自己，這一願望很快會被淡忘。即使不是有意忘記，串習力也會使之邊緣化。所以，要通過持續的修習使之融入生命，成為我們內心的主宰力量，成為想忘也忘記不了的強烈意願，成為不受任何外在影響左右的終極目標。

我們現在提倡的「皈依共修」，是在皈依後不斷強化三寶在內心的分量。修菩提心也是同樣，每天告誡自己，提醒自己，菩提心的種子就會生根發芽。然後，通過不斷地行菩薩行，使菩提心日漸壯大，再以空性見將之逐步提純，減少摻雜其中的雜質。

從願菩提心到行菩提心，從「我要利益一切眾生」到成就這種慈悲心行，從一種微小的心行壯大為堅固的心行。這個過程，就是在成就佛菩薩的品質。

佛菩薩不是泥塑木雕，也不是來無影去無蹤的神仙，而是代表一種生命品質。只要按菩提心教法修習，每個人皆可訓練成功。

當我們具備真實無偽的願菩提心後，就有資格進一步受菩薩戒。如果從未想過利益一切眾生，卻要受菩薩戒，以菩薩自居，那和修行是毫不相干的。

對大家而言，今天的法會有些特殊。今天傳授的菩提心儀軌，並不是我發明的。根據印度傳統，以龍樹、彌勒為代表的深廣二派傳承中，都有如何受菩提心的儀軌。藏傳佛教也特別重視受持菩提心。這是一個非常好的、不應忽視的修學傳統，若不加以重視，是很難用上功夫的。希望大家珍惜這一難得的因緣，將利益眾生的心，變成自己內在的真切願望，這正是大乘佛法的精髓所在，也是菩薩道修行的核心所在。

為正念而生

——第二屆觀自在禪修營開示

歡迎大家參加「觀自在禪修營」。從這個禪修營的名稱，我們可以認識到它的宗旨，以及參加禪修的意義所在。

觀自在，修行方法和成就目標

我們的禪修營叫作「觀自在」。我想在座的多數都讀過《心經》。經文開頭是：「觀自在菩薩行深般若波羅蜜多時，照見五蘊皆空，度一切苦厄。」可見，「觀自在」不僅是觀音菩薩的名號，同時還蘊含著般若法門的修行方法和成就目標。

這個方法，就在於「觀」。在觀照心念的過程中，消除內在的迷惑煩惱，成就解脫，身心自在。所以我們要在禪修訓練中學會「觀」，學會用佛法智慧觀照內心，觀照世界。

《心經》所說的「行深般若波羅蜜」，就是般若深觀。我們現在所修的禪法，主要是從四念處入手，通過對覺知力和觀照力的培養，訓練持續、穩定的專注。當心念逐漸平息，就能看清念頭的來來去去，而不是被它左右。進一步，則是降伏煩惱，使內在的般若空慧顯現出來。

這是我們本自具足的覺性，也是解脫和成佛的潛力。正如《六祖壇經》所說：「菩提般若之智，世人本自有之。」只是這種力量被重重煩惱所遮蔽，雖有若無，即《壇經》接著所說的：「只緣心迷，不能自悟。」因為心迷失在無明妄想中，所以認不出這一寶藏，更不知如何開啟。

禪修所做的，正是通過對心的訓練，開發內在的般若智慧。禪修的方法很多，初級階段以內觀培養覺知力，更容易契入。這種覺知力，就是般若體現在意識上的作用。當它有了力量，就能通過進一步的觀照，將心帶回覺性的海洋，體認實相般若。《心經》稱之為「行深般若波羅蜜多」。

當然，這是觀音菩薩的境界，不是我們現在的境界。在接下來的禪修中，可以從覺知力入手訓練。假以時日，當內在的般若智慧得以開發，我們就有能力擺脫一切痛苦，是為「度一切苦厄」。當迷惑煩惱被觀照所消融，所瓦解，我們也就自在無礙了，所以叫「觀自在」——通過觀，使內心獲得自在。

我想，每個人都希望自己過得自在。但我們對自在的了解，往往側重於外部環境，以為擁有優越的物質條件和生活環境就能達成目標。於是就把關注點向外投射——我們關注感情，關注家庭，關注事業，希望從中獲得自在。卻不知，這種對外在世界的關注，帶來的恰恰是不自在。因為關注會成為執著，執著會成為需求。久而久之，還會形成依賴，使我們不得自在。

因為每一種依賴都需要我們去經營，去維護。但世間是無常的，不論感情、事業，還是我們現在的色身，都是脆弱而無常的。這種無常時時都在我們身上或身邊發生，即使我們再遲鈍，再迴避，也不會感受不到無常的存在。這就使得我們內心隱隱有一份不安全感，以及由此帶來的恐懼。

這種恐懼的根源並不是無常，而是我們的依賴。當我們對某個對象過分依賴時，就會害怕失去，這就導致焦慮和緊張。隨之而來的，還有失去依賴後的孤獨感，以及依賴受到衝擊時的嗔恨心……可見，人的負面情緒都是自己一手締造的。在這樣的情緒中，我們迷茫、被動、不能自已。而當我們沒有這份依賴時，還有什麼可以擔心，可以害怕的呢？

所有這些情緒的產生，又和我們對外在世界及對生命自身的錯誤認識有關。我們總有這樣那樣的煩惱，有的來自感情，有的來自家庭，有的來自事業，有的來自人際關係。通常，人們總是希望通過改善環境來解決問題，事實上，這種解決至多只能起到暫時緩解的作用。就像身體內部的炎症，如果只在表皮塗抹一些清涼鎮定的藥膏，是無法起到任何實質性作用的。

心病還需心藥醫。根本的解決之道，就是從我們的心著手。每個人都具有圓滿的覺性，這個覺性是本自具足的，不需要任何外在支撐。一旦開啟覺性，所有問題就迎刃而解了。因為這些問題都是以無明執著為基礎，當無明不再，執著不再，哪裡還有它們的立足之處？哪裡還有它們的安身之地？這時的自在，才是真正的自在，無拘無束，了無掛礙。

佛陀就是這樣的得大自在者。當然，這個自在不是與生俱來的，而是通過修習正見和止觀而來。所以，「觀自在」三個字既是禪修的內涵，也是禪修所要達到的目的。如果我們希望獲得自在，就要把投向外部的目光收回，轉向對內心的關注。

心種種故，色種種

心和物是組成世界的兩大因素，並具有相互作用。但佛法特別強調心的主導作用，故稱「心性之學」。就像某人持槍殺人，我們不會給槍判罪，而是會給持槍者判罪。因為他有一顆嗔恨殘暴的心，才會將槍口對準他人，才會置人於死地。所以說，心才是善惡的源頭。

佛教關於心的典籍非常之多，主要有兩類，一是立足於真心，一是立足於妄心。真心，是指生命本具清淨無染的覺性，禪宗就是依此建立修行，其特點在於直接、迅速，所謂「一超直入如來地」。此外，唯識、阿含等體系則側重從妄心來建立修行。因為真心雖然重要，但凡夫很難觸及，只有上根利智者才有能力直接體認，見性成佛。就像極薄的雲層，能迅速被陽光穿透。而常人都是活在迷妄中，塵垢重重，不見天日。

凡夫之所以為凡夫的根本原因，就在於無明。正是無明形成的錯誤認知模式，使我們看不清自己的本來面目，看不清世界的真實相狀。這種誤解是由認識決定的，修行所做的，正是幫助我們摘下這副由錯誤認知構成的有色眼鏡，如實看清自己，看清世界。

佛典中，對妄心有著詳盡分析。如心理學所說的注意、表象、情感、意志等普通心理，佛教稱為遍行心所，有作意、觸、受、想、思五種。以此構成的認知模式，是不可能對世界達成正確認識的，所以就會發展出貪嗔痴種種煩惱。除此而外，我們內心也有善的心理，就是道德的心理，健康的心理。

從佛法觀點來看，當善的心理產生作用時，當下就能給自他雙方帶來快樂。比如慈悲，不僅能令他人感到溫暖，也能令我們自己調柔安樂。反之，不善心理產生作用時，當下就能帶來痛苦。當一個人進入嗔恨、嫉妒的狀態，內心是糾結而躁動的，當我們把這種心理表現出來，還會令他人備受痛苦。

人是什麼？相貌嗎？地位嗎？身分嗎？這些都是外在符號，暫時和我們有關而已。真正的內涵不是其他，正是我們當下的心態、性格和人格。這種心態和人格來自生命的積累。同樣是貪心，有些人貪吃，有些人貪色，有些人貪財。這些貪心引發的負面情緒也各不相同，有的會帶來焦慮，有的會帶來恐懼，有的會帶來孤獨，有的會帶來沮喪。此外，有些人很自卑，有些人很自大；有些人很狹隘，有些人很寬厚；有些人很粗暴，有些人很慈祥。不論這些情緒多麼強烈，也不論這些性格多麼剛強，都不是天生的，而是由心念積累而成。最初不過是一念之微，但這一念接著一念，就會念念相續。

但心念又是無常的。比如你現在很開心，可能很快會因為什麼人或事不開心了。這種開心與否，並不是我們的主動選擇，而是面對不同外境的本能反應。也正因為心念是無常的，只要方法正確，就能主動加以改變。比如有人會在痛苦中無力自拔，其實，那只是我們不懂得心的運作規律，不懂得怎樣加以調整。

雖然我們都害怕痛苦，卻常常在痛苦到來時沉溺其中，越陷越深。我們不知道，痛苦也是一個念頭，即使當下再強烈，其本質仍是空無自性的，仍是可以改變的。我們要認識到，這些念頭只是漂浮在心靈天空的雲彩，而不是天空。具備這樣的認識，念頭的影響就會減弱。反之，當我們把心投向對念頭的執著，會覺得這種痛苦越來越大，越來越真切。這個大，也是我們的一種認識，你覺得它很大，它就變得很大了；你覺得它很真切，它就變得很真切了。

因為每種心念都是我們反覆串習的結果。只要不斷重複，力量就會越來越大，進而成為心靈世界的主導——從一念愛心變成強大的愛心，從一念嗔恨變成劇烈的嗔恨。

這些心理力量又會形成我們的生命之流，輪迴之流。佛教將有情分為天、人、阿修羅、地獄、畜生、餓鬼六道，這些生命形態也是由心念構成的。比如畜生代表著愚痴的積累，餓鬼代表著貪婪的積累，阿修羅代表著嗔恨的積累。六道如此，當下的現實也是如此。追求藝術的人，每天會想著藝術，在追求過程中，就會逐漸形成執著，促使他進一步追求。經商的人、從政的人、做學問的人，哪一個不是如此呢？

這就是當下的輪迴，現世的輪迴。

在這樣的執著中，我們是不得解脫的。因為貪著會像繩索一樣，把我們和執著對象牢牢捆綁在一起。佛法所說的解脫，就是幫助我們解開這條執著之繩。當內心不再有任何執著，當下就是解脫。

因為心本身具有解脫的潛力，不必再去另外找尋一種叫作「解脫」的境界。所以說，解脫並不是天方夜譚，事實上，它離我們並不遙遠，只要方法正確，無須千里追尋，萬里跋涉——當下即是。

覺性，才是究竟的皈依處

學佛，是幫助我們認識內心的種種念頭，進而加以調整。阻止其中的不良心理，發展其中的正向心理，也就是佛法所說的正念。

在我們皈依的佛法僧三寶中，佛是代表究竟圓滿的覺悟。換言之，佛陀已徹底解除迷惑，開啟內在覺性。皈依佛，就是通過學佛來認識心性，降伏煩惱，像佛陀那樣透徹諸法實相，證悟宇宙人生的真理。

法是代表了解心靈的智慧，以及發展正念、對治妄念的技術，也就是禪修。當我們具備一定正見後，也會知道什麼是正念，什麼是妄念，但如何讓正念變得強大，讓妄念逐步消除？需要有正確的方法，也需要長期的訓練。皈依法，就是依佛陀所說的教法樹立正見，依佛陀傳授的調心之道反覆實踐，將正見真正落實於心行。

僧是代表清淨解脫的品質，尤其是賢聖僧。他們已經沿著佛陀開顯的道路走向解脫，證悟涅槃。所謂涅槃，就是完全平息煩惱妄念，生命不再有任何躁動，使內在覺性得以顯現。皈依僧，就是皈依十方三世一切僧寶，以他們作為修行的良師和助伴。當然這並不是要我們親近所有僧眾，在具體修行過程中，只須依止能引導我們如法修行的師長即可。

總之，皈依就是選擇信仰對象，以佛為榜樣，以法為指導，以僧為助伴，三者是不可分割的整體。但我們還要知道，皈依不是尋找一種外在依賴。在究竟意義上，是通過皈依的修行，幫助我們認識內心、開發覺性。所以佛陀在《阿含經》中告訴我們：「自依止，法依止，莫異依止。」自依止，是說解脫要靠自己。但凡夫是充滿無明的，所以還要依法。而法是佛陀兩千多年前講述的，這就需要「親近善知識，依法得解脫」。否則，我們可能會師心自用，也可能不得其門而入。所以我們既要依靠外在的三寶，也要知道，修行的重點是在我們內心。

究竟的皈依處，是內在的覺性而非其他。

發心，對心的選擇和發展

皈依而外，佛法還特別強調發心。

很多人對發心理解得比較抽象，認為這是一套形而上的哲學。其實，發心就是我們要發展一種什麼樣的心念。學佛之前，我們一直在發展凡夫心，發展與輪迴相應的心念。如果我們不希望繼續這樣的現狀，就要開發走向解脫的心理力量。從這個意義上說，發心就是開發心靈潛在的覺性。

發出離心，是發願走出輪迴。但更重要的，是走出構成輪迴的心理基礎——那就是貪嗔痴，就是無明我執。所以出離心的本質不是出離某種對象，而是出離貪嗔痴。當我們出離這些心理時，當下就是解脫——而不是解脫到別的世界。發菩提心，是發願以自覺覺他、自利利他為盡未來際的目標。通過這樣的願望和實踐，成就諸佛菩薩那樣的大慈悲和大智慧。

我們希望財富增值，就要選擇最有價值的項目投資。我們希望生命品質提升，就要開發生命內在的覺性，這是一項可以帶來無量利益的「心靈投資」，將使我們徹底斷除煩惱，成就解脫；進而使天下眾生斷除煩惱，成就解脫。

發心既包含對目標的確立，也包含我們當下的用心，那就是以成佛、以利益一切眾生為目標。但利他也離不開自利，這個自利就是開發內在覺性，否則我們是沒有能力真正幫助眾生的。而且利他和覺悟並不矛盾，在利他過程中，我執會隨之減弱，使覺性得以開顯。

所以，發心對禪修非常重要，是代表對心念的選擇和開發。禪修的核心就是正念，這個正念離不開選擇，離不開發展。發心，是幫助我們選擇內在的良性心理，進而發展它，使之成為生命主流。

持戒，建立簡單清淨的生活

很多現代人對戒律不以為然，覺得這是一種外在的約束，一種過時的傳統，和禪修沒什麼關係。其實不然。因為在凡夫的心相續中，貪嗔痴有著強大的力量。一旦陷入其中，就會像漩渦那樣，將我們越卷越深，讓我們在慣性中無法自主。這就必須阻止不良心念的相續。戒律的作用，正是幫助我們通過對行為的規範，建立心靈防禦系統。

我們在受戒時，發願「不殺生、不偷盜、不邪淫、不妄語、不飲酒」。在十方三寶前莊嚴宣誓的過程中，內心會產生強大的自制力。當我們想要殺生、偷盜、邪淫時，這種自制力就會產生作用，使我們不再被串習的漩渦席捲而去。

持戒，不僅能阻止妄念的延續，還能指導我們建立一種簡單、清淨、健康的生活。現代社會的很多問題都是生活方式造成的，過度的娛樂，使我們內心躁動，混亂不堪；過度的消費，使資源大量消耗，環境日益惡劣。在佛陀所說的八正道中，就特別強調正業、正命的重要性。當生活簡單了，心也就簡單了；生活清淨了，心也就清淨了。

禪修，同樣需要建立如法的生活，這樣才能營造良好的心靈環境。所以禪修絕不是每天抽時間打打坐就能坐好的，既要有正確的觀念為指導，也要有健康的生活為助緣。如果我們對行為不加約束，每天都在縱容妄念的發展，即使由聞思培養了一點正念，也會很快被掩蓋，被遮蔽。

所以說，皈依、發心、持戒都是禪修不可或缺的重要保障，也是培養正念的基本前提。

依正見善用其心

正念最為核心的因素，就是正見。

本次禪修的主要方法是四念處，涉及佛法的四種基本認知，分別為「觀身不淨、觀受是苦、觀心無常、觀法無我」。此外，大乘佛法所說的諸法唯識、緣起性空等，都是立足於不同層面的正見，有助於我們認識內心，明確自己究竟要選擇什麼，放棄什麼。

作為密集禪修來說，重點在於訓練。在未來幾天的實踐中，希望大家在法師的指導下用功辦道。西園寺給大家提供了優越的修學環境，你們所在的地方叫大覺堂，是三寶樓的中心。大覺，就是三寶的核心內涵，我們來到這裡，也要有成就覺悟的信心。

禪修並不複雜，關鍵是善用其心。簡單地說，就是認真走路，專心呼吸，活在當下，保持覺知。基本的就是這些，容易不容易呢？你們會不會認真走路？會不會專心呼吸？似乎都很容易，但真正做到並不容易。不過我們無須氣餒，只要認真實踐，總會有不同程度的收穫。

希望大家在這七天內，珍惜善緣，努力精進。

凡聖只在迷悟間

——第一屆觀自在禪修營開示

歡迎各位參加「觀自在禪修營」。這是西園戒幢律寺舉辦的首屆禪修營，招收的學員主要面向心理學界。之所以這樣定位，是因為這一領域的從業者對人類心靈有更多的了解和關注。而佛法修行所致力的，正是通過對內心的認識和觀照，進而調整心行，改造人生。

目前，整個社會最大問題就是人的心態失衡，並且到了危機四伏的地步。近年來，頻頻發生的各類惡性事件，正是向我們敲響的一次又一次警鐘。所以，對各種心理問題的疏導、調節和改善，不再局限於部分人群，而是全社會的當務之急。作為以自利利他為使命的佛弟子，我們對此有著不可推卸的責任。

但僅僅這樣還不夠，面對如此龐大的人群，我們的努力不過是杯水車薪。更何況，很多人對佛教充滿誤解與隔閡，甚至完全排斥。基於這樣的現實，有必要和心理學界及社會各界有識之士攜手合作，共同探討，以期找到最易為大眾所接受的、治標和固本相結合的方式。

我們目前所接觸的心理學，主要是西方心理學，至今不過百餘年歷史。而有著兩千五百多年歷史的佛教，自古也有心學之稱，因為它所關注的正是人類心靈。在佛典中，有大量關於心的教言，如「心生則種種法生」、「心淨則國土淨」等。僅《大正藏》中，提及「心」之一字的即有四十多萬處。可見，佛教正是以心作為認識世界和修行解脫的立足點。

當年，釋迦牟尼佛在菩提樹下夜睹明星，見性成佛。他所成就的並不是外在的什麼，不是羽化成仙，亦非長生不老，而是對心性的透徹認識，對迷惑、煩惱的徹底解除。用佛教的話說，是證悟心的本質，也就是明心見性——這是人類最了不起的成就。因為發展科技改造的只是外部環境，而認識心性才是完善自身的唯一途徑。如果自身問題重重，即使有再豐富的物質條件，還是無法獲得我們希求的幸福安樂。因為能感受幸福的不是其他，正是我們的心。

佛陀成道後，一生致力於傳播真理，為我們留下了大量言教，後結集為經律論三藏，流傳至今。所有這些經典及經典所開示的修行法門，都是引導我們開啟生命內在的智慧，解除無始以來的迷惑煩惱。換言之，是啟動心的正向能力，以此對治負面情緒。

事實上，這種負面情緒正顯現出越來越不容忽視的影響和破壞力。近年來迅速蔓延的一些網路用語，如鬱悶、崩潰、糾結等，無不是負面情緒恣意生長、不斷侵占心靈空間的表現。若不及時對治，很可能會出現失控的局面。

對個人來說，心是幸福安樂的根本；對社會來說，心又是和諧安定的所繫。所以，調心不僅是個人的需要，也是整個社會的需要。

見地和禪修──佛法的兩大內涵

佛教在印度經過聲聞乘到菩薩乘的弘揚，後流傳各地，形成南傳、漢傳、藏傳三大語系及眾多宗派。雖然各語系和宗派的佛教呈現出變化多端的面貌，但主要內涵無非是兩方面，一是見地，二是禪修。或者說，是理論和實踐。由理論指導實踐，又由實踐深化對理論的認識，使之逐步落實於心行。

見地的作用，是幫助我們正確認識內在心靈及外在世界。人最大的問題，就是不了解自己。或許有人覺得奇怪，我們最熟悉的就是自己，難道還有什麼不了解的嗎？那麼，你知道生從何來，死往何去嗎？知道我們每天念念不忘的那個「我」是什麼嗎？知道「父母未生前的本來面目」嗎？知道那些剪不斷、理還亂的煩惱藏身何處嗎？如果不知道答案，我們不過是這個世界的茫然過客，除了隨業流轉，絲毫也不能改變什麼。

改善生命的關鍵，正取決於我們對自身的認識程度。就像醫生需要了解身體的病變狀況方能對症下藥那樣，我們也要了解內心的種種問題，才能有的放矢地予以解決。但僅僅了解是不夠的，還須通過相應的技術來落實，使這些見地真正發揮作用。禪修的方法就相當於技術，這是幫助我們調整並改善內心的一門特殊技術。否則，我們即使能認出煩惱，但沒有對敵的經驗和武器，依然會在和煩惱的對壘中束手無策，敗下陣來。

不同宗派建構的修學體系，正是代表它所立足的認識與改善心行的見地，以及在這一見地指導下使用的禪修技術。這是一套理論與實踐相結合的完整體系，其深度，在於對內心的透徹認識和究竟改善；其廣度，在於契入角度的多樣性和針對性，能為不同需求的受眾提供幫助。

近幾十年來，西方心理學界也逐步認識到佛法所蘊含的無量智慧，紛紛吸收佛法義理及禪修方法，運用於心理學的研究及臨床治療，並取得了令人矚目的成果。可以說，這既為現代心理學的發展注入了動力，也為弘揚佛法開闢了嶄新道路。有鑑於此，戒幢佛學研究所也在組織專業人士翻譯「佛法與心理治療譯叢」，希望將這類研究成果和操作經驗介紹到國內。一方面，可使更多大眾從中受益；另一方面，以此加強佛教界和心理學界的深度交流。

作為心理學從業者，大家有心認識佛法並身體力行地參與禪修，是很有遠見的。我相信，這將是心理學未來發展的一個重要趨勢。因為這是一個較為敏感和危險的職業，經常接觸形形色色的負面情緒，如果自身沒有過硬的素質，沒有定期的督導和充電，是很容易受到困擾的。

真心與妄心——修行的不同起點

佛教關於心性的理論極為豐富，主要有兩大系統，一是真心的系統，一是妄心的系統。這也是修行的兩個不同起點。

真心，即如來藏的體系，認為「一切眾生皆有佛性」，這是佛教和其他宗教、哲學不共的觀點。佛教中，《楞嚴經》、《楞伽經》、《如來藏經》、《涅槃經》等經典都在闡述這一思想。

禪宗也是建立在這樣的見地之上。《六祖壇經・序品》曰：「菩提自性，本來清淨，但悟此心，直了成佛。」菩提，即覺悟。惠能大師開宗明義，直接告訴我們：每個生命內在都具有覺性，這就是成佛的潛質。所以，成佛並不是痴人說夢，不是遙不可及的幻想，當我們體認到內心本具的覺性，在某個層面就與諸佛無二無別了。這句話雖僅短短十六字，卻振聾發聵——因為它為我們指出了生命的希望所在，出路所在。

我們還要知道，雖然有希望，但不能盲目樂觀。我們不妨看看，現在的這個「我」是什麼？拋開外在的相貌、身分、地位，剩下的無非是一大堆混亂情緒和錯誤想法。我們每天都忙於滿足這樣那樣的渴求，實現這樣那樣的需要，但這些渴求和需要真的那麼重要嗎？真的必不可少嗎？

事實上，很多人從未考慮過這些，只是隨著自己的感覺，撲騰到這裡，又撲騰到那裡，終日忙忙碌碌。這顆心卻依然動蕩，依然找不到安身立命的所在。我們甚至不敢閒下來面對自己，因為這種面對會讓那些貌似重要的追求變得不堪一擊，這將讓人多麼沮喪，多麼無所適從啊！

所以說，雖然我們具有和諸佛同樣的覺悟潛質，但當下仍是活在妄心的世界。我們看到的並不是世界真相，而是被觀念和情緒處理過的影象，其根源就是無明——這才是我們的現實，也可以說，是我們生生世世面對的現實。因為我們雖有真心的頻道，卻從未啟用，始終都在妄心的軌道中來來去去，生生不息。

立足於妄心的修行系統，是由認識現有心行的種種表現，從而有針對性地加以改造，轉染成淨，轉識成智。其中最具代表性的是唯識宗，重要典籍有《解深密經》、《瑜伽師地論》、《唯識三十論》等。在這些經論中，詳細闡明了認識和世界的關係，並以八識對心作了細緻剖析。

通常，我們總以為自己看到的就是真實，故有眼見為實之說。但這究竟是什麼意義上的「真實」呢？比如，醉漢看到的是「真實」嗎？色盲看到的是「真實」嗎？雖然我們不是醉漢，不是色盲，而是彼此認同的正常人，但我們就看到「真實」了嗎？

事實上，我們所看到的，只是世界呈現在我們認識上的影象，而不是世界本身。兩者雖然有關，卻不能混為一談。若能認清這一點，不再執著於我們所以為的那些「真實」，很多煩惱就無從生起了。

唯識所說的八識有意識和潛意識之分。其中，前六識（眼識、耳識、鼻識、舌識、身識、意識）屬於意識範疇，第七末那識和第八阿賴耶識屬於潛意識範疇。潛意識的概念，是由心理學家佛洛伊德在精神分析學說中提出的。但早在兩千多年前，佛教就已認識到潛意識的存在，認識到意識活動不過是整個心靈世界中微不足道的一部分。

唯識宗認為，第七末那識正是潛在的自我意識，它時時影響著前六識的活動。人為什麼會處處以自我為中心？為什麼會認同「人不為己，天誅地滅」的觀點？正是源於潛意識中的自私本性，也就是我執。

而第八識相當於超大容量的倉庫，儲藏著我們無始以來的一切生命資訊。生命是無盡的積累，在我們解脫之前，這種積累是不會停止的。漫漫輪迴路，我們時刻都在阿賴耶識中留下各種資訊，佛教稱之為「種子」，這是影響生命未來走向的潛在力量，也是決定性的力量。

如果不從這些根本著手，我們對心理問題的解決終歸是暫時的。就像水流，必須從源頭堵住，才能阻止它的漫延。同樣，我們也需要找到心理發展的源頭，進而了解它的特徵、作用和活動規律，並以正確方式進行引導，才能對心進行有效管理，從而阻止不良情緒，發展良性心理。

匱乏與自足——生命的真假需求

人最根本的問題，就是看不清自己。因為生命中除了覺悟潛質，還有另一種力量，那就是無明，就是不覺。所以，修行的首要任務是了解自己——知道究竟什麼代表著你，什麼是安身立命的根本。我們每天都在關注自己，處處以自我為中心。那麼，我們現在認定的這些身分、相貌、想法等，究竟是不是「我」？事實上，這一切都是無常變化的，也許現在與你有關，但並不是你的本來面目，不是生命的真實寫照。

覺與不覺，是佛法修行的兩個核心概念。禪宗為什麼會成為漢傳佛教最直接的修行法門？——因為它的修行直接立足於覺性，這就極大縮短了凡聖之間的距離。

通常，我們總覺得自己是薄地凡夫，業障深重，煩惱重重，而佛菩薩則高高在上，耀眼奪目。所以不敢想像自己是可以成佛的。但《六祖壇經》直接告訴我們：「前念迷即是眾生，後念悟即是佛。」換言之，佛與眾生的差別只是在迷悟之間，在覺與不覺之間。當你體認到覺性，當下就是佛；當你迷失了覺性，當下還是凡夫。

什麼是迷失覺性？簡單地說，就是把自己丟了。

佛陀在菩提樹下悟道時發現：「奇哉！一切眾生皆具如來智慧德相。」但這一寶藏在重重無明和煩惱的遮蔽下，雖有若無，也就是佛陀接著所說的「只因無明妄想，不能證得」。這種無明，又使生命存在原始的匱乏感和失落感，使我們不斷尋找外在支撐，好讓這個「我」得到證明，得到肯定。問題是，我們尋找的這些支撐都是脆弱而無常的，每增加一個支撐，反而在增加一份垮塌的危險，增加一份不安定因素。

所以，這種匱乏絕不是增加什麼就可以填補的，而是要向內找尋。一旦開啟生命內在的寶藏，我們就不再需要外在支撐了。就像那些水邊林下的禪者們，雖然生活中一無所有，但不會覺得缺少什麼。原因就在於，他們已體認圓滿的覺性。

正如六祖悟道時感嘆的那樣：「何期自性，本自清淨；何期自性，本不生滅；何期自性，本自具足；何期自性，本無動搖；何期自性，能生萬法。」體認到這樣的覺性，就如寶藏在握，還會為瓦礫動心嗎？還會為塵埃追逐嗎？

但我們迷失了覺性，不了解自己的本來面目，所以要四處找尋存在的感覺。《楞嚴經》謂之「迷頭認影」——忘了頭就在肩上，卻把影子當作是「我」。我們把這種感覺投射到身體上，投射到身分上，投射到家庭上，投射到名譽上，投射到事業上，總以為抓住什麼之後才會踏實。其實，我們抓住的只是一些虛幻而短暫的存在。更糟的是，當我們抓住這些之後，會在不知不覺中形成依賴。

人究竟需要多少財物才能過日子？答案是沒有一定的。因為所有需要都是逐步養成的，對感情的需要，對事業的需要，對地位的需要，對生活條件的需要……一旦建立某種需求並執著於此，就會形成依賴。久而久之，依賴又會成為習慣，成為不可或缺的需求。其實，這種需求並非事實上的不可或缺，而是我們自己設定的不可或缺。

當某種需求被滿足，我們會有滿足感；當某種需求不能實現，我們會有挫敗感。當我們和別人比較，感覺自己的依賴更為優越，就會自大；感覺自己的依賴不如別人，則會自卑。一旦我們對依賴過分在乎，就會導致焦慮；而當這些依賴受到衝擊，則會引發嗔心……所有這些情緒，都是自己一手締造的。

我們製造了很多需求，同時也製造了隨之而來的不安全感。因為世間每天都有生離死別，有企業倒閉，有頻頻發生的天災人禍。只要用心觀察，無常時時都在為我們揭示真相，告訴我們，永恆只是一廂情願的幻想。這使我們的內心充滿恐懼，擔心失去這些就會失去自我。

那麼，我們所認定的這些構成「我」的部分，究竟是不是「我」？其實不是。因為無明，我們發展出很多心理，發展出很多情緒，這些心理和情緒都是以自我為中心。而這個自我並不是真實的存在，只是我們的錯誤設定，所以才會發展出種種煩惱，如瀑流般挾裹著我們，使我們沉淪其間，身不由己。

心念與輪迴——未來的發展方向

《三主要道頌》中，形容每個生命都是「常被四瀑流所沖」。這四種瀑流，就是欲望、煩惱、見和無明的力量。欲望，就是對財色名食睡的希求，對色聲香味觸的希求。煩惱，就是貪婪、嗔恨、嫉妒、自私等不良心行。見，就是左右我們的觀念和想法。無明，就是不覺的力量，令我們看不清自己，看不清內在的起心動念。

對於沒有經過禪修訓練的人來說，每當念頭生起，心就會黏著其上，追隨不捨，進而把這個念頭當作自己。不知念頭只是因緣所生，它的本身並不是你。因為缺乏觀照，我們又會在不知不覺中陷入心念的瀑流，帶來種種喜怒哀樂，也帶來生死和輪迴。

說到輪迴，我們往往聯想到前生後世，以為那是玄妙而不可知的另一重世界。其實輪迴的內涵不僅於此。從廣義上說，輪迴就是一種心理重複。所以，我們不是此生結束之後才去輪迴，現在的每個當下就處於輪迴中。

那些做事業的人，因為對事業成功的渴求，會百般努力，不斷追求，由此形成執著。這種執著又會繼續強化對事業的渴求，進入下一輪的努力、追逐、執著。對事業如此，對感情、地位、權力的追求莫不如此。

每個人都在不同方面重複某種心理。因為重複，就把心理能量不斷彙聚於此，使這個念頭得到強化，進而成為生命主導。這樣的例子在生活中比比皆是，對有些人來說，事業就是一切；對有些人來說，愛情就是一切；對有些人來說，權力就是一切。這個「一切」不是偶然的，也不是誰強加於我們的，是我們自己發展出來的。我們努力經營著，最後就像作繭自縛那樣，把自己織進一個長不盈寸的空間，卻把它當作了全世界。

這就是輪迴——它的起點在我們的心，終點則是我們執著的對象。當然，這個終點只是暫時的，因為它還會繼續成為起點，展開下一輪執著。只要被某種心理抓住，我們就會不斷就範，不斷受其驅使。久而久之，這種心理就會形成相應的人生軌跡。有句話叫作「世上本來沒有路，走的人多了，自然就有了路」，同樣，心念也是在這樣的不斷重複中逐步定型，成為性格，成為人格。

所以修行要從起心動念處下手。因為每一念都在積累不同的生命資訊，可能是正面的，也可能是負面的。遺憾的是，我們往往對此一無所知，只關注看得見的外在成果，卻忽略看不見的內在改變；只在乎擁有什麼，卻不在乎我是什麼。

其實，是什麼遠比擁有什麼更為重要。因為外在結果和我們只有暫時的關係，而內在影響才是長期甚至永久的，才是決定生命走向的關鍵所在。那些不良心念，在沒有轉變之前，會生生世世纏繞著我們，就像如影隨形的魔鬼那樣，令我們不得安寧。如果聽之任之，輪迴是沒有盡頭的，會不斷展現與之相應的生命形式，這就是佛法所說的「業力無盡，生死無窮」。

正見——以觀念改變心行

未來在哪裡？我們稀里糊塗地來到世界，稀里糊塗地過了一生，最後稀里糊塗地離開——這就是多數人的現實。我們不知道，一旦錯失今生，接著又是長劫輪迴，很難再有改變命運的機會。學佛，就是幫助我們把握這一難得易失的寶貴人身，通過對自身的認識，來改造它，昇華它。在此過程中，正見有著舉足輕重的作用。

正見，即遠離顛倒妄想的如實知見。當我們體證無常，就不再有執著恆常帶來的煩惱；當我們體證無我，就不再有執著自我帶來的痛苦。西方心理學的認知療法，也是通過改變觀念來解決問題。佛法所說的正見，不僅是要我們改變局部問題，更要幫助我們斷除無明，回歸生命的本覺狀態，這才是究竟解決一切心理問題的途徑。

前面說過，佛教有不同宗派，並有各自所依的正見。雖然契入的角度不同，但目的是完全一致的，就是從不同角度建立對世界的如實認知。

在《阿含》經典中，重點是建立無常、無我的觀念。很多人對佛教所說的「無我」心存恐懼，以為那就意味著「我」不存在。其實，「無我」並非否定這個色身的存在，而是否定我們附加其上的種種設定。正是這些錯誤設定的障礙，使我們看不到世間是無常的，看不到五蘊是無我的。問題是，這種忽略並不能改變無常的現實。我們習慣於有常、有我，一旦無常到來，將會構成突如其來的打擊。反之，若能如實了知無常，就能坦然接受一切變化了——因為它本來就是世間的真相，無須改變也無法改變。

中觀經論重點講述緣起性空的觀念，告訴我們，一切存在都是由條件構成，是因緣和合的假相，沒有絲毫自性可言。而我們對客觀現象賦予的種種判斷，如美醜、貴賤等，只是我們附加其上的標籤，和對象本身並無關係。但我們建立這套設定後，就會執著於此，將它當作真實。認為好看的確實好看，值錢的確實值錢，屬於我的確實屬於我——煩惱便由此而生了。如果我們了知這些存在現象的虛幻，那麼，附加其上的標籤就更是龜毛兔角，了不可得，還有什麼值得在乎和煩惱的呢？

在唯識經論中，則是通過三性的理論幫助我們認識世界。所謂三性，即認識世界的三個層面。一是對外境的錯誤認識，為遍計所執相；二是緣起顯現的影象，為依他起相；三是諸法的真實相，為圓成實相。比如這張桌子，我們以為它就是自己看到的樣子，千真萬確。但唯識宗告訴我們，我們看到的桌子，只是被自己認識加工過的桌子影象，和實際的桌子並非一個東西。這種區分，能幫助我們擺脫對現象的錯誤設定和執著。

在佛法修行中，將見的作用比作眼睛——看清方向，才能沿著正確道路前行。否則，即使付出再多努力，也可能南轅北轍。但抵達終點的道路並不是唯一的，我們可以從無常無我的正見入手，可以從緣起性空的正見入手，也可以從唯識的三性理論入手，只要確立正見並加以運用，就能從改變觀念到改變行為，最終改變人生。

選擇——以智慧作出取捨

我們一生都在面臨各種選擇，從生活中的衣食住行，到學業、家庭、事業，每一次選擇都包含著取捨。這種取捨取決於我們的需求，需要什麼，就覺得什麼很重要，必須爭取；不需要什麼，就覺得什麼不重要，可以捨棄。而需求又取決於我們的人生觀和價值觀。

我們對生命的認識達到什麼深度，對人生就會作出什麼選擇。其中，對心念的選擇尤為重要，因為它是左右未來生命走向的關鍵。從這個意義上說，選擇心念，就是在選擇我們的未來。如果一個人除了滿足欲望外沒有更高追求，就會走向動物的生命形態；如果一個人總是活在貪婪和渴求中，就會走向餓鬼的生命形態；如果一個人總是活在嗔恨和鬥爭中，就會走向阿修羅的生命形態；如果一個人不斷發展慈悲和智慧，以自利利他、自覺覺他為己任，就在不斷向佛菩薩靠攏。

我們希望有什麼樣的未來，就要了解每個心念將發展出什麼結果。知道哪些心念會給生命帶來負面影響，哪些心念會給生命帶來良性作用。因為心念雖然無形無相，但它的每一次活動都會在內心留下痕跡，成為儲藏在阿賴耶識中的種子。如果這個念頭不斷重複，就會像種子得到滋養那樣，發展壯大，最終成為我們的性格，成為我們的人格。如果開始就沒有作出正確選擇，結果將一錯到底。

所以，佛教特別強調發心，一是出離心，一是菩提心。由出離心導向解脫，由菩提心導向成佛。如果沒有正確的發心，即使同樣在誦經、念佛、禪修，並不能得到佛法的真實利益，和解脫也是了不相干的。

大家來這裡參加禪修，可能是希望了解一些禪修的基本方法，可能是希望對自身成長有所幫助，也可能是希望充電之後幫助更多的人。發心不同，從中獲得的受益也是完全不同的。不要覺得念頭是別人看不見的東西，就可以隨心所欲，放任自流。要知道，它的每一次活動都在對你的生命產生影響。這種影響可能在當下發生，也可能處於積累的過程中。正面心念會成為良性的生命信息，導向良性的生命結果；負面心念會成為不良的生命信息，導向不良的生命結果。這就是心靈的因果，每一念都不會空過，不會被忽略不計。

禪修——以技術管理心念

我們了解到選擇心念的重要性，就知道如何取捨了，但從知到行並不是說一說就能解決問題的。很多時候，我們想靜，靜不下來；想放下，放不下來，所謂「樹欲靜而風不止」。這就需要通過禪修加以訓練，讓這顆野馬般動蕩的心變得馴服，沿著我們希望的方向發展。

當然，禪修的作用不僅在於管理心念，還能使心力得到極大增強。就像光，通常情況下只能用來照明，但以凸透鏡聚成一點後，卻能引燃火苗。心也是同樣，若能將能量彙聚一處，就能「制心一處，無事不辨」。

禪修的方式很多。比如慈心觀，是通過散布慈愛，幫助我們引發並強化慈悲心。佛隨念，是通過對佛菩薩功德的憶念和思惟，讓我們對真理和解脫生起嚮往之心。四念處，是幫助我們培養內在的覺知力和觀照力，在念頭生起時看得清清楚楚，了了分明。

每個念頭都有它的指向，賺錢的人每天想著利益，爭權的人每天想著權力，嗜酒的人每天想著美酒。我們從來沒有去審視，財富、權力、美酒究竟是什麼。一個念頭起來時，馬上就奔著這個念頭而去，滿足它的種種渴求。

今天的人，比任何一個時代的人更忙碌。一方面，因為欲望被無限放大；另一方面，我們比以往更需要逃避孤獨。因為我們已經不習慣和自己相處，不習慣觀照內心。那麼，孤獨會因為我們逃避就消失了嗎？很多時候，我們只是貌似充實，貌似沒有時間孤獨，但這種心理還在，而且因為我們的刻意躲避，變得越發令人畏懼。

如果我們能靜靜地面對自己，和孤獨相處，在觀照力的作用下，孤獨就會消失。這種解決方式才是一勞永逸的，逃避只能將問題暫時擱置一邊。而在逃避的同時，我們又會製造新的心理需求。

我覺得，今天的人解決問題的能力很強，製造問題的能力更強。我們可能解決了一個問題，卻製造了五個問題；解決了五個問題，又製造了二十個問題。我們不是在管理心念，而是一個將主權拱手相讓的傀儡，在心念的操縱下疲於奔命。

本次禪修主要以慈心禪、四念處為主。此外，佛教中還有更高的修行，如禪宗的直指人心，見性成佛，是直接引導我們認識並開啟內在覺性。當然，我們現在還達不到這個程度，先從內觀入手比較穩妥。

改變生命不是一朝一夕之功。我想，你們這次所作的選擇，將是人生最有意義的選擇。因為你們是心理學從業者，也是服務社會的，所以將你們作為優先錄取對象。目前，國內像西園寺這樣能為大家提供修學條件的道場還不多，希望大家好好珍惜，在這七天中放下萬緣，不要拖泥帶水，將世間俗務背著不放。

學佛首先要放下。放下之後，才能安住當下。

正念，使浮躁遠離

——第三屆觀自在禪修營開示

浮躁的時代，浮躁的心

很多人都在說，今天是一個浮躁的時代。這種浮躁表現在哪裡？不在別處，就在我們每個人身上，在我們當下的心理狀態。我們不妨看看自己的心，其中有多少妄想在此起彼伏，又有多少情緒在糾纏不休？在這些沒完沒了的念頭中，我們就像波濤上搖曳的孤舟，時而被沖向這裡，時而被甩向那邊，片刻不得安寧。

現在有個說法叫作「亞健康」，事實上，這正是多數人面臨的現狀，似乎還沒有病倒，但潛在的問題很多，健康的隱患很多。值得關注的是，亞健康不僅是身體上的，同時也是心理上的。對於現代人來說，交通和資訊的發達，已經使我們的生活空間比以往有了極大拓展，但我們的內心並沒有隨著視野的開闊而開闊。正相反，它似乎有了更多的焦慮、恐懼、緊張，有了更深的憂鬱、孤獨、不安。

這些情緒就像不速之客，常常在我們毫無防備的情況下突然造訪，並且輕易地反客為主。於是乎，我們只能在情緒的攻擊下束手就擒，毫無招架之力。想靜，靜不了，心亂如麻；想睡，睡不著，輾轉反側；想放，放不下，患得患失。可以說，很多人甚至已經失去了休息的能力。原因是什麼？就是當我們面對各種情緒時無法自主，只能無奈地處在被選擇中。

當焦慮襲來，我們無法化解；當孤獨襲來，我們無處迴避；當憂鬱襲來，我們無力對抗。我們只有被動地承受著，又或者，投入另一個目標來轉移焦慮、孤獨帶來的痛苦。我們常常把時間消磨在沒完沒了的工作和娛樂上，以為這樣就能把痛苦遠遠地甩在身後，讓它追不上。事實上，這種做法只能讓心變得遲鈍，變得麻木，變得對痛苦不那麼敏銳，不那麼在意，除此而外，什麼也改變不了。當我們拚命工作或縱情娛樂時，痛苦只是暫時潛伏起來，卻從來不曾離開過。

所以，今天的人普遍活得很累。我們總要不停地做著什麼，玩著什麼，總要把時間塞得滿滿的才覺得踏實，否則就會「閒得發慌」。是什麼讓我們如此不安？是什麼讓我們沒有能力享受一份清閒？沒有能力靜靜地面對自己，和自己相處？

尋找調心之道

原因不是其他，正是我們與生俱來的無明，以及由此帶來的煩惱和痛苦。所謂無明，就是看不清自己的內心，看不清生命的真相，看不清那些此起彼伏的念頭是什麼時候生起，又是什麼時候占據我們的心。我們以為，所有念頭都是這個「我」想出來的，都是為這個「我」服務的。事實上，我們很多時候都沒有能力主動選擇念頭，而是被念頭所選擇。

如果我們有能力選擇，一定不願意在負面情緒中無法自拔，徹底失控。當我們生氣時，能讓自己馬上心靜如水嗎？當我們緊張時，能讓自己立刻放下包袱嗎？我們沒有能力選擇念頭，也就沒有能力選擇行為，沒有能力選擇命運。這使得人生陷入一種身不由己的狀態。對於這樣的生命狀態，我們是否感到滿意？我想，多數人之所以來參加禪修，正是不滿於這樣的現狀，不滿於這樣的被選擇。

禪修，是要幫助我們改變這樣一種狀態。這就需要看清那些來來去去的念頭，進而對它們進行管理，進行規範。發展其中的正向心理，制止其中的負面心理。從這個意義上說，禪修就是一門調心的技術。掌握這門技術，我們就能讓那些反客為主的念頭各就各位，從它們手中奪回主權。其實，禪修並非佛教所特有的，而是世間和出世間的共法。兩者的不同之處是在於見，這就需要以佛陀教導的法為實修指南，為檢驗標準。

佛法有三藏十二部典籍，也有眾多的修行法門。前者是理論，是見地；後者是實踐，是禪修。所謂見地，是通過學習佛法，了解心念的運作規律，了解心靈世界究竟有哪些內容，每種心理又是如何形成並發展的，以及調整的方法和次第。所以佛法自古便有「心學」之稱，是幫助我們從認識心靈到體證覺性的修學體系。

貪嗔痴製造問題

佛法以緣起看世界。這就告訴我們，每種想法和情緒既非無中生有，亦非一成不變，而是在特定因緣和觀念引導下形成的。錯誤的觀念，正是負面情緒產生的土壤。

就像我們對某人或某物生起貪心，這種貪從哪裡來？為什麼我們會貪戀這個而非那個？為什麼我們會被貪心驅使著，得不到就寢食難安，得到了又唯恐失去？正是來自我們的價值觀、審美觀，以及這樣那樣的種種觀念。

我們覺得這個人或物很重要，很喜歡，當這種思惟被反覆強化之後，貪心就會隨之增長，從動心發展為動力。最終，從開始的一點點貪念，逐步增長到鋪天蓋地的貪，徹底地籠罩你，左右你，使我們不斷地為之奮鬥。而在奮鬥過程中，這個對象的重要感又會得到進一步鞏固。

貪是如此，一切心行的運作規律都是如此。我們對某人生起嗔心，反覆想著他的壞處，嗔心就會迅速擴大。我們對自己生起執著，時時想著自己的長處，我慢就會隨之增長。我們不妨觀察一下，有哪種心理不是在相關因緣下產生併發展的？

身為凡夫，我們的心念往往和貪嗔痴密切相關。事實上，這正是我們之所以成為凡夫，之所以流轉生死的根本。因而佛教稱之為三毒，即危害心靈健康的三種病毒。其中的痴就是無明，也是一切問題的源頭。

無明就是心靈的黑暗——看不清自己的本來面目，看不清內在的覺悟潛質。因為看不清，就會對自己產生錯誤設定，把種種不是「我」的東西，當作自我的替代品——比如身體，比如相貌，比如地位，比如身分。我們已經完全認同了這種替代，從未產生懷疑。對很多人來說，如果這個與生俱來的身體都不能代表「我」，恐怕是一個近乎荒謬的觀點，並且遠遠超出我們的理解和承受力。

事實上，我們安立為「我」的這一切，包括身體、相貌、地位、身分等等，雖然和我有關，但只是暫時而非永久的關係，更不能真正地代表「我」。如果對這點定位不清，就會產生堅固的執著，進而形成依賴。因為依賴，就希望它是永恆的，希望身體永遠健康，希望相貌永遠年輕，希望地位永遠穩固，這樣才足以成為我們的支撐，讓我們覺得安心，覺得安全。

但我們面對的現實是，身體會死亡，相貌會衰老，地位會失去，身分會改變。不必說整個世界，僅僅是我們生活的這個城市，每天都有許許多多的人走向死亡，每年都有許許多多的天災人禍發出警報。這些現實不斷衝擊著我們的安全感，使我們覺得這些依賴是岌岌可危的，是靠不住的。僅僅因為擔心失去自己所擁有的，就足以使我們產生焦慮，甚至是非常嚴重的焦慮。一旦真的失去，孤獨、沮喪乃至嗔恨也就在所難免。

所以說，各種負面情緒的根源就在於貪嗔痴。而由無明產生的種種錯誤觀念，又對負面情緒起著推波助瀾的作用。在這些情緒的攻擊下，我們常常連對手在哪都分辨不清，自然不會有還手之力。結果就是不斷縱容這些情緒，任其興風作浪，氾濫成災。

戒定慧成就解脫

禪修所做的，就是幫助我們培養正念，把心帶回當下。這樣，我們才能從情緒和妄想的纏縛中脫身而出。如何才能把心帶回當下？佛教中，最基本的修行就是戒定慧，又稱三無漏學，是三種導向智慧的途徑。其中又以戒為基礎，所謂由戒生定，由定發慧。

今天這個世界為什麼有那麼多問題？物質條件日益改善，自殺率卻居高不下；娛樂方式應有盡有，抑鬱症卻不斷增多。而從環境來說，看看這些年頻頻發生的各種災難，就知道我們生存的環境已經惡化到多麼嚴重的程度。所有這些問題，歸根結柢，是源於人的心理問題，源於人類的生活方式。

我們的內心躁動，就會有錯誤的人生觀；我們的行為失控，就會有混亂的生活方式。現在有個流行詞叫作「某某控」，而這個「某某」，可以是娛樂，可以是衣食，可以是工作。更具控制力的，則是日新月異的電子產品，以及伴隨這些產品而來的種種功能，或者說，是種種誘惑。面對這些無所不在的誘惑，我們是無力自主的，只能被它們牽引著，不斷追隨一代又一代的新品。我們只知道新一點，更新一點；潮一點，更潮一點。卻不曾看到，這種追逐使我們的心變得多麼混沌，多麼盲目。

人類如果不建立一種智慧的生活觀念和健康的生活方式，是不可能改變心態，也不可能改變生態環境的。佛教所說的戒律，正是幫助我們通過簡化行為和生活方式，達到簡化內心的效果。如果把心比作一潭水，負面情緒就是其中的垃圾。我們的生活越複雜，製造的垃圾就越多，帶來的汙染就越大。

平常的人，心總是在東攀緣，西攀緣，片刻不得停息。這就會使內心的垃圾不斷攪動起來，翻滾起來。通過專注一個所緣，其他念頭就不再有活動機會。當心漸漸平息，我們會發現，原來每個人內心都有認識自己的功能，都有覺知心念活動的功能。

所以在禪修過程中，需要有止有觀。所謂止，就是使心持續安住在一個對象上，以此培養心的專注力和穩定性。在此基礎上，可以進一步修觀。就像一潭水，當雜質沉澱下來，它就恢復了原有的清澈，恢復了原有的照物功能。這時再往裡邊扔一根草，扔一塊石頭，就會看得清清楚楚，但又不會去追逐這根草，追逐這塊石頭。

當內在的觀照力產生，我們才有能力看清心的一切活動，在念頭生起的每個當下都清清楚楚。因為清楚，就不會盲從，不會隨轉。當我們對念頭和情緒保持距離，就有能力照破它，化解它。

事實上，這種力量是心本來具備的。所以佛教提倡「自依止」，也就是依靠自己。在修行路上，每一步都要靠自己去走，每一個障礙都要靠自己去跨越，沒有誰可以代替，沒有誰可以包辦。但僅僅靠自己還不夠，因為心靈世界錯綜複雜，有暗礁，有歧路，有陷阱，有幻象。沒有經驗豐富的老師，沒有切實可行的方法，隨時都可能迷失方向，半途而廢。所以，我們在自身努力的同時，還需要方法，需要有善知識的指引，也就是「法依止」。

從內觀到禪宗

佛，就是覺者，意味著生命的徹底覺醒。反過來說，眾生就是迷者，是處在顛倒迷惑的狀態。但我們不必氣餒，因為佛陀已經告訴我們轉迷成悟的方法。佛陀出現在這個世間的最大貢獻，就是發現每個眾生都具有覺悟的潛質，具有自救的能力。

這個覺悟潛質就是佛性。禪宗正是立足於這樣一個見地，講直指人心，見性成佛。所謂直指，就是通過特定手段，幫助學人以最直接的方法體認內在覺性，完成生命的自我解脫。這正是《六祖壇經》所說的「菩提自性，本來清淨，但用此心，直了成佛」，每個人都具有本來清淨、無垢無染的菩提自性，只要體認到這個覺性，我們在生命的某個層面就與佛菩薩無二無別了。

也正因為方法直接，手段猛利，所以禪宗對學人的根器要求很高，必須上根利智方可。所謂上根利智，就是心靈的塵垢很薄。只有這樣，才能在善知識的點撥下直接契入，徹見本心。如果把覺性比作陽光，那麼塵垢就像遮蔽陽光的雲層。如果雲層太厚，就會遮天蔽日，使陽光難以照射出來。同樣，我們雖然具有覺性，但因為煩惱深厚，塵垢重重，使慧光無法顯現。

禪宗在唐宋時期大德輩出，盛極一時。有記載的開悟者達數千人，但宋以後卻逐漸衰落。原因雖然很多，但主要在於兩點，一是大善知識越來越少，二是學人根機每下愈況。很多人雖然喜歡禪宗，但多半流於口頭禪，能依禪宗見地著手修行者為數不多，相契者更是寥寥無幾。

我們看到這樣一種現狀，同時也看到，南傳的內觀正可以彌補這方面的不足。一方面，它和禪宗有某些相通之處；另一方面，操作起來較為容易。可以說，我們只要用心去做，都是可以修起來的。所以，

「觀自在禪修營」的定位，既有內觀的觀，也有禪宗的禪；既有觀照般若的層面，又有實相般若的層面。

有因緣來參加這樣的禪修活動，非常難得。希望大家在這幾天放下萬緣，不論在座上還是座下，都要保持觀照，精進努力。禪是無所不在的，是超越任何形式的。打坐是修行，吃飯是修行，走路也是修行。我們要把每件事都作為禪修的所緣，作為培養覺知力的所緣，時時提起正念，安住當下。讓每一分都不要空過，讓每一秒都了了分明。

大家在社會上都很忙，能夠請七天假，想必不大容易。而寺院要組織這樣一次活動，也要投入許多人力物力。希望大家珍惜因緣，莫將容易得，便作等閒看。現在的社會上，佛學已成為熱門，不少高校和機構在舉辦與佛學有關的課程，收費很高。有些人可能覺得交了錢會比較珍惜，會比較用心。但作為寺院來說，我們是以成就大眾為目的。大家能在七天的活動中有所收穫，才是我們最欣慰的事。從另一方面來說，你們惟有認真修行，才不辜負護持你們前來禪修的家人和同事，以及為大家創造禪修環境的道場，為大家提供各項服務的義工。

身體掃描與正念運動的修習

——二〇二一年冬講於靜心禪院

從今天開始，我們會在週一到週六安排禪修，這是佛法修行的重要內容。佛陀在菩提樹下成道，就是通過禪修，入甚深定，然後開啟觀智，證悟實相。在印度傳統中，各個宗教都很重視禪修，所以四禪八定並非佛教獨有的，而是和其他宗教的共法。

一、禪與現代社會

除了四禪八定，佛教各宗還發展出關於禪修的不同見地和方法，代表了修行的不同道路。我們知道，漢傳佛教有八大宗派，但傳播最廣的當推禪宗和淨宗。尤其是禪宗，在唐宋時期高僧輩出，盛極一時，也是佛教本土化的重要標誌，所以太虛大師稱「中國佛教的特質在於禪」。在《指月錄》、《景德傳燈錄》等禪宗典籍中，記載了很多祖師參禪、悟道的經歷，令人嚮往。可惜在明清之後，禪宗雖然表面還是漢傳佛教的主流，但法將凋零，逐漸式微。原因何在？一方面是禪宗起點太高，一方面是學人根機不利，教理薄弱，入門尚且困難，更談不上修行有成了。久而久之，禪宗就流於形式，演變為文字禪、口頭禪，難以發揮明心見性的作用。

禪宗的特點是「直指人心，見性成佛」，讓學人反觀自心，認識本來具足的、與佛無二無別的覺性。這個方法至圓至頓，一超直入，但必須是上根利智，且有明眼師長指點，否則是見不到的。所以在宋代之後，禪宗開始轉向「參話頭」，參「一念未生前」，參「父母未生前本來面目」，參「念佛是誰」。這其實是給學人一條線索，可以順著疑情探尋，相比直指，多少已是有跡可循，但對現代人的根機來說，還是覺得玄乎，不容易參起來。

這麼好的一套修法，只能是無法落地的傳說嗎？怎麼讓現代人從禪的智慧中受益？上世紀初，日本的鈴木大拙率先向歐美介紹佛教思想，尤其是禪宗，使「ZEN」為西方所知，並對人文藝術等領域產生了一定影響。此後，南傳的內觀也開始傳入歐美。和以往不同的是，內觀宣導的正念修行並不局限於宗教修持，還被運用在減壓、心理治療、疼痛緩解，及教育、培訓等各個領域，效果良好，深受歡迎。

在科技飛速發展的今天，人心卻日益浮躁、焦慮、迷茫。尤其是近年來，隨著大環境的不確定，負面情緒如瘟疫般四處蔓延。我們可以看到，越來越多的人心態失衡，甚至陷入抑鬱，無力自拔。現在大家都認識到抗疫的重要性，其實心靈疫病同樣需要治療，更需要預防。如果不建立有效的防範機制，不知何時就會淪陷。因為這個傳染源不是外在的，而是我們的錯誤觀念和非理思惟，以及由此引發的負面情緒，可謂防不勝防。

這樣的背景下，人們比任何時代更需要禪和正念的智慧，這樣才有能力建立正向思惟，化解負面情緒。否則，心靠什麼安頓？人生靠什麼指引？我們靠什麼找回自己？這就面臨一個問題：如何將禪的修行大眾化、普及化？

佛法不是形而上的哲學，正是佛陀針對眾生心病開出的藥方和治療方法。從這個意義上說，不僅要「有用」，還要「能用」，才有更多人從中受益。正念之所以在歐美迅速推廣，一方面是修法易於上手，切實可行；一方面是傳播者本身具有醫學、心理學等背景，並將這一方法和現代人的需求相結合，探討出以正知正念改善身心狀態的具體手段。

當然，這些正念療法主要是用來解決健康和心理問題，而佛法所說的正念是要導向覺醒和解脫，必須有發心，有正見，兩者的目標和深度都不同，但基本的技術層面相通，對禪修入門是可取的。所以我們會借鑑這些方法，目前主要採用兩種，一是身體掃描，一是正念運動。這兩種不僅可以自用，還可以作為引導大眾的方便。正念得以普及的原因之一，就是去宗教化，純粹作為有益身心的技術，使人們不會出於對宗教的隔閡、誤解而心生抗拒。

二、身體掃描和正念運動的作用

關於身體掃描與正念運動的作用，首先是幫助我們建立身和心的連結。四念處的修行是從身念處入手，身體掃描和正念運動也屬於身念處的範疇。為什麼要建立這種連結？我們平時都在使用身體，但除了在乎外形，很少關注它的內在感受和真正需要。我們忙於工作、家庭、人際關係，在此過程中，身體不斷被透支，被飲食不調、失眠、抽菸、酗酒等不良習慣損耗，被挫折、焦慮、憤怒、仇恨等負面情緒傷害。

中醫認為，七情六欲會影響臟器，所謂喜傷心，怒傷肝，憂傷肺，思傷脾，悲傷魂魄，恐傷腎，驚傷膽。現代科學也發現，情緒對健康的作用很大，甚至可以影響基因。這些年，我們身邊突然病倒，甚至罹患絕症的人似乎越來越多。為什麼會這樣？原因固然很多，但在很大程度上，是因為對身體所知太少，關注太少。我們使用電器前都會看說明書，但使用這麼複雜的身體，卻從不關注什麼才是正確方法，只是憑著感覺，甚至被欲望左右，明知不該做的也控制不住去做。久而久之，積勞成疾，積怨成疾，積鬱成疾，能不出問題嗎？

通過身體掃描，可以使我們了解身體的真正需求，讓身和心建立正向連結。在從下到上或從上到下的掃描過程中，專注每個部位的感受，同時把正念帶到這些部位，讓正氣貫穿其中。從健康角度來說，這種正向連結可以讓身體啟動自我修復的功能，消除因錯誤使用造成的問題。

正念運動屬於動中禪，是正念加一套類似健身操的動作。我們每天的經行或八段錦，包括過去宣導的正念球，都是正念和運動的結合。經行，是把正念帶到走路中；八段錦，是把正念帶到訓練中；正念球，是把正念帶到手和球的轉動中。在正念運動中，通過腿、腰、脊椎等部位的動作，不僅可以訓練專注，還能讓氣血暢通。在中醫看來，生病往往是因為氣血不通。有人覺得氣血很玄，其實就像植物生長離不開陽光和水，生命也是同樣。如果身上氣血通，陽氣旺，細胞就會生機勃勃，充滿活力。帶著正念去做，還可以進一步去除負面情緒，對健康大有裨益。

不少人對身體有錯誤觀念，或是太在乎，有點什麼感覺就大為緊張，過度反應；或認為身體是臭皮囊，不必管它。這兩種都有失偏頗，不符合中道的認識。身體是五蘊、四大的假合，有生、有滅、有問題是正常的，關注只是為了及時作出調整，但不要被身體所轉，變成身體的奴隸。同時也要看到，身體是修行的道具，就像磨刀不誤砍柴工一樣，保持健康，精力充沛，才能更好地借假修真。

許多學佛人喜歡打坐，但真正坐好的也不多，或是坐姿不對，坐得歪歪倒倒，身心無法安頓；或是根機不夠，卻想直接修個大法，結果使不上力；或是方法不明，坐得懵懵懂懂，不清楚心用得對不對。看起來在座上用功，一坐幾個鐘頭，但往往在打妄想，打瞌睡。其實對打坐來說，品質才是關鍵，真正坐到位了，才可以進一步延長時間，否則反而會把錯誤習慣固定下來。

其次，從傳統禪修來說，《大念住經》中並沒有身體掃描、正念運動那麼多動作，重點是專注呼吸：呼吸長，知道呼吸長；呼吸短，知道呼吸短，以此培養專注和覺察。以呼吸為所緣有很多好處，因為它足夠單純，不會引發貪嗔，且時時與我們同在，只要關注，它永遠都在那裡。但現代人的心粗重散亂，如果所緣過於簡單，注意力往往定不下來，容易散亂掉舉。就像狂野的大象，用一根細繩是拴不住的。相對來說，身體掃描、正念運動這些方式，目標大，變化多，對於入門是很好的輔助手段。

身體掃描的引導詞是躺著的，聲音很柔和，加上身心放鬆，躺著很容易睡著，所以我們是採取坐姿。這個訓練的關鍵在於「掃描」，讓注意力在身上一分分、一寸寸、一個部位一個部位地移動，始終保持覺察。尤其是對觸點，因為有受力作用，感覺會更明顯。至於是躺著，背接觸地板的感覺，還是坐著，腿、腳、臀部接觸地板的感覺，本質上是一樣的，都是通過對所緣的專注，把心帶回當下。

總之，身體掃描和正念運動是通過一系列動作，幫助我們訓練專注和覺察。這是正念禪修的要點，也是禪修能否帶入生活的關鍵。包括我們之前在做的經行、正念為食，還有接著要修的數息、受念住、心念住等，都是在培養這兩種能力。這也是空性禪修的重要基礎，具備這個前提，加上發心和正見，再高明的方法都能用得起來。否則，雖然學了很多道理，是沒辦法落地的。

三、禪修的態度

很多人對禪修有預設，想著要開悟，要見性，要解脫。當我們帶著這些想法時，特別想讓心快快靜下來，就會對妄想紛飛的自己不滿意，不接納，甚至很焦慮。殊不知，這種預設和焦慮本身就是妄想，反而使修行變得舉步維艱。

佛法是如實的智慧，我們要做的，就是如實觀察禪修過程中的身心變化。念頭來了，知道它來了，保持知道，但不對立，也不跟著念頭跑；感受生起，知道當下的感受是什麼，是痠是脹，是輕安是躁動，是舒服是難受，但只是知道，不判斷，也不帶起情緒。如果活在預設中會怎樣呢？今天狀態好一點，很高興，結果落入貪著，總在期待這種狀態；今天狀態差一點，很沮喪，責備自己「為啥妄想這麼多，為啥又退步」，甚至不想繼續練習。這是很多人禪修過程中容易出現的心理，是特別需要注意的。

不論身體掃描還是正念運動，都要打破預設，只是對所緣保持覺察。不管身心當下出現什麼狀況，首先是接納它，然後是觀察和覺知，所謂「識得不為過」。在此過程中，並不需要做別的，也不需要介入評判。事實上，我們會習慣性地落入評判，比如好不好，喜歡不喜歡。當自己出現評判時，要知道這已落入串習，切斷它，繼續回到目標，保持專注和覺察。

《百法》中有個作意心所，就是有意地注意某個對象。這個心所我們很熟悉，生活中很多時候也在運用，但往往只注意自己感興趣的、和貪嗔痴相應的對象。此外，就是無意識的注意，被串習帶著，一會兒關心這個，一會兒關心那個，身不由己。我們現在要培養的，是有意識、有目標的專注，而且持續、穩定地保持專注。禪修包含對心的認識和管理，必須通過專注讓心靜下來，有一份清明，才能進一步覺察。

作為基礎禪修，主要有身體掃描、正念運動和正念靜坐幾部分。前兩項是心理學界經常使用的訓練方式，對入門有很好的輔助作用。學會這種方法，不僅有助於自身修行，還可以服務大眾。我覺得，依託正念禪修，與社會各領域發生連結，再賦予佛法內涵，幫助大家從現實利益導向究竟利益，是我們需要探索和實踐的。

正念修習的要領

——二〇二一冬禪修開示

三級修學模式建設的前期，我們已在系統修學上打下了良好基礎。目前不少人正進入《辯修對治品》，即三十七道品的學習，對禪修躍躍欲試。雖然我們還沒開始規範引導，但正念禪修和三級修學的關係已經講了不少。尤其是去年以來，我一直帶著大家正念經行，相關開示有兩百多講。

近幾十年來，正念禪修風靡世界。這種正念雖源自於佛教，但在實踐中主要是作為一種技術，如正念減壓療法、正念認知療法等，運用於醫療、科研、教育、企業管理等方面，以此解決當代人的身心問題，更多是屬於醫療和養生範疇。而佛教所說的正念，目的是導向解脫，導向覺醒，這就需要與整個修行體系相聯繫。

在作為修行常道的八正道中，正念是其中一個環節，此外還有正見、正思惟、正語、正業、正命、正精進、正定。這種正念就不是單純的技術，而是貫穿整個修行，既有作為基礎的正念訓練，也有禪宗抵達的無念層面。從某種意義上說，無念才是最高的正念。

我們知道，禪宗在唐宋盛行一時，龍象輩出。僅《景德傳燈錄》中，就記載了一千七百多位禪師的傳承法系，他們都是通過修禪開悟的。遺憾的是，禪門到宋元明清之後一路衰微。因為禪宗強調直指人心，讓學人直接體悟覺性。這是修行的核心所在，但對根機的要求極高，同時要有明眼師長引導。這兩點正是現代人缺乏的，一是根機不利，二是師長難覓，所以對禪宗提供的向上一著，其實是摸不著的。怎麼辦？需要架一個梯子，以次第漸修奠定基礎，改善根機。

眾生平等，皆有佛性，為什麼根機會有利鈍之別？關鍵在於遮蔽心性的塵垢有多少。漸修的作用就是掃塵除垢，讓心靈的雲層越來越薄，最終雲開霧散，徹見本來。所以根機利鈍並不是固定的，比如一把很鈍的劍，磨著磨著就能變成利器，根機也是同樣。三級修學正是通過有效的訓練，引導大家從鈍根轉為利根。

禪宗修行的難點還在於，不知從何處下手，即祖師所說的「蚊子叮鐵牛，不得其門」。所以修行要有方法，有次第，教理層面是強化皈依、發心、正見，實修層面是訓練專注、覺知、觀照。這樣才能以見導修，學修並重。如果沒有方法，知道目標所在，卻不知如何抵達，開悟見性就會流於口頭禪。我們前期的教理聞思，包括八步三禪的方法，不僅可以解決粗重煩惱，也可以和正念禪修相結合，成為通達空性的方便。

下面，簡單和大家介紹一下正念禪修的要領，以及未來修學需要重視的方面。

一、調身

禪修的重點不外乎調身和調心，這就離不開打坐。有些人受禪宗影響，認為行亦禪坐亦禪，搬柴運水皆是禪，對打坐不太重視。這是極大的誤解。雖然禪修不局限於打坐，但打坐本身是不可或缺的基礎。通過身的安住，可以令心安定，進而增長定力，開啟智慧。

打坐初期，不少人會遇到身體帶來的困擾，腰痠腿疼，不能久坐。這往往和坐姿不當有關。傳統中，正確姿勢為毗盧七支坐，是關於身體的七個要求。調整到位的話，不僅可以暢通氣血，解決身體障礙，心也容易平靜，所謂身安則道隆。

第一是跏趺而坐。佛教修行中，最理想的坐姿是雙跏趺。甓指腳背，即腳背交叉疊放在大腿，也叫雙盤。但這不是誰都能坐得了，且難以持久。如果身體柔韌性不夠，可以單盤。右足在左腿上，為金剛坐；左足在右腿上，為如意坐。如果單盤都困難，還可以散盤。因為每個人的緣起不同，身體狀況有別，不必強求。原則是身正且舒服，這樣才能循序漸進。坐墊要軟硬適中，太軟易塌陷，太硬則硌腿。此外還可加個上墊，有利於膝蓋著地，使雙腿形成穩定的三角式。尤其對初坐的人，上墊的幫助很大，否則容易後仰。對長期打坐且能雙盤的，可根據自己的習慣選擇。

第二是手結定印。雙手環放在身前，右手疊放在左手上，拇指微微相抵，位置在臍下。此外，也可以把手輕搭在膝蓋上。

第三是脊梁正直。古人說坐如鐘，就是像鐘一樣中正穩定。但這種直不是刻意繃緊身體，也不是平時所說的昂首挺胸，否則會使身體處於緊張狀態。我們可以觀想每節脊柱像積木那樣，一塊疊著一塊，直立但沒有具體的用力點。我們也可以通過深呼吸，把氣緩緩送到丹田，感覺身體像打氣般被撐起來。輪胎沒氣時會癟下去，東倒西歪，充氣後就會飽滿端正。身體也要如此，不能前傾後仰，左右搖擺，也不能靠著什麼。有人喜歡靠牆打坐，覺得靠著比較舒服，但靠著靠著就睡著了，那是休息而不是打坐。身正不僅體現了生命的莊嚴，也會使氣血暢通，易於心的安定。

第四是兩肩平展。不要往前捲，也不要高低不平，或前後傾斜，感覺是在一節節直立的脊柱上，安放了一根水準方向的橫梁，掛住整個身體。

第五是頭正頸立。頭是通過脖頸安放在肩上，脖頸首先要直，頭本身也要端正，不能俯仰，也不能歪斜。我們可以觀想天花板上有一根繩子，輕輕吊著頭頂，使頭微微提起，這樣頭部自然是正的。同時下巴稍稍內斂，但不是刻意低頭。

第六是雙目下垂。通常是微閉，留一點餘光，落在眼前一至二米處，但不需要去看什麼。這樣不容易昏沉。如果感覺自己心比較亂，閉上眼更安靜，更容易用心，也可以閉著。

第七是舌抵上顎。舌頭輕輕抵住上顎，即牙齦朝裡一點。

這是調整坐姿的要點，尤其對初學者，上座後要檢查一下身體各部位。就像運動員訓練任何項目時，都要規範基本動作。只有把動作做到位，才能開發身體潛力，取得成績。打坐也是同樣，調身的重點就是糾正姿勢。不論哪一支，原則都是鬆沉、自然、舒服，不必刻意用力，更不能僵硬。身體調對了，坐在那裡就能穩如泰山，安住不動。然後持之以恆地訓練，就會越來越自在，定力也會隨之增長。

二、調心

調身固然重要，但只是禪修的助緣，目的是為了調心，這才是修行的關鍵所在。調心有三個層次，一是選擇對象，培養專注和覺察；二是將這份覺知帶到生活中，時時保持，不斷強化；三是放下覺知，體認無念。

1．選擇所緣，培養專注和覺察

選擇一個對象為目標，由此訓練專注和覺察。比如我們經行時，把心安住在走路的動作上，對「抬腿、移動、落腿；抬腿、移動、落腿……」的每一個變化清清楚楚。比如修皈依時，可以將佛陀名號作為所緣境，輕輕默念「佛陀、佛陀」，把心安住在名號上。在做事中修行也是如此，比如洗碗，洗碗是你的所緣；拔草，撥草是你的所緣。總之，選擇沒有副作用的目標即可。尤其在修行初期，所緣必須單純，不易引起情緒變化。如果選擇自己特別喜歡的，容易生起貪著；如果選擇自己特別討厭的，則會調動嗔心。

我們在座上禪修，可以將出入息作為所緣，保持自然的呼吸狀態，然後專注於此。《大念處經》對此有詳細闡述，呼吸長的時候，知道呼吸長；呼吸短的時候，知道呼吸短；微息時，知道這是微息；全息時，知道這是全息……總之，當下的呼吸是什麼狀態，你就覺知這是什麼狀態，不增不減，清清楚楚。如果在經行，就把心安住在走路的每一個動作；如果是做事，就把心安住在做的事情上。所謂定，就是讓心持續、穩定地安住在所緣目標，使妄想不再有活動機會。

九住心講到，要從內住、續住、安住、近住，到調伏、寂靜、極寂靜、專注一境，最終達至等持。但禪修時，心不會那麼聽話。因為散亂本身就是心的習慣，不是一打坐就能平息妄想的，多數人都要經歷反反覆覆的訓練。在此過程中，必須對治兩大問題：一是散亂掉舉，落入念頭或情緒中，東想西想；一是昏沉遲鈍，對當下的身心狀態不知不覺。

如何解決這些問題？必須保持覺察。初期禪修的重點，不是去研究所緣對象，而是以此為目標，來訓練心的安住和覺知。有了這個參照，當心偏離目標時，我們才會及時發現並調整，讓心走出無明、昏沉、散亂掉舉的狀態。

2・安住覺知，將此帶入每個當下

我們在座上訓練覺知後，還要將此帶到生活的每一個當下。在菩提導航的心理檢測中，需要檢驗自己的煩惱到了什麼程度，究竟是輕度、中度還是重度？取決於三個維度。第一，煩惱占據內心的時間有多長？是偶爾發生還是經常發生？第二，發生後是立刻覺察，還是很久才能覺察，或是根本覺察不到？

這一方面和無明的程度有關，一方面和正知正念的力量有關。如果無明的雲層很厚，我們就會始終處在不知不覺中，難以生起覺察。如果你訓練有素，心燈已經亮到一定程度，甚至能心燈常亮，那麼任何念頭只要出現，就能立刻覺察。禪修就是去發展這種覺知力，讓它的力量越來越強。

社會上的正念訓練也講覺知力，但僅僅停留於此。從佛法修行來說，正念還蘊含著智慧的成分，這就離不開正見和正思惟。所以光有覺知是不夠的，必須在智慧基礎上建立的覺知，才會把我們導向解脫。

禪修過程中，我們不僅要對所緣目標保持覺知，還要對禪修時的心理活動保持覺知。禪修時的心理活動，和現實生活中的心理活動一樣不一樣？可以說一樣，也可以說不一樣。雖然它的顯現千差萬別，但都沒有離開我們的心，都是心的作用。生活中會有美妙的覺受，也有痛苦的經歷，還有種種妄想，甚至是匪夷所思的妄想，禪修也是同樣。

如果沒有經過訓練，我們可能會帶著輪迴的串習和認知模式去處理這些念頭。輪迴的認知模式就是貪嗔痴，對喜歡的貪著、享受、留戀，對不喜歡的嗔恨、痛苦、排斥。我們要對所有這一切保持覺察，清清楚楚地知道當下在發生什麼。但只是知道，並不進入評判系統，不刻意地思惟分別。也就是內觀禪修所說的不貪著，不留戀，不評判，不拒絕。

這點和禪宗修行有相通之處。四祖的《信心銘》中，開篇即是「至道無難，唯嫌揀擇。但莫憎愛，洞然明白。毫釐有差，天地懸隔」。至道，即最高的道。真理其實沒那麼難，因為它本來就在那裡，每個人都具足認識的潛能。但只要開始分別揀擇，難免會落入二元對立、是非評判，落入意識的分別系統，就和真理背道而馳了。

如果我們已經體認大道，其實分別也沒關係，那是差別智的作用。正如《維摩經》所說：「能善分別諸法相，於第一義而不動。」安住在空性層面，是知分別而離分別的。而凡夫的分別往往帶著強烈的執著，就會卡在二元對立的世界，無法體悟清淨本心。

為什麼禪宗重視生活中的修行？因為禪修就是一種心法，是讓我們認識心的本來面目，然後把這樣的正念帶入生活，面對每個人、每件事都能帶著覺察，保有清明的狀態。這種覺察使我們不會陷入所緣，因為它和境界是有距離的，不會落入執著，也不會被分別所干擾。進一步，還能平息妄念。

禪修面對的問題無非是兩類，一是內心呈現的影象，一是種種心念活動，包括煩惱、情緒等。其實人都是活在影象和念頭中，因為看不清，就會被卡在對影象和念頭的執著中，無法走出。事實上，這些影象和念頭有多大力量，和我們的在乎程度有關。你越是在乎的，在內心累積的情緒力量就越大，產生的干擾也越大。

中國歷史上，《金剛經》、《心經》之所以會成為民眾喜聞樂見的經典，就在於其中傳達的空性正見。當人們了解到「一切有為法，如夢幻泡影，如露亦如電，應作如是觀」，就能在不同程度上化解外境和內心帶來的困擾。

3．放下覺知，體認無念

覺知有兩個層面，一是意識的層面，一是超越意識的層面。通過一定的禪修訓練後，我們還要放下種種設定、目標、追求，去體會虛空般的心。

空和明，是心的兩個特質。在修習皈依時，我會引導大家去看一看，自己的心到底是什麼樣子？有沒有顏色，有沒有形狀？我們通過審視會發現，心是無形無相的。這時就能體會到它空的一面、了不可得的一面。但這種空不是什麼都沒有，同時還具有了了明知的作用。所以真正高明的修行並不需要做什麼，當你不再陷入迷惑、煩惱、顛倒妄想時，就能見到心的本來面目。這個清淨心一直就在那裡，不生不滅，不垢不淨，不增不滅。

禪修的三個層次中，首先是選擇所緣，以此訓練專注和覺察。其次安住覺知，將此帶入每個當下，這是修行的重點所在。我們對世界的認識，包含能和所兩方面。能是心理，所是對象。我們面對任何對象，都會產生一系列的心理。所以我們不僅要覺察對象，還要覺察各種心理，看看心進入了什麼狀態，是貪心，還是嗔心、嫉妒、我慢？包括禪修中產生的各種覺受，我們貪著了沒有？排斥了沒有？都要清清楚楚。

當專注和覺察訓練到一定程度，感覺心過於緊繃時，可以做一些放下的修行。沒有任何目標，沒有任何設定，心徹底地放下一切。但這種放下不是不知不覺，而是對周邊一切和身心活動保持全然的覺知。用佛教的話說，就是心如明鏡。仿佛一面巨大的鏡子，可以朗照萬物，但沒有任何黏著，不會喜歡，也不會討厭。

在中秋茶會時，我讓大家學會不刻意地做任何事，再去體會這個不做任何事的心。當然心可能還會有念頭，我們也不排斥。因為硬讓自己什麼都不想是有難度的，可能是更大的妄想。其實想也沒關係，關鍵是能覺察到，也就是禪宗所說的「識得不為過」。

這種修行需要有一定基礎，才能超越一切概念，把禪修、開悟、解脫統統放掉。事實上，所有這些都是幫助我們體悟清淨心的方便。在清淨心的層面，並沒有這些東西。但佛陀為了引導眾生，所以才針對我們的執著、煩惱、生死，施設這麼多法門。

當我們學會什麼都不做的時候，就能直接體會這個赤裸的、沒有包裝過的心。《楞嚴經》說：「狂心頓歇，歇即菩提。」當心真正歇下來，是空空蕩蕩、清清淨淨，同時又了了明知的。這個心看似平常，但正是一切修行所要體悟的。然後要不斷地熟悉它，讓這樣的狀態貫穿一切時、一切處。這是需要努力的，因為我們的無明、煩惱、塵垢和串習太強了。

我們可以把三個層次結合起來，以前兩步為基礎，適當地修習第三種。覺得力量不足時，再回到前兩步去訓練。塵垢被剝到一定時候，又可以接著修第三種。最後就有能力徹底地放鬆，放空，放下，體會到虛空般的心。這就是《壇經》所說的「無念為宗，無相為體，無住為本」。無念，是超越念頭的心；無相，是說心如虛空般無形無相，不以任何形象存在；無住，是說心朗照無住，不以萬法為侶，所謂「百花叢中過，片葉不沾身」。

開啟正念與慈悲大愛

——二〇二三年元旦講話

今天是二〇二三年元旦，新年第一天。首先，祝福大家在新的一年平安健康，吉祥歡喜，遠離一切違緣，精進修學，真正走在菩提道上。同時也祈願世界和諧安定，風調雨順，人民幸福安樂。

一、覺醒在當代社會的意義

二〇二二年，我們走過了不尋常的一年。其實不止一年，因為疫情已歷時三年。在此期間，世界不僅發生了火山、地震等自然災害，還出現了嚴重的國際衝突。人們都在擔心衝突不斷升級，導致第三次世界大戰，甚至核戰爭。在這樣的大環境下，不少企業甚至整個產業面臨停擺，也使身處其間的人焦慮、抑鬱、煩惱，感覺越活越不容易。

問題的根源在哪裡？主要來自貪嗔痴。長期以來，人類為了占有更多財富，不斷鼓動欲望，大力發展工業、科技、商業。在提升物質文明的同時，也使環境受到極大破壞。地球通過幾億年形成的生態系統，短短百餘年來，就遭到不可逆轉的傷害。我們原以為，經濟發達了，想要什麼就有什麼，世界應該越來越美好。事實上，貪嗔痴不僅造成種種環境問題，還帶來更多的人心失衡和社會亂象。

我們要改變世界，必須回歸東方智慧。不論儒家的修身、齊家、治國、平天下，還是佛法的心淨則國土淨，都是從改變個體入手，通過修身養性、心靈淨化、道德建設，培養慈悲大愛之心。當每個人變得美好，世界自然就美好了。這是東方智慧的思路，所以人類需要反省，看到目前社會發展存在的重大問題。如果繼續下去，世界必然會危機重重。當然這不是說，我們不要發展經濟，改善世界，但關鍵是改變人心。

在東西方文化中，有兩個理念非常重要，一是智慧，一是慈悲大愛。這也是覺醒生命的兩大內涵。不論什麼文化，都推崇智慧和慈悲，但怎麼落實？如何使人開啟智慧，擁有慈悲？其實是很難的，所以成為各種哲學、宗教探討的重點所在。

佛法的殊勝在於，不僅為我們揭示了智慧和慈悲的完整內涵，還指引了開啟智慧、增長慈悲的具體方法。美國《華盛頓郵報》曾評出世界十大奢侈品，榜首就是「生命的覺醒」。其他還有「自由喜悅充滿愛的心、走遍天下的氣魄、回歸自然的能力」等，沒有一項是關於物質的。所謂奢侈品，意味著它是多數人嚮往卻求之不得的。因此，引導更多人覺醒，是世界的希望所在。

在經歷漫長的疫情和災難後，希望二〇二三年會成為覺醒元年，成為開啟智慧和慈悲大愛的新起點。這就需要傳承東方優秀的傳統文化。我們宣導的修學模式，正是致力於對兩大內涵的認識和實踐。

二、正念是開啟覺醒的鑰匙

佛為覺者，代表究竟圓滿的覺醒。佛陀出世對人類最大的意義，就是發現每個眾生都有覺醒潛質，有自我拯救的能力。正如《法華經》所說，諸佛世尊唯以一大事因緣故出現於世，就是開示眾生悟入佛的知見。可見，開啟覺醒的重要性不容置疑。

關鍵在於，怎麼才能走向覺醒？佛陀通過修行發現了這條古仙人道，然後說法四十五年，再由歷代祖師深入闡揚，形成千經萬論，及漢傳、藏傳、南傳三大語系和各個宗派。這些經論和法門都在引領我們走上覺醒之路。但在兩千多年的流傳過程中，隨著這條路的不斷被解讀，又變得逐漸模糊，甚至有點撲朔迷離。

今天的人學習佛法，或是讀誦佛典、研究經教、禮懺念佛，或是參加各種活動，似乎也在忙於各種事。但我們有沒有走在覺醒路上？是否知道這條路該怎麼走？其實很多人是不清楚的，只是跟著大家那麼做，卻很少思考：這麼做的修行原理是什麼？我幾十年的弘法探索，就是想讓大家知道，這條路究竟怎麼走，對目標、路徑、方法清清楚楚。

走向覺醒的關鍵在哪裡？就像我們來到一座屋宇林立的城市，其中有座豪宅，藏著無價寶珠。如何尋寶？首先要找到藏寶的房子。這並不容易，所以人們就在城中轉來轉去，最後變成逛街了。看到什麼好玩就去玩玩，流連忘返，甚至安營紮寨，過起日子來，根本忘了「我來這裡究竟幹什麼」。

很多人學佛也是這樣，問題在哪裡？就是不知道重點所在。修行，必須立足於對生命實相的認識。佛與眾生的根本分歧在哪裡？凡夫和聖賢的根本分岐在哪裡？就在明和無明。發展無明，就會進入輪迴軌道；開啟明性，才能回歸覺性海洋。

我最近在靜修的同時，也會看看禪宗、南傳、藏傳等高階禪修是怎麼闡述相關問題的。佛法認為，生命內在都有覺醒潛質，即空明不二之心。這個心既有空的特質，也有明的特質。為什麼我們認識不到？正是被無明遮蔽。我們現有的生命系統，從第八阿賴耶識、第七末那識到前六識，都是依託無明產生的，又稱妄識系統。其實，這個妄識系統的本質還是覺性。

因此，每個念頭都包含明和無明兩個成分。雖有明的潛質，實際卻往往被無明操控。無明的特徵是不知不覺，反之，在每個當下能清楚地覺知自己在走路、說話或做事，就來自明的作用。所以，解脫在每個念頭、每個當下都可以實現。忘失正念，即落入無明；保持正念，即回歸明性。

當我們在複雜的城市找到藏寶的房間後，還需要鑰匙，才能打開鎖住的房門。這把開啟覺醒之門的鑰匙，就是正念。只要帶著覺知面對念頭，不去牴觸妄念和煩惱，妄念乃至煩惱就能回歸覺性海洋，不會對我們構成傷害。換言之，念頭在生起的當下，自己就能解脫。這是最直截了當的方法。就像波浪的本質都是水，同樣，所有的妄念和煩惱，本質都是覺性。只是被無明所扭曲，才會變成煩惱，給我們製造痛苦。

修行的關鍵在於，當每個念頭生起，或遇到每件事情時，是用貪嗔痴的串習面對，還是用正念去覺知？如果用串習，每個念頭乃至境界都會成為輪迴的增上緣，為輪迴添磚加瓦。如果用正念面對，在覺知的當下就能解脫，因為念頭本身蘊含了解脫的力量。

所有修行法門中，正念禪修非常關鍵。這和心理學界流行的正念有深淺之別，後者偏向技術性，而我們講的正念是立足於《大念處經》，立足於四念處乃至整個三十七道品，不僅要修習正知正念，還要以出離心、菩提心、持戒和空性見來支持。這樣的正念修行，才是完整的體系，才能導向覺醒和解脫。

三、修學課程與覺醒

過去，我們一直在做修學模式和服務大眾模式，形成初、中、高三級修學。這套課程又可分為以下板塊。

第一是「智慧人生」。通過人生佛教系列的學習，我們開始以佛法智慧看問題。當人生觀、世界觀、價值觀改變了，粗的煩惱就會隨之減少。這在修學者中屬於普遍現象，也是人們樂意學習人生佛教系列，並從中受益的重要原因。

第二是「走近佛陀」，課程包括《走近佛陀，認識佛法》和《皈依修學手冊》。通過這部分的學習，了解佛陀出家、修行、追求真理、走向覺醒的歷程，以及他在成道後，如何引導普天下的芸芸眾生。認識佛陀生平，使我們以這位悲智圓滿的覺者為榜樣，了解佛教是怎麼回事，學佛的意義在哪裡，修學的綱領是什麼。《皈依修學手冊》則是通過對佛法僧三寶的認識，引導我們如理如法地建立佛教信仰。

第三是「佛法要領」，主要內容為《道次第》，既是修學次第，也是要領所在。通過這部分的學習，建立暇滿義大、念死無常、輪迴是苦、深信業果四個重要認識。如果光學人生佛教，我們會覺得這個世界挺好。有些人不學佛時，常常生起煩惱，學佛後，粗的煩惱少了，似乎生活很美滿，可以永遠這麼玩下去。具備這四種思惟後，對生命會有不同的認識。暇滿義大是價值觀，告訴我們人身蘊含多大的價值，應該如何用好它。念死無常是提醒我們，不管我們多麼喜歡這個世界，也只是暫時的客人而已，待不了多久。輪迴是苦說明，就算生活環境再好，只要沒解決貪嗔痴，都不是真正的美滿，因為輪迴本質就是痛苦的。深信業果則指出，世間一切都有它的因緣因果，我們想得到好的結果，就得在因上努力。

這四點，佛教稱之為轉心的思惟，即轉變觀念，減少對現世的貪著，是追求解脫和覺醒的基礎。如果沒有這些思惟，我們多半會停留在人天乘。比如在別院，一切都很美好，似乎是人間淨土。但可以一直在這裡嗎？肯定不行。即使什麼變故都不發生，最終還是要離開，不可能永遠待下去。所以說，這些思惟可以將我們從入世導向出世，打破對現世的眷戀，知道眼前擁有的一切都靠不住，唯有覺醒才能帶來究竟的安樂，實現終極的意義。這就需要皈依三寶，進而發起出離心、菩提心，導向解脫道和菩薩道。這是佛法最根本的兩條道路，八萬四千法門，最後都要回歸這兩條路。

第四是「正念之道」。通過《百法明門論》、《辯中邊論．辯修對治品》的學習，掌握解脫道的路徑和要領。在前面的學習中，我們也知道念死無常，輪迴是苦，但怎麼斷除惑業苦，解決結生相續，解決煩惱雜染、業雜染、生雜染？必須落實到正念之道。在這部分內容中，我們建立了正念禪修的次第。初級，是選擇所緣，培養專注和覺知。中級，是依四念處、三十七道品的禪修，把正念拓展到生活各個方面。高級，是依空性正見，解除二元執著，放下覺知，體認無念。通過三級正念禪修，逐步解除無明煩惱，成就覺醒和解脫。

我們要把所學法義變成自身認識，必須以八步三禪來落實。修行包括分別和無分別，八步三禪是靠分別、理性和思惟修來轉變觀念，調整心態。如果沒有這個前提，正念是修不好的，只能暫時解決一些心理問題。因為修行要重建心靈世界，這是一項系統工程，包括人生觀、世界觀、價值觀的改變，也包括發心、行為、生活方式的改變。在此過程中，正見尤為重要。

為什麼每天會有這麼多念頭干擾我們？這些念頭的基礎是什麼？就是我們的認識，把自我看得太實在，也把世界看得太實在。這種自性見正是輪迴的支撐點。在佛法的基本正見中，無常說明一切都是變化的，不要幻想永恆；無我說明現實的一切都不屬於你，和你只有暫時的關係；無自性空說明萬物都是條件關係的假相，沒有所謂的自性。現代量子力學也發現，物質世界沒有固定不變的特質，我們認識的世界沒有離開自身認識。我們要不斷提醒自己，從這些角度看世界，外境產生的干擾就會越來越少。貪嗔痴都是建立在我法二執的基礎上，把自我和世界看得太實在，就會被念頭和影象左右。禪修要面對的，正是這些念頭和影象。看清念頭和影象的本質，不受其干擾，才能時時安住於虛空那樣的心。

第五是「學做菩薩」。通過《入菩薩行論》、《瑜伽菩薩戒》的學習，了解菩提心在大乘佛法中的獨特性，以及如何發菩提心，行菩薩行。尤其是《入菩薩行論》，以菩提心為核心，從菩提心的殊勝，到菩提心的生起、成長、提升乃至圓滿，以清晰而善巧的闡述，構建了菩薩道的完整修學體系。菩薩道修行不僅是一種行為，更是慈心、悲心、無所得心等利他心行的圓滿，體現了慈悲大愛的菩薩精神。三種利他禪修，正是幫助我們有次第地落實這些利他心行。

第六是「入不二門」。通過《辯中邊論》、《心經》、《金剛經》的學習，解決二元對立。凡夫都是活在二元世界中，由此產生貪嗔痴，乃至愛恨情仇。不論智慧還是慈悲的修行，都要超越對二元的執著，了解世間一切是如夢如幻的。這樣才能體會雲彩背後的天空，體會不二法門的真意。在禪修時，我也經常引導大家，要體會虛空般空明不二的心。只要我們持續訓練覺知，念頭的力量就會隨之減弱。

從慈悲的修行來說，要從有限的慈悲到無限的慈悲，從有我的慈悲到無我的慈悲，從有所得的慈悲到無所得的慈悲。在此過程中，空性見非常重要。否則，我們往往會在做事過程中產生執著，包括對事相的執著，對結果的執著，進而產生我相、人相、眾生相、壽者相。

在三級正念和三級利他的修行中，高級階段都有「無所得心」。在正念修行中，要體會心既了不可得，又了了明知；在慈心修行中，則要做到「百花叢中過，片葉不沾身」。如《金剛經》所說，雖然廣修六度，莊嚴國土，修種種利他善行，但始終保有無所得之心，所謂「如是滅度無量無數無邊眾生，實無眾生得滅度者」。即使度化無量眾生，內心也不執著眾生相，不執著任何結果。總之，入不二門可以使解脫道、菩薩道的修行得以提升。

第七是「回歸本心」。通過《壇經》的修行，帶心回家。每個眾生都有覺醒的潛質，都能成佛。《壇經》是頓悟法門，直接指點我們認識沒有造作的清明之心，所謂「直指人心，見性成佛」。有了之前正念禪修的基礎，再來認識這個心就不難了。

以上幾個板塊，是根據修學需要所作的細分，各階段的重點更明確。但核心還是圍繞兩大修行，一是智慧，從正念到覺醒解脫；一是慈悲，從菩提心到菩薩行。這些修行不是說法，而是可以落到實處的。三級課程設置和修學綱領，正是一步步引領我們走上正念與慈悲大愛的修學旅程。

四、正念與利他在別院的落實

說到正念修行，我們很容易把它限定在某種形式，似乎坐在那裡才是禪修，做事就不是禪修；或者經行才是禪修，平時走路就不是禪修。雖然別院每天都有定課，但光靠座上和經行，每次就那點時間，效果也難以保障。所以還要靠平時的訓練，把禪修貫穿到座下，真正和生活打成一片。就像禪宗說的，「行亦禪，坐亦禪，語默動靜體安然」。

怎麼把禪修變成一種生活？近期，我們做了兩個表格，一是「正念生活日記」，每天記錄；一是「利他禪修週記」，每週記錄。表中列舉了正念和利他修行的要素，當我們修習正念和利他行時，需要依此檢討，看看自己是否具備相關要素，如何進一步提升。

其中，正念修行有十項基本要素，包括基礎、止禪和觀禪三部分。

基礎的要素有三項。第一是正確發心，發起出離心或菩提心。第二是簡單有序的生活，這和戒律有關。心的活動有一貫性和延續性，如果生活混亂，禪修是很難修好的。第三是保有熱忱，就是對禪修有一份意樂，願意努力投入。《念處經》講到正念修行時，首先就講到要有熱忱。

止禪的要素也有三項。第一是有所緣，這不單指呼吸等座上修的所緣，還包括正在做的所有事，都可作為修習所緣。比如我們走路，走路就是所緣；吃飯，吃飯就是所緣。第二是用好作意心所，經論中，對作意的定義是「警覺為性」、「引心令趣自境為業」。作意，相當於心理學所說的注意，是通過警覺，把心引向一個錨點，這是修習止禪不可缺少的條件。第三是專注，讓心投入所緣，持續、穩定地保持專注。

觀禪的要素共有四項。第一是覺知，知道自己正在做什麼。走路時，清楚地知道當下在走路；吃飯時，清楚地知道當下在吃飯。第二是接納，在正念禪修的過程中，不管出現什麼感受或念頭，都要如實接納，不能心生抗拒。第三是不評判，念頭來了，只要保持覺知，不作任何評判，不要想著「我的心怎麼這麼亂」。前面說過，當我們保持覺知時，所有念頭都會回歸覺性海洋。如果沒有覺知，再好的想法也不過是一種妄念。第四是具足正見，以緣起、無常、無我、無自性空的正見，觀察自己的身心和外在世界。

我們每天要對照表格勾選，看看自己是否具備這些要素。除此以外，還有兩點屬於高階禪修的要求，即無念和無住，有一定難度。作為基礎禪修來說，具備前面十點就夠用了。

了解正念修行的要素後，就要把禪修貫穿到整個生活，從早晨起床到晚上睡覺，有意識地保持覺知。在以上所說的十點中，又以專注和覺知為關鍵。其實這些方法並不難，重要的是持之以恆，時時保持專注，保有覺知。所以表格中要填寫，做這件事要多長時間，其中多長時間能保持正念，然後幫助自己的修習體會。每天晚上，我們都要根據表格自我檢驗，回顧一下今天的正念禪修達到什麼效果，有沒有進步。只有不斷反省並提醒，才能真正把正念落實到生活中。

別院做了個正念鐘，元旦就要開始敲響覺醒的鐘聲。從早上八點到下午五點，每小時敲一次，提醒大家把心帶回當下，提起正念。我們會建立輪班制度，或主動報名。作為敲鐘人，要將這段時間完全投入正念修行，不要看書，也不要帶手機。敲鐘前先合掌默念：「願覺醒的鐘聲傳遍世界，願一切眾生走向覺醒。」然後帶著這樣的願心敲響鐘聲。

我們聽到鐘聲時，要立刻把心帶回當下。當下到底在哪裡？其實有三個層面。第一個層面是此刻在做的事。我們平時走路時，心往往東想西想，一會兒跑到過去，一會兒跑到未來。做事也是同樣，做著做著，心就不知跑哪去了。這都是散亂的表現，所以要提起正念，把心帶到當下所做的事情上，以最大的專注投入其中。第二個層面是覺知，對做事的過程清清楚楚，了了分明。每個心念都有見分、相分、自證分，覺知就是自證分，也是自覺的力量。第三個層面是沒有造作的心，這是究竟的、超越時空的當下。我們暫時可能體會不到，但只要持續修習，迷惑的力量就會隨之減少，清明的心也會逐步顯露出來。到那時，念頭就像飄來飄去的雲彩，對我們沒有絲毫影響。無論做什麼，都像雁過長空，了無痕跡。

心的清明，是每個人原本具足的，只是陷入無明和念頭後才隱沒不見。現在要做的，就是重新開啟它。當我們聽到鐘聲，必須提醒自己──把心帶回當下。一行禪師的梅村也有正念鐘，大家聽到鐘聲時，立刻停止手上一切事務。我們在形式上無須這樣，尤其對外接待時，該做什麼還是做什麼，不要讓人覺得怪怪的，但內心要提起正念。如果是自己獨處，可以趁機靜一下，安坐一兩分鐘乃至十分鐘。

總之，鐘聲是提醒我們保持正念的輔助。只要不斷訓練，正念就會成為我們的用心習慣，最終打成一片。無始以來，我們已經習慣輪迴的模式，想要從中走出，需要特別努力。我們知道，企業轉型時都很艱難，學佛也是同樣。想從凡夫心轉到正念軌道，必須突破重重障礙。但習慣之後，我們就會嘗到甜頭。有了正念，生命將越來越自在，越來越歡喜，內心的清明將越來越有力量。我們已經有了明確的方法，但還要持之以恆。

關於利他的修行，每週記錄一次即可。不少人覺得自己缺乏慈悲，正是沒有面對具體的人和事，實實在在地訓練。我們首先要了解，利他該修哪些心。在利他禪修的表格中，列舉了慈心、感恩、隨喜、理解、同情、接納、陪伴、關愛、理解、引導、布施、愛語、利行、同事、忍辱、大悲心、菩提心、平等心、無我利他、無所得心、無住，包含初、中、高三級利他的元素。如何修習這些心理？表格提出了四個角度。

第一是利益思惟，深入思考利他的利益及不修的過患。就像心懷感恩的人，在在處處，都能看到父母、師長、大眾乃至國家為自己提供的種種幫助，就會對所有人心生歡喜。而沒有感恩心的人，往往會帶著仇視的眼光看待他人，覺得全社會都對不起自己，結果使自己痛苦，別人也痛苦。

第二是《慈經》修習，需要不斷憶念「願我無敵意無危險，願我沒有身體的痛苦，願我沒有精神的痛苦，願我保持快樂」，將此變成發自內心的願望。然後再把對自己生起的慈悲，替換為對他者，乃至一切眾生。久而久之，我們就會成為慈悲的存在，源源不斷地散發慈心。再以慈心為基礎，生起感恩、隨喜、理解、同情、接納。所有這些心理，又在幫助我們更好地實踐慈心。

第三是緣起思惟。說到理解、同情、接納時，我們往往不容易做到。究其原因，就是缺少緣起的思惟。我們習慣性地從自我感覺出發，以這個標準去看，會覺得別人怎麼會這麼想，這麼做，無法理解，自然談不上同情和接納。事實上，每個人都有不同的經歷，由此形成他的觀念和行為標準。緣起思惟就是讓我們跳出自我感覺，從對方的角度，設身處地為對方著想。當你想到對方的處境、成長、教育背景，就能理解他為什麼會說這些話，做出這些舉動。因為理解，就能心生同情，慈悲接納。所以，緣起思惟是修習慈悲的關鍵。

第四是空性見。我們要修平等心，修無我利他、無住、無所得心，都離不開空性見。沒有空性見，就無法體會眾生的平等性；沒有空性見，就無法徹底放下我執，體會無我，踐行無我利他；沒有空性見，就無法體會無所得之心，做到心無所住。

第五是其他，除以上四點外，自己還運用了什麼方法。

表格的另一部分是修習對象。我們講慈悲，講發菩提心，講利益眾生，必須落實到具體對象，否則就容易流於口號。就像「為人民服務」，如果對具體的人沒感覺，怎麼能做好服務？修行也是同樣，如果說著「我要利益眾生，慈悲眾生」，但面對具體眾生時，還是活在我執、我見、貪嗔痴中，是不可能關愛、利益、慈悲對方的。這種現象非常普遍。

表中列舉了幾類修習對象。第一是共同生活的人，比如你的孩子、父母、兄弟姐妹、同住夥伴。第二是和共同工作的人。第三是共同修學的人，即同參道友。第四是除此以外的所有人，包括和你沒關係的人。我們修慈悲心，不僅要對身邊人，還要面向一切眾生；不僅要對人類，還要面向動物。針對這四類眾生，我們生起了哪種心，運用了什麼方法，可以在表格中打勾。每週再寫一篇週記，總結一下自己修得怎樣，有什麼心得。接下來，我們還考慮把它做成 HDF5 之類的格式，凡是修學者都能使用。希望別院先用起來，因為你們最有條件來做。

五、覺醒是人類世界的希望

智慧和慈悲，是人類共同嚮往和推崇的兩大理念。通過正念開啟智慧，通過利他增長慈悲大愛，也是未來世界特別需要的。我曾和周國平老師就「人工智慧時代，人類何去何從」展開對話，如果只看具體工作，未來可能百分八十的事都可以用人工智慧完成，甚至比人做得更好。那麼，人類的優勢到底在哪裡？就是要不斷認識自己，提升自己。

佛教自古就被稱為心性之學，對意識、潛意識的了解最透徹，對生命潛能的開發最究竟。佛教認為，每個生命都有兩個層面，一是有限性，一是無限性。從有限性的層面看，人真的太渺小了。人在地球是微不足道的，地球在太陽系是微不足道的，太陽系在銀河系是微不足道的，而銀河系在整個宇宙又是微不足道的。如果著眼於生命的有限性，不論今天多麼風光，多麼富有，都是轉瞬即逝的塵埃。

但佛法告訴我們，生命還有無限性，心的本質就是宇宙的本質。當我們開發覺醒潛質，就能彰顯生命的無限性。宇宙雖大，心量更大，所謂心包太虛，量周沙界。找到這樣的心，我們才能找到生命存在的價值。

否則，在這個越來越不確定的世界，面對越來越多的天災人禍，我們真的會對未來感到迷茫，進而導致抑鬱、焦慮、恐懼，及貪婪、仇恨、對立等負面心理。事實上，這些問題正日益嚴重，讓世界充滿戾氣和動蕩。怎麼解決？必須通過禪修，讓生命走向覺醒，成為智慧和慈悲的人，成為佛菩薩那樣的聖賢。

在科技日益發達的今天，人類本該越過越好，為什麼越來越不容易幸福？因為大家都活在自我中。

未來要有什麼樣的文化，才能建立理想世界，讓人類和諧安定？我想，離不開東方的儒釋道文化。

首先，西方文化是從改變世界來建立人類幸福。他們千百年來的努力結果，和由此帶來的種種副作用，已經證明這條路是走不通的。而東方文化是從人心入手，從改變人心到改變世界。當心清淨了，具足智慧和慈悲，我們的人格就圓滿了。當人人變得更好，世界自然會變得更好。這種解決方式是究竟且沒有副作用的。

其次，佛法宣導無我，這是和其他所有文化的差別所在。西方宗教也講博愛，但它是有我的，認為有獨一無二的主宰。這種有我的文化，會導致宗教、文化的衝突，甚至引發戰爭。但佛教的慈悲大愛是建立在無我之上，認為凡是從自我出發，或以傷害他人為目的，不論理由多麼充分，都是錯誤的。所以佛教講的是無我利他，沒有個人的利益，只有眾生的利益，世界的利益。

第三，西方文化強調二元對立，造成了宗教之間的征服，國家之間的征服，以及人對自然的征服。而東方文化認為人和世界是一體的，如儒家的天人合一，佛教的依正不二，眾生平等。所以我們不能通過破壞環境來獲得幸福，只有尊重萬物，愛護自然，才能保障每個眾生的利益。

總之，弘揚東方的優秀傳統文化，是世界的希望所在。正念與慈悲大愛正是東方文化的精華，也是走向覺醒的基本內涵。正念可以開啟智慧，化解不良情緒，造就健全人格，已是不容質疑的事實。近年來，正念風靡世界，在教育、醫療、心理學等領域發揮了很大作用。依無我建立的慈悲大愛，則是化解各種衝突的良藥，也是當今社會特別需要的。

在二〇二三年新年之際，讓我們敲響覺醒的鐘聲，祈願一切眾生走向生命覺醒，擁有慈悲大愛！

正念與三級修學

——二〇二〇年冬講於甘露別院

問：學習《辯修對治品》期間，對四念處的禪修，理路好像清晰了，但具體操作還是做不起來。應該如何作正念禪修？

濟群法師：

這主要是缺少實際訓練。三級修學體系是逐步完善的，前期重點是課程建設，目前已進入核心建設的階段，其中，正念是重點所在。這不僅需要理論，更需要實踐。所以對三十七道品的內容，光聽一聽還不夠，必須落到實處。現在我們的道場建設尚未完成，未來會有禪修基地，可以給大家提供更多實踐機會。

在《修心指南》中，對止禪到觀禪的幾個過程交代得很清楚。我在經行時也給大家講了很多，一部分已整理成文字。比如「正念為食」，是讓我們學會專注地、帶著覺察去吃飯。「正念行禪」，則是讓我們學會專注地、帶著覺察去走路，在此過程中，必須對每一個動作保持清晰的覺察。有了覺察力，才能進一步培養觀照力，以此瓦解我法二執和種種情緒，最終從有造作的用心到無造作的覺照。至於怎麼具體落實，怎麼形成標準化的訓練模式，需要有一個建設階段。

接下來我們要學習《百法》，這是屬於解脫心理學，引導我們從五遍行入手修行。我們和世界接觸的過程中，會產生種種想法、情感、行為，這些往往和貪嗔痴有關。怎麼才能在根塵相觸時保持正念，不進入貪嗔痴的系統？必須有佛法引領，建立欲、勝解、念、定、慧等禪修相關心所。這條覺醒之路是從善法欲開始的，並對修行形成勝解，然後培養正念，修定發慧，讓心安住於無貪、無嗔、無痴的內觀。通過這些訓練，我們才有能力解除身心的粗重，剷除根本煩惱和隨煩惱，進入輕安。

如果大家迫切想要了解，可以先聽聽我講的正念行禪。我每次經行前都會給大家講十分鐘左右，已有一百多講。正念是一種用心方法，可以在吃飯中用，走路中用，也可以在打坐中用。以此培養專注力和覺察力，不分別、不評判、不隨轉。當心不陷入二元對立和情緒時，我們就能運用空性正見，體會心的本質。如果掌握方法和要領，這些並不是很複雜。只是因為我們以往的串習很重，會習慣性地分別、評判、心隨境轉，所以才覺得做不起來。

三級修學前期主要是課程優化和系統建設，強調八步三禪，這是打造三觀、解決粗重煩惱不可或缺的基礎。現在正念禪修風靡世界，很多人將此當作一種調心技術。事實上，如果沒有出離心、菩提心和佛法正見，觀念尚未改造，煩惱還很粗重，這種技術是很難真正發揮作用的。可能短期見效較快，但不久就會遇到瓶頸。

心靈世界是一個生態系統。正見及皈依、發心、懺悔、持戒的作用，就是改造整體環境，使之得以清理並達到平衡。在此前提下，再來訓練專注就容易了。所以我們前期所學的這些，都是契入核心的助緣。

正念修行的關鍵在於用心，而不在於做什麼。所以帶著正念生活很重要，這樣不僅座上在修行，生活中的行住坐臥、待人處事，都可以成為修習正念的方式。以前禪師們說，修行就是穿衣吃飯、搬柴運水。其實大家都在穿衣吃飯，為什麼普通人的穿衣吃飯就不是修行，禪師的穿衣吃飯就是修行？區別就在於有沒有正念，是帶著輪迴串習在做，還是帶著正念在做。只有帶著正念穿衣吃飯，才能以此訓練並強化正念。

每一種心行都要經歷認識、建立、培養、訓練、熟悉、提升、圓滿的過程。認識，是了解什麼屬於正念。建立，是在內心生起正念。培養，是令正念增長，具足力量。訓練，是面對各種境界時都能安住正念，心不散亂。這並不是說，要時時刻刻專注於一個點，而是讓心清清明明，就像一潭清澈的水，始終保持明晰，不再東跑西跑，昏沉掉舉。

不散亂就是定的特徵之一。所以，修止不是一定要綁在某個點上。當然這是一種方法，開始時也需要這麼訓練。但如果你的定比較成熟，不用刻意綁著，心都不會亂跑。在這樣的時候，我們對內心出現的一切影象都能清清楚楚，看到但不黏著，就是一種觀。這種能力需要通過訓練。打坐就是重要的訓練方式，走路、吃飯同樣是在訓練這個能力。雖然方式不同，運用場景不同，但訓練的核心是一樣的。區別在於，在單純的狀態下容易做到，而在一些複雜的、串習強大的狀態下就不容易做到。

正念修行能在全世界推廣，說明它在技術層面來說不難。當然也不簡單，因為它是以整個佛法為後盾。作為三級修學學員，我們的優勢在於，有系統的聞思和教理來支持這一訓練。如果只是把正念作為單純的技術來學，雖然也有用，但產生的威力有限。沒有改造三觀，沒有正確發心，對世界依然充滿黏著和貪嗔痴，想把正念培養壯大，顯然是不太可能的。我們現在是在不斷積累，做好充分的準備工作，一旦開始實修，就會事半功倍。

問：學《辯修對治品》期間，定課是否繼續做「皈依共修」？其中是否包含正念禪修？

濟群法師：

通常，正念禪修是以呼吸或經行等為所緣境，以此培養專注。安立所緣的目的是讓心不再散亂，就像牛到處亂跑時，用一個木樁把它繫住，不讓它撒野。在皈依定課中，念誦三皈及觀想、安住，是以佛號和佛像為所緣來訓練正念，可以起到同樣的作用。修習時，我們憶念「佛陀、佛陀……」，或是觀想佛陀的形象，都可以令心專注，繫念於此。心不僅要專注於所緣，還要清清楚楚。平常人的內心總是在不知不覺中，那是無明、混沌的狀態。清清楚楚則是一種明的力量，是開智慧的重要前提。

在皈依修行中，我們還要審視自己的心：看看心是什麼？心在哪裡？心有沒有形狀，有沒有顏色？如果心很安靜，很專注，而不像平時那樣心事重重，妄念紛飛，就可以通過這樣的審視，清清明明地體認到——心是無形無相、了不可得的。這就是空性的兩個特質，一是明，一是空。修行真正要體認的，就是這個了不可得但又清清楚楚的心。如果讓這樣的體認不斷延長，貫穿一切時，一切處，就是最高的正念修行。我在皈依共修的開示中，每次都會做相關的引導。所以其中不是沒有正念禪修，只是大家還認識不到。

進一步，還要從正念到無念。禪宗修行是以「無念為宗，無相為體，無住為本」，就是讓我們去體認心的本質——沒有形相，沒有顏色，沒有方圓，也沒有長短。這個空空蕩蕩什麼都沒有的心，不會黏著於任何事相。就像虛空，不會黏著雲彩，也不會黏著任何東西。所以說，無念、無相、無住，在當下這一念中都具足了。我們需要在這個點上不斷深入，穿過念頭的迷霧，抵達核心。這是修行的根本所在。

在正念修行中，我們要認識它、建立它、培養它，熟悉它。其中的重點，是了解和熟悉，然後再了解、再熟悉。因為從本質上說，並不需要多少建立，也沒有培養和提升，因為在空性層面是不增不減、法爾如是的。心本來就具足一切，佛是這樣，眾生也是這樣。當然在我們認識不到的時候，還是要有認識、建立、培養、訓練、熟悉、提升的過程，這樣才能使無明的時間不斷減少，清明的時間不斷延長，心力就會隨之增強，乃至最終圓滿。

在這個階段，一方面是做好皈依定課，一方面可以聽聽正念禪修的開示。所有這些內容，都在引導我們指向本心。如果沒有這樣的訓練，我們學法時，學著學著就學會到概念上，陷入理論模式；做事時，做著做著就會做到事相上，徒增繫縛。所以修行要抓住重點，這樣才能讓學法和做事都指向本心。

問：我們現在有八種禪修，是不是要有學習次第，還是可以一起做？

濟群法師：

雖然說有八種禪修，但貫穿共同的原理，就是從觀念、心態到生命品質的改變，所以八步三禪的不同運用占相當比重。比如皈依的修行，是通過觀察修、安住修對三寶建立信心。人生佛教的修行，是通過八步三禪在生活中的運用，重建三觀，解決粗重煩惱。菩提心的修行，是通過對七因果、自他相換的觀修生起菩提心。包括空性的修行，同樣可以運用八步三禪。

根本上說，我們的世界只有兩個東西，一是影象，一是心念，影響我們的也在於此。當我們內心出現一個影象，或是一個動作的產生、一個事件的出現，我們對它進行解構，會發現一切都是條件的假象，是因緣所生的。把條件都解構之後，影象是什麼？動作是什麼？事件是什麼？根本沒有固定不變的自性，本質都是空的。心念的生起也是如此。當我們去審視心念，認識它的空性本質，然後安住於無相、無所得的心，就是安住修。所以觀察修、安住修不僅適用於建立三觀，也可用於空性禪修。

修行要做的，就是超越二元對立，解構我法二執，從而契入空性。觀察修的作用是解構，安住修的作用持續、穩定地安住。這種觀察和安住需要輪番修習、反覆強化，因為我法二執、各種串習很快又會回來。這就必須再次解構，再次體會本心，熟悉本心，安住本心。就像天空，雲霧來了，遮天蔽日；雲開霧散，重見藍天。

在此過程中，我們始終清楚地知道——自己要的是藍天，不是雲霧，不是彩霞，也不是任何別的東西。有了清晰的目標，我們就不會被雲霧和彩霞迷惑，然後不斷通過觀察修去解構表象，穿越迷霧，體認並熟悉本心。當我們這樣重複一千次、一萬次、十萬次之後，修行就變成是一種生活。讓心處在開放、無所得的狀態，並讓這種狀態不斷延長，從座上到座下，從白天到夜夢，二六時中，念念不忘。

觀察修貫穿整個三級修學，而正念禪修屬於特殊訓練，通過專注讓心靜下來，否則我們的觀察往往是缺乏力量的。雖然知道影象是緣起的、無常的，但只是道理，並沒有力量照破影象。這就需要止觀的支持。當內在的觀照力生起，我們就有能力化解各種影象。所以觀察修、安住修和正念修行是互補的。如果只修正念，沒有八步三禪的基礎，可能在修行狀態下還不錯，一旦回到生活中，因為觀念沒被改造過，還是帶著無明看問題，好不容易培養起來的那一點正念，是起不到多少作用的。

三級修學中，修習皈依的階段，是通過對八步三禪的運用，完成皈依的修行。修習菩提心的階段，不僅是念儀軌，而要通過七因果、自他相換和省庵大師關於發心的十種理由去觀察：我為什麼要發菩提心？不發心的過患是什麼？菩提心的殊勝是什麼？通過這些觀修，在內心生起決定：我一定要發菩提心！然後再來念菩提心儀軌，就會具足力量。否則的話，發菩提心很容易成為一句口號、一個說法。

在修行過程中，觀察修就是把相應的心行調整出來，然後「樹立正見，認清真相，擺脫錯誤，重複正確」。總的來說，心行無非是兩類，一是和輪迴相應，一是和解脫相應。擺脫錯誤，就是看清輪迴的痛苦本質，擺脫與之相應心理，認識到解脫才是生命的出路，去建立並熟悉解脫相應心理，使它成為生命的主導力量，朝著這條路往前，直至解脫。

這樣的修行是不是很清晰？我們把道理清楚了，就要老實去做。為什麼有些學員覺得受用不大？就是下的功夫不夠。首先要對所學法義和相關原理透徹理解，真正依佛法調整觀念，然後老老實實地下功夫。不下功夫，是不可能有功力的。

正念與無念

——二〇二三年春講於甘露別院丁香茶會

這次回來，正遇上丁香花開，就想著來跟大家一起坐坐，喝喝茶，賞賞花。

去年，也是丁香茶會，也是在這裡，那是初級茶會的泡茶、喝茶。時間是過得很快，又是一年丁香花開，茶會也升到了中級。中級茶會已經研討好一段時間了，這樣正式的演繹，煮茶、喝茶，我也是第一次參加。

一、聽茗？觀心？

剛才大家一起，止語，聽茶湯逐漸沸騰。這個環節，是初級茶會靜茶七式的第三式「煮水聽茗」——後來我把它改為「煮水觀心」——的升級版。既然中級茶會把煮水換成了煮茶，那這一式就叫「煮茶觀心」。

煮茶觀心，中級茶課把它演繹得很到位。這一段時間，完全留白，茶在炭爐上煮著，不緊不慢；人在蒲團上坐著，不聲不響。大家都安安靜靜地，各閒各的。丁香時節，我們在這裡，只是坐著，沒什麼特別的事情要做……

剛才煮茶的環節，不知道大家是在觀心，還是在等著什麼？是無可期待，還是期待落空？煮在那裡的茶，都喝上了沒有？

這個過程，我們坐在這裡，只是單純地坐著。雖然所緣微弱，沒做什麼，但這個沒做什麼的心，並沒有失去作用。我們的心是有感知的心，不是木頭；我們有一顆能感知的心，不是泥塑木雕的菩薩。雖然只是輕閒地坐著，但我們可以感受天地的空曠，感受春天的氣息，感受生命的復甦，感受萬物的存在。

同時，我們也能聽到煮茶的聲音。這一切的一切，都清清楚楚，了了明知。

除了外在的世界，我們也感受自己的內心。此時此刻的心，是什麼狀態？有沒有焦慮？期待？好奇？無聊？無所事事？還是很安靜、很開心？其實，心是什麼狀態，並不重要，我們也不必一定要讓自己的心呈現出某種特別的狀態。此刻，沒有要求，沒有期待，沒有設定。

我們要做的，只是清清楚楚地去感受當下的一切，心無所住，就像天地，那麼空曠，那麼無限；就像萬物，就在那裡，沒有造作；就像茶湯，該沸就沸，自自然然；就像丁香，一年一度，花開花落。

此時此刻，當心不再有焦點，就能感受到心的空曠。

二、正念？無念？

在正念禪修中，培養的是心的兩種力量，一種是專注力，喝茶，就專心地喝茶。一種是覺知力，喝茶時，對過程保持清清楚楚。這種清清楚楚，是每個人內心本具的清明的力量。

正念禪修是有造作的，而無念的禪修，則是放下所緣，放下造作。

放下所緣，就是讓心不必有焦點，不必專注在一個點上。

放下造作，就是只是去覺知——覺知當下發生的一切，覺知大自然一切的發生，也覺知內心發生的一切，知道，就可以了。無念禪修有一個特點是「認出念頭，體妄即真」。只要認出念頭，這個念頭就會回歸到覺性的海洋，就像所有的波浪本質上都是水一樣。

心能覺知，是因為每個人原本具備清明的心。清明的心，就像一潭清澈的湖水，心如明鏡，具有了了明知的作用。這種力量，是不需要通過造作獲得的。

當然，剛開始還是需要培養專注力和覺知力，來開啟覺知。所以，我們在三級正念禪修中，初級到中級禪修是開啟覺知，到高級禪修就要放下覺知，體認無念。無念的心，就是當下清明的、沒有造作的心。

三、有修？無修？

我們坐在這裡煮茶、喝茶，煮茶、觀心，其實並不需要做什麼。此時此刻，只是坐著，就是修行。因為修行有兩個不同層級，一個是有修，一個是無修。有修，是有造作的修行；無修，是沒有造作的修行，是直接去體會清明的心，它原本具足，無需造作。

在初級和中級正念禪修的階段，我們還是需要練習有造作的修行。這是因為，當清明的心不能發揮作用時，我們還是活在無明妄識的系統裡。心在昏沉和散亂中，是走不出輪迴串習的瀑流的。串習的瀑流會遮蔽清淨心，必須通過精進地造作、努力用心，才能走出瀑流，回歸清明。

所以過去的禪師們經常講，禪修，是有個什麼可修嗎？禪修，是要做個什麼嗎？其實，對心的體認是不需要做什麼的。但是突破串習，卻需要用力去修。打坐時渾身痠痛，念頭不絕如縷，昏沉用不起功來，凡此種種，都是凡夫心的呈現。佛陀講八萬四千法門，講戒定慧，就是要幫助我們走出串習的瀑流。正念禪修，正是其中的關鍵。

在正念禪修中，修止，培養專注力，是讓心靜下來；修觀，是在專注的基礎上，開啟內心觀照的力量、覺知的力量。通過止觀的禪修，讓心慢慢靜下來，內在清明的心就會生起，能逐漸體會到內在無造作的清明。如果遇到特定因緣的加持，妄心也能空掉。

去年的中秋茶會，我告訴大家，試著體會心的不造作的能力，就像今天這樣，安安靜靜地坐著，像一朵丁香落在草地上，不做什麼，也不為什麼，這就是無作的能力。

不做什麼，好像很傻很輕鬆；無作，還是一種能力嗎？其實，無作的修行，要做到並不容易。我們學《百法》，前九十四種都是有為法，後六種才是無為法。什麼叫有為？就是有造作；什麼叫無為，就是沒有造作。沒有造作的心，需要通過禪修去體悟。

可能有人會說，那我就讓心徹底不造作、任何念頭都不生。你管得住自己的心嗎？管不住。你想它不生念頭就能不生嗎？做不到。

無造作的心，其實也並非不能動念頭，而是不去刻意做什麼。無作的禪修要體會的，就是這個沒有造作的心。我們要做的，一方面，是心不造作，另一方面，是去體會不造作的心。

我們不是木頭，還帶著輪迴的串習，造作在所難免。念頭東跑西竄，有沒有關係？既有關係，也沒關係。

說它有關係，是說如果心跟著念頭跑了，掉進去、陷進去了，那就是有關係；或者對念頭產生抗拒、討厭，那也是有關係。禪宗講不迎不拒，正念禪修講不評判，都在告訴我們，「至道無難，唯嫌揀擇」，念頭起來了，你去分辨好念頭壞念頭，就有關係。

說它沒關係，是說念頭來了，就去認出念頭。剛才講了「認出念頭、體妄即真」，每個念頭都有兩個層面，那就是明和無明，是選擇明的一面，還是隨順無明的一面，正是禪修用心的關鍵。如果帶著輪迴的串習面對念頭，它就會成為輪迴的增上緣；如果帶著覺知去面對，當下就能把每個念頭帶回到覺性的海洋。因為念頭的本質既是覺性，也不離覺性。

所以，禪修並非要把念頭趕盡殺絕，而是學會帶著正念覺知去面對每一個念頭。

沒有造作的心，有空、明和寂靜的特點。

空，就是心像虛空一樣的空曠。我們的心到底有多大？有多空曠？《楞嚴經》告訴我們說，虛空在我們的心裡，就像幾片雲彩一樣。無造作的心，是如此寬廣、空曠、無際無涯。當心沒有陷入念頭，就能體會到這個虛空般空曠的心。一旦陷入念頭，念頭就是我們的整個世界，自然見不到空曠的心。

明，就是了了明知。大家坐在這裡，什麼也沒做，心能對一切了了明知。茶湯微沸，丁香花落，往事來訪，愁怨飄過……從外在的一切動靜，到內心的一切動靜，都能清清楚楚。

寂靜，安住在空明不二的心上時，我們能感受到此刻的心，是寂靜的。寂靜也不是一定要不動一念。當安住於空明不二的心，不管有沒有念頭，內心的安靜都在那裡，所謂「長空不礙白雲飛」，彩霞滿天也好，濃雲翻滾也罷，都不會妨礙虛空的存在。念頭也是同樣，不會影響心的寂靜。

四、抓緊？放鬆？

正念禪修和無念的禪修，可以結合起來。

初學禪修的人，要以正念禪修為主，適當地學一學無念的禪修。

比如，當長時間專注於一個所緣，會覺得很累，這時就可以放下所緣，放下造作，嘗試安住在覺知上，安住在內心的清明上，這個時候，心其實不會散亂。如果進入無明的狀態，心就會散掉。

這就像要舉辦一個很重要的活動，需要完成很多準備工作。當我們投入所有的時間、精力、體力，忙到天昏地暗，內心一直緊繃，焦慮、擔憂，最後成功辦完，終於可以歇下來的時候，會是什麼感覺？整個人鬆了口氣，一下子徹底地放鬆、放下了，這時就能體會到，心中一空的當下，放鬆的喜悅自然會生起。可見，帶著執著做事，就像被綁定在一個地方一樣，身心都會很辛苦。事情一做完，把自己從執著裡解放出來，心一下就鬆開了。

放鬆，在禪修中非常重要。

要放鬆的是什麼？這個問題的實質是：修行要解決的問題是什麼？

修行，最重要的是解決兩種執著，即對自我的執著和對世界的執著。凡夫總是對這個世界有很多想法、很多設定、很多期待；對自己也會有很多想法，很多的設定、很多的期待。所有這些都會形成內心的執著。我們活在哪裡？其實就是活在自己內心對種種想法、種種設定、種種期待的執著裡。

放鬆就是把心鬆開，徹底鬆開這些執著。當心徹底從對世界的執著和對自己的執著中鬆開的時候，就會回歸到心的本來狀態。

完成一件事情，身心鬆綁的喜悅，是放鬆自帶的歡喜，它根植於生命之內，來自心的本源。

修習正念的同時，可以適當地嘗試無念的修行，放下所緣，帶上覺知，去感受外在世界的一切，感受內心世界的一切。時不時地靜下心來，放下手頭的事情，放下心中的謀畫，安安靜靜地坐一會兒，讓自己什麼都不做，就這麼閒坐著，帶著一份清明的心，去感受當下發生的一切，這就是進入無念的修行。

這需要一定的禪修基礎。如果心很散亂，無明就像厚重的雲層，沒有所緣的錨點作為重點，心就會混混沌沌，要嘛東想西想，要嘛百無聊賴，緊跟著就會有冒出各種問題。

練好正念禪修的基礎，適當地體驗無念的心，無念的禪修就能做得起來。進一步，隨著修行的提升，心的空的力量、明的力量都增長了，念頭也變少了，就可以更多地練習無念的禪修。

五、是茶？非茶？

以茶作為禪修的題材，是佛門的優良傳統。

打開《五燈會元》、《指月錄》，以及《敕修百丈清規》，各種燈錄和叢林清規中，記載著大量通過喝茶來修行，在茶事茶務中禪修的史實。在查閱大量資料時，我發現以茶入禪的傳統做法主要有兩類，一類是散裝的，一類是套裝的。

散裝的，就是禪者們隨時通過喝茶來指點學人，這在禪宗公案中比比皆是。沒有固定儀軌，不拘特殊形式。就像趙州的「吃茶去」，就一句話，「吃茶去」。這一聲「吃茶去」，不是叫你去分辨茶葉的品種名氣，貴賤高低，而是去體會能喝茶的心是什麼，去認識當下純淨的、正在喝茶的心。這個喝茶的心，可深可淺，亦莊亦諧。

能喝好這杯茶，三藏十二部典籍盡在其中。

套裝的，就是要嚴格按照清規禮制，組織縝密、儀軌完備、威儀端嚴、細行恭謹地喝茶，以茶攝心、借茶見性。叢林清規中，關於喝茶的規制、禮儀、流程，融進大小事務，在在處處，無所不見。

在叢林裡喝茶，是禪者們的日常生活，也是指點學人、接引大眾的一部分。喝茶，在禪林裡的影響和作用，早已超越供佛、解渴、待客、養生、提神等功用，喝茶觀心，是禪者的生活常課，也是遍一切時的正念禪修。

禪不是一種形式，而是一種用心。再進一步，是你用什麼心，是禪的心。禪的心是什麼心？就是當下這個清明的、沒有造作的心。這個心我們人人都有，在凡不減，在聖不增，修行要做的，就是去認識它，熟悉它。識得本心，就是修行。

喝茶，可以觀心、識心，生活中的每一件事，每一個當下，也都可以觀心、識心。我們今天的修行，同樣也不只是喝茶。大家現在踐行的正念生活日記，就是把禪帶到日常生活的方方面面，真正地去體會「行亦禪，坐亦禪，語默動靜體安然」。

所以，現在大家要做的，就是從正念禪修日記開始，老老實實地踐行。

禪的心，就在那裡，離我們並不遙遠。

大家好好努力，體會到清明的、沒有造作的心，也不會遙遠。

如何讓觀修得力

——二〇一九年六月開示

緣起

有同修班學員向導師彙報自己的修學情況，並就定課觀修不得力的情況請求指點。針對他所提出的問題，導師作了以下開示。

修行的心理基礎

我們對《入菩薩行論》、《百法明門論》乃至任何經論的修學，都要立足於〈一條道路，九種禪修〉，從心理建設的角度去思考，去認識。比如《入行論》是建設和慈悲相應的心理，《百法》是建設和解脫、智慧相應的心理。

在皈依共修定課中，念死無常、念三惡道苦是引導我們發起出離心，然後推己及人，想到眾生面臨同樣的痛苦，從而發起菩提心。可以說，念苦是修行路上最重要的動力，甚至比七因果更有效。因為七因果必須靠思惟來推導，要落實到心行，往往還隔了一層。而當你真切意識到輪迴是苦，會確認——「我必須修行」。因為不這樣做就沒有出路，只有死路一條，類似倒逼機制。就像人生病後會主動就醫，不需要有誰催促，病苦本身就是最好的提醒。所以我們要如理思惟，建設和修行相應的心理基礎。這是修行能否得力的保障。

時時培養正念

從生活中的吃飯、經行到座上禪修，都要時時培養正念。然後通過止禪訓練心的專注力，主要有兩種方式。一是通過呼吸或某個特定所緣，繫心一境，令心持續、穩定地專注；一是把心打開，把所緣無限放大。後者的入手有些難度，可一旦做起來會很有力量，能直接體會心的無限性。

專注力是為培養覺察力服務的。當心靜下來，會有一種明晰的狀態，對舉手投足、起心動念都能了了明知。心本身具有正知的力量，只是平時都陷入對見分、相分的執著，使這種狀態隱沒不現。從唯識的修行原理來說，把心轉到自證分，就可以觀察自己的見分、相分，即心念活動和心的影象。

我們每天的皈依共修中也有這些引導，讓大家在安住修的環節，審視心的本質。當你通過發心、懺悔、供養、唱誦三皈依等環節，讓心安住下來，能不能體會到內心有一種清明的力量，一種空曠、寂靜的狀態？如果體會得到，就能生起觀照力，看看心是怎麼回事，在哪裡？長什麼樣？

為什麼觀不起來

平常人之所以觀不起來，是因為心沒靜下來，總是在模糊的狀態。就像充滿雜質且動蕩的水，是不能照物的。因為看不清，就無法自主。念頭來了，相關影象來了，我們就會被帶著走，去想些什麼，做些什麼，一會兒進入高興的狀態，一會兒進入不高興的狀態。這些往往是在不知不覺中發生的，整個過程是不清明的。「我高興，我不高興」，聽起來像是「我」在作主，其實不然。否則，我們一定會設法留住高興，趕走不高興。事實上，我們作不了主，只能被念頭控制。

培養正知，就是讓心知道：念頭正在生起，正在消失；又生起，又消失……當心真正安靜下來，對這些變化會很清楚。而這個能知道的也是心——它清楚地知道，心中有念頭生起。此時再去看看：心到底是什麼？是什麼形狀，什麼顏色？

我們通過觀照會發現——心是無形無相的，是找不到的。

為什麼作這樣的審察？平常人陷入念頭時，會覺得念頭很強大，很實在。在某些極端時刻，一個念頭就是你的整個世界，一個念頭也能毀滅你的整個世界，讓你痛不欲生，無法自拔。

念頭到底有沒有這麼大的力量？為什麼我們會被掌控？如果我們不想處在「被控」的狀態，就要審視心的本質，調動心所具備的明晰的力量。只有看清狀況，才能掌握主動。

虛空般的心

心有兩個層面，一是明，了了明知；一是無明，不知不覺。心越清淨，越安靜，明的力量就會越強，反之亦然。

在明的狀態，我們會看到，內心無非是念頭和影象，兩者是相互影響的。所有煩惱都和影象有關，而影象之所以能干擾我們，使我們產生情緒，又離不開觀念。如果只是單純的影象，沒有被賦予某種設定，並不會干擾我們。

心在哪裡？在身內還是身外？當你審視它的時候，就會看到：心不在內也不在外。這個發現打破了我們的常識。平常人往往認為，心是在身體內的，是受自己控制的。然後再進一步審視：心有沒有顏色，有沒有形狀？當你這樣觀照時，念頭會被空掉。

如果心沒有形相，沒有顏色，不在內，不在外，到底像什麼？你會發現，心和虛空有共同的特點，都是無相的。這就是禪宗所說的無相為體。同時，這個無相的心也可以是無限的，無所不在的。

體會到無相、無限的心，正是二祖的安心處。當年二祖找達摩安心，達摩說：「將心來，與汝安。」二祖去找的時候才發現：「覓心了不可得。」原來覺得心有各種不安，但這個不安的心到底在哪裡？根本就找不到。

當心沒有陷入不安，當下就安頓了。這個安頓的，就是你的本心。

了了覺知，不著見聞

心的本質是空的，沒有形相，沒有顏色，不在內也不在外。但這不是虛空的空無所有，不是木頭的一無所知。雖然是空，同時又能清楚地知道一切，這就是心的明性。它和空性是非一非異的，所謂空明不二。

了解這一點，可以通過對念頭的審視，空掉對念頭的執著。比如你坐在這裡，不要專注於一點，沒有想著樹，沒有想著雲彩，沒有想著虛空，也沒有想著什麼人。如果想著任何一點，就會進入意識的狀態。雖然什麼都沒想，沒有任何念頭，但對周邊的一切清清楚楚。雖然清楚，但又不會黏著任何事物。好像看到一切，又沒看到什麼，因為心不是專注在某一點，所謂「不是不見，不是不聞，了了覺知，不著見聞」。

心的明性就像鏡子一樣，山河大地都可以映現其中——「無所不見，無見之見，見遍十方」。這個清楚不是聚焦於某個點，而是一切都看到，一切都沒看到。它不屬於意識，而是在根本智的層面，是不黏著的，和那種帶有設定、經驗值的看到是不一樣的。這就是《壇經》所說的大圓鏡智。

認知、覺知、正遍知

認識到念頭的本質是空，還要進一步體會心的明性。這是最關鍵的。比如你在行禪時，知道自己在走路，知道身體的動作，知道心念的各種活動，同時也知道當下發生的事……像鏡子一樣清清楚楚，但不帶任何分別。如果去分別，馬上會進入意識，而不是觀照。

禪修，就是培養觀照般若，平息無明、妄念。隨著無明和妄念不斷被平息，就會進入實相般若。《入行論．護正知品》也說到這個問題：從認知、覺知、到正遍知，是修行的三個層面。

首先是建立認知，學會分辨是非，知道自己該做什麼，不該做什麼；其次是培養覺知，做每件事都清清楚楚，也知道自己當下的狀態；最後由覺知導向正遍知，這是心本來具足的功能。但凡夫往往處於無明和妄念的狀態，既沒有正確認知，也沒有覺知，而是不知不覺，使遍知被遮蔽，雖有若無。覺知是幫助我們清掃遮蔽的武器，使心本具的功能顯現出來，從觀照般若進入實相般若。這個訓練很重要。

如何檢驗修學效果

我們學皈依、發心、戒律，學各種經論，和禪修有什麼關係，又該如何建立聯繫？比如對法義的思惟，要通過八步三禪來落實，立足於修行的目標和需求，決定怎麼做效果更好。

比如《入行論》提供的很多修行，一是在於建立認知，一是在於調整心行。通過聞思，把法義理解透了，確認這是有道理的，發自內心地接受這種認識。進一步，還要運用這種認識，對每件事、每個境界保持觀察——我是用固有觀念還是正確認知去認識，是用凡夫串習還是正確心行去對待？從觀念到運用，都要加以觀察，看看自己的心是在輪迴的軌道，還是在解脫的軌道。

進一步，還要通過這些方法，把不同階段所學的內容統一起來。修學不是一個點，而是一條路。把學到的各個點連起來，才能導向菩提路。

修行也要去中心化

皈依共修的內容雖然有好幾塊，其實是有中心的。通過對輪迴本質是苦、三惡道苦、無常無我的觀修，可以減少對世間的貪著，弱化凡夫心。同時通過《普賢行願品》的觀修，建立無限的所緣。如果體會到心的本質是空，體會到心的無限性，修起來會很有力量。

這種觀想也要延伸到座下。比如在行禪時想像著，自己正帶領盡虛空遍法界的眾生一起行禪，走向覺醒。首先想著東西南北、十方上下，每個微塵都是無量無邊的有情。當你建立這樣開闊的所緣和視野時，會明顯感到，此刻的心很空曠。當心空曠而沒有陷入任何焦點時，就是清明的，無限的，可以體會到自己與眾生是一體的。

現在我們強調去中心化，有三個過程：一是單一中心，比如企業的董事長就是中心；二是從一個中心變成多中心管理；三是從多中心過度到沒有中心。修行也是同樣。凡夫都是以自我為中心，而且是絕對的中心。學佛要捨凡夫心，就是把這個中心擴大，當它擴大到無限，就沒有中心了。因為中心是依二元對立形成的，一切以我為中心時，非我就是中心以外的部分。當心徹底打開，就不再有我與非我的界限。這就是無我、無相、無限、無分別。這樣的心，才能真正和修行相應。

定課中如何安心

——二〇一九年春講於甘露別院

問：觀修佛陀功德的作用是什麼？定課時如何讓心安住？

濟群法師：

我們在課程中學過，佛陀有身業的功德、語業的功德、意業的功德。但當心安住時，要和這麼多功德發生連結，總覺得有點抽象。

我們想到一個人，通常會落到形象上，以此作為觀修所緣境，令心安住。就像我們想到這個杯子，杯子的影象立刻呈現眼前，也可以安住。為什麼能記住杯子？因為對它很熟悉，有深刻印象，否則是觀不起來，也無法安住的。同樣，如果我們和某人沒有太多交集，對他沒有印象，是無法作為觀修所緣境的。

思惟佛陀功德的作用也在於此。當我們的思惟全面而深入，再觀修時，佛陀的形象就不再單薄。那麼，心關注這個影象時就不會散掉，不會跑到其他念頭中。可以說，對佛陀功德的思惟越清楚，對心的「吸引力」就越大，越容易持續、穩定地專注。

如果沒有這種力量把心定住，念頭就會此起彼伏，無法聚焦。那樣的心是動蕩的，不明晰的，不能達到定課應有的效果，更不能進一步修定發慧。

除了觀修，我們還可以憶念佛陀名號，輕輕念著「佛陀，佛陀」，以此令心安住。名號也是起到輔助作用，讓心不會散掉，不會被各種情緒、想法帶著跑。就像禪宗的《牧牛圖》中，怎麼讓牛不到處亂跑？要找東西把它拴住。跑了就拉回來，繼續拴住；再跑就再拉，再拴住。當牛習慣這種狀態，即使不拴，也不會亂跑。

憶念名號的作用，就是把心安住於此，不模糊，不散亂，不動搖。當然這個點要有一定力量。如果拴的力量太小，牛的力量太大，還是容易跑掉。

當心安住之後，才會產生觀照力，才有能力審視自己的心——心是什麼？當你審視自己的心，在審視的當下，心念就會被空掉，體會到心的無相、無限、了不可得。這樣的心，就是我們本來的心，和佛菩薩的心是無二無別的。

這種審視必須以止的訓練為前提，否則是沒能力看清的。

問：安住佛陀名號時，心到底落在哪裡？是耳根專注於聲音嗎？

濟群法師：

憶念「佛陀，佛陀」，關鍵是讓心安住。即使是默念，其實內心也是有聲音的。要把心專注於此，對這個聲音了了明知。就像在心靈海洋中，只有這麼一個目標——你清清楚楚地聽到這個聲音產生，消失；再產生，再消失……

其實聲音也是方便。通過對聲音的專注，幫助你把心靜下來，認識到本具的清淨心，這才是重點。所以當你通過專注，心已經穩定，就不需要再提名號。但如果心散掉，就要再作這樣的提醒。所以它是一種止的訓練，是修觀的前提。

問：安住在佛陀名號就是讓心聚焦，定在這裡，然後再找心在哪裡，認識到心是無形無相的，是從一到無限的訓練過程，是這樣嗎？

濟群法師：

心有兩個層面，一是念頭的層面，一是無念的層面。就像大海，在起伏的波濤下，還有平靜的深海。通過訓練專注，是讓洶湧的念頭平靜下來。就像水，如果總在動蕩，其實什麼也看不清楚。但保持平靜之後，水就會變得清澈，其中的所有東西都能看得清清楚楚。

你會發現，內心有這個念頭，那個念頭，不絕如縷。其實沒關係，你不必討厭它，牴觸它，只是保持「知道」就可以了。因為這些念頭是無自性的，是沒有根的，只要不去發展它，是沒多少力量的。但前提是你能看清楚，如果看不清，只要一個念頭生起，你就立刻會跟著跑，甚至把它當作全世界。

問：說到佛菩薩加持，能真切感受到這種加持。但自己在觀想時，比如「帶領無量眾生」，總像在做什麼事，有點造作的感覺，也很用力。佛菩薩的加持會用力嗎？

濟群法師：

修行修到一定時候，你也能體會到佛菩薩那種沒有造作的心。但從有造作到沒造作，是有過程的。真正通達空性，必須進入不造作的層面。但作為凡夫，想通過修行改變自己，必須集資淨障，做很多事來轉化內心的生態環境，這個過程需要造作。

但也不能太著相，否則就會變成掉舉，甚至會焦慮。所以這種造作要盡量無所得，不要進入我執，覺得我怎樣怎樣；也不要進入法執，不能帶有太強的功利，或是過分執著結果。

所以造作過程中也要有智慧，要以智慧觀照每個造作的時刻，不陷入其中，逐步過度到不造作。那麼做再多的事，也和沒做一樣，就不會累。因為你內心沒有負擔，沒有掛礙。

《金剛經》中，菩薩發阿耨多羅三藐三菩提心，廣泛利益眾生，但在做的過程中，佛陀始終有兩種提醒：一是「無我相，無人相，無眾生相，無壽者相」，只要進入四相，就是凡夫而不是菩薩。一是做任何事情時，都以「所謂……即非……是名……」來看待，看到這個對象在勝義諦上是空的，了不可得。對自己所做的一切事，對佛法修行乃至佛陀果位，都要超越有所得的心。

尋找心的本來

——講於四祖寺生活禪夏令營

學習任何一部經典，首先要知道它的重點是什麼。

很多人可能覺得，重點就在於法的本身，在於經教，在於功課。於是乎，每日埋首於經典，精進於禪堂，卻忽略了自己——這個學法的人。事實上，佛法真正的重點不在別處，正是在於我們自己，在於這個能夠聞法、修道、證果的人。

學法，不是為了獲得某些知識，而是引導我們更好地了解自己，改善生命。我們想從輪迴中走出，從混亂的凡夫心走出，是需要方法的。這個方法就是佛陀為我們施設的經教和法門。

所以，祖師將三藏十二部典籍喻為草鞋。乍一聽，似乎大不敬，其實卻一語道出了經教的真正作用。我們知道，穿上草鞋是為了走路。同樣，經典也是幫助我們行進在成佛之道的一種方便，一個工具。如果僅僅把研究教理當作目的，就失卻經典應有的價值了。

禪宗有部著名的語錄，名《指月錄》。所謂指月，即以指標月，其目的，是通過手指望見月亮所在。但若執著於手指，甚至將手指當作月亮，那麼不僅會對月亮視而不見，同時也不能正確認識手指。

《金剛經》中，佛陀也有類似比喻：「如我所說法，如筏喻者，法尚應捨，何況非法？」告誡弟子：我所說的法就像舟楫一樣，一旦到達終點，就要棄船登岸，而非死守其中，否則反將為之所累。經教的作用，也是搭載我們從生死此岸抵達涅槃彼岸。在修學途中，我們不能沒有航船，否則就寸步難行。但若執著於此，同樣會故步自封，功虧一簣。

面目模糊的主人

所以說，學法的重點是幫助我們認識自己。佛教的一切法門，一切經典，無非是要完成這一任務。這在禪宗表現得尤為突出，禪和子們每天坐在那裡做什麼？參話頭——參念佛是誰，參一念未生前本來面目，參父母未生前本來面目。這是對自己最深層的認識，是透過表象看本質式的認識。

我們每天最關心的人是誰？一定是自己。或許有人會說：父母對兒女的關心往往勝過自己。其實，那只是把兒女視為自己的延伸，根源還是在於自己。但我們是否考慮過，究竟什麼代表著你？身分代表著你嗎？身分是會改變的；相貌代表著你嗎？相貌是會衰老的；財富代表著你嗎？財富是會增減的；角色代表著你嗎？角色是會更換的；名字代表著你嗎？名字是能重起的。

如果這些都能代表你的話，父母生下你之前，你有角色嗎？你有相貌嗎？你有財富嗎？你有名字嗎？你有今生執著不捨，視為自己象徵的種種東西嗎？——我們是否思考過這些？是否追問過這些？

顯然，在我們出生之前，這些東西都不存在。也就是說，我們現在認定為「我」的種種，不過是生命延續過程中的一些積累，一些暫時現象。換言之，它們是客而不是主，不能真正地代表你。

念頭的背後

人活在哪裡？其實，並不在我們所以為的現實世界，而是在各自的念頭中。所謂念頭，就是通常所說的想法或心理活動。這些想法一念接著一念，像奔湧的波濤一樣，驅使我們去愛，去恨，去忙忙碌碌，去隨波逐流。

這些心念從哪裡來？就佛法觀點來看，心念也是緣起的產物，是往昔生活的積累，《楞嚴經》稱之為「前塵影事」。如果執著於事業，就會時時圍繞事業進行思考，日積月累，使相關念頭占據內心主導。此外，我們對家庭、感情、權力乃至世間一切的執著，都是這樣不斷培養而來的。

但念頭並不是一以貫之的，其中沒有必然的連續性。我們看到喜歡的人或事，貪心會隨之生起；看到討厭的人或事，嗔心又會隨之生起。如果我們注意觀察的話，這種轉換是迅速而又頻繁的，可謂念念都是無常，時時隨境而轉。

那麼，在這些接踵而至的念頭之間，究竟有沒有空隙，有沒有間隔呢？其實是有的。只是因為變化太快，所以我們幾乎感覺不到。更看不清，在這些不斷閃爍的念頭之外還有什麼。

所以，我們不僅要對每個念頭的狀態了了分明，更要去認識，念頭背後的那個究竟是什麼？或者說，前念已過、後念未起之間，是什麼狀態？

妄心的差別

心包含兩個層面，一是念頭的層面，即佛法所說的妄心；一是念頭以外的層面，即與妄心相對的真心。所謂妄，就是身心的虛妄現象。關於此，唯識宗歸納為八識五十一心所，闡述得極為詳盡。八識，為眼識、耳識、鼻識、舌識、身識、意識、末那識和阿賴耶識。其中，前六識屬於意識的範疇，是我們可以感知的。第七末那識和第八阿賴耶識則屬於潛意識的範疇，是我們感知不到的心理活動。根據玄奘三藏所傳的唯識思想，認為八識都是虛妄的。而按真諦三藏翻譯的早期唯識論典，則認為八識有真有妄，在妄心背後，還有真心的存在（則提出九識，認為八識外還有清淨的阿摩羅識）。

雖然心有真妄兩個層面，但凡夫都是活在妄心中。所以我們首先要了解現前的心行狀態，否則就無法擺脫妄心，甚至會顛倒黑白，認賊為子。就像永嘉禪師《證道歌》所說的那樣：「損法財，滅功德，莫不由斯心意識。」

進而要了解潛意識的部分，這是一切心行活動的源頭所在。其中，第七識是凡夫人格建立的基礎，它的最大特點是以自我為中心。而第八識的作用在於執持這個生命體，使我們能夠說話、走路，能夠學習、工作。一旦識離開，身體就嗚呼哀哉，成為一具冰冷的屍體了。

唯識宗的修行，主要是從現前的妄心入手，幫助我們認識妄心以及它的種種特徵，認清它給生命帶來的痛苦和潛在危害。然後通過聞、思、修次第而行，最終轉染成淨，轉識成智。這也是教下修行的常規路線，區別只是見地和修證方法。

現成的覺性

此外，佛教還有關於如來藏的系統，側重從真心進行闡述。印順法師曾將大乘佛教分為三系，一是虛妄唯識系，即從妄心著手修行；二是性空唯名系，即了知一切法空無自性；三是真常唯心繫，代表經論有《如來藏經》、《涅槃經》、《大乘起信論》等，認為一切眾生皆有佛性，只需開發這一覺悟潛質，便萬法具足，無須造作了。

六祖的悟道，正是因為這種覺性被激發、被開啟。《壇經》記載，五祖為惠能傳《金剛經》，至「應無所住而生其心」時，六祖言下大悟，徹見一切萬法不離自性，對曰：「何期自性，本自清淨；何期自性，本不生滅；何期自性，本自具足；何期自性，本無動搖；何期自性，能生萬法。」

此處所說的自性，即菩提自性，是本來清淨的。成佛後固然清淨無染，即使在現前的凡夫狀態，其本質依然是清淨而非染汙的。就像虛空，雖然雲卷雲舒，電閃雷鳴，它又何嘗有過絲毫改變？

而且這一自性是我們本自具足的，不假外求。修行不是去造飛機，不是去做事業，不是去成就任何外在的什麼。因為我們所要證悟的佛果是現成的，是圓同太虛而如如不動的，不會隨外境的改變而改變。不僅如此，它還能出生萬法，顯現大千世界的一切現象。當然，這種作用因人而異——於聖者，是妙用；於凡夫，是妄用。

凡聖之別

為什麼會有這樣的凡聖之別？為什麼佛性本來清淨，眾生又會一念不覺，乃至念念不覺？為什麼佛性本來具足，我們又會淪為凡夫，流轉六道？

須知，眾生固然具有本來清淨的佛性，但同時還有無始無明。因為這種無明的阻礙，佛性就不能直接產生作用。就像透過哈哈鏡呈現的萬物，都是被扭曲的，被誤讀的。同樣，當無明遮蔽我們雙眼時，一切顯現都會因此帶上自我的烙印。

眾生具有的佛性，也是透過無明顯現的，是虛妄而非真實的作用。佛經中，將之比喻為貧女寶藏。

就像名下有著億萬家產卻不自知的乞兒那樣，還是身無分文地流落街頭。如果我們的自家寶藏得不到開發，也是雖有若無，毫無作用的。

那麼我們就甘於現狀嗎？就不想找到原本屬於自己的寶藏嗎？雖然我們現前是凡夫，是無明而顛倒的，但在這動蕩的妄心背後，還有著從未起用的真心，也就是覺性。《壇經》的修行，正是建立在這一見地之上，告訴我們：每個眾生都具有菩提自性，具有成佛潛質，在生命的某個層面，和諸佛是無二無別的。

這是《壇經》傳達給我們的最為重要的資訊。如果不具備成佛潛質，修行就失去意義了。就像畫餅不得充飢、蒸沙不能成飯那樣，如果生命內在沒有相應潛質，成佛，不成了一句自欺欺人的空話嗎？

但用此心，直了成佛

在漢傳佛教中，《涅槃經》有著重要地位，為我們確立了修行的信心，成佛的信心。禪宗之所以能在中國迅速傳播，盛極一時，與《涅槃經》奠定的「一切眾生皆有佛性」的思想基礎是分不開的。

教下的經典告訴我們：成佛要歷經三大阿僧祇劫，要積累無量福慧資糧，實在是一個難以想像的漫長過程。我們仰望佛陀，功德無量，智慧圓滿；反觀自己，愚下凡夫，罪業深重。跨越這樣的差距，就像一隻螞蟻要開始環球旅行那樣，足以讓人氣餒，讓人望而卻步。

而禪宗卻告訴我們，佛與眾生之間並沒有難以逾越的障礙。其區別，不過是在迷悟之間，所謂「前念迷即是眾生，後念悟即是佛」。當然，這個佛和圓滿福慧資糧的佛是有距離的。但所證悟的，正是諸佛之所以為佛的根本，在某個層面已和諸佛無別。
《壇經》所說的「煩惱即菩提」，也是從這個意義而言。因為所有煩惱的原始能量，都來自覺性，是它被無明扭曲後產生的妄用。修行所做的，就是一項能量回收的工作。當我們安住於覺性時，才能把轉化成煩惱心理的能量回收起來。否則的話，煩惱就是實實在在的煩惱，與菩提了不相干。

著境還是離境

那麼，煩惱怎樣才能轉為菩提呢？《壇經》還告訴我們：「前念著境即煩惱，後念離境即菩提。」眾生為什麼會執著外境？為什麼會隨外境變化而變化？原因就在於，我們的心被妄念左右。一旦安住於覺性，自然具備無住的功能，具備不執著的功能，即經中強調的無住為本。
而當我們處於妄心狀態時，即使告訴自己「不必執著」，告訴自己「看破放下」，也是難以奏效的。因為妄心是有黏性的，只要和外境有所接觸，立刻就會被黏住，被糾纏——對所愛起貪，對非愛起嗔。內在的貪嗔種子越強壯，對外境的變化越在意，由此培養的黏性就越強，潛在的傷害也越大。可見，外境是否會成為煩惱的增上緣，關鍵在於心對境界的反應，在於著境還是離境。
所謂離境，不是要逃離環境，因為那是逃不掉的。即使捨俗出家，只要內心還有執著，依然會出一家而入一家，依然會被外境所轉。我們要離的，是對外境的黏著，從而對境界保持清清明明的觀照，就像鏡子那樣，物來影現，物去影滅。
無住的心，就具有鏡子般的功能，可以朗照一切而纖塵不染，片甲不留。這就是《壇經》所說的「一真一切真，萬境自如如」。

真假的對照

禪宗修行很重視見地，也正因為它的修行是建立在至高的見地之上，是直接從體認覺性入手，所以才能找到一條有別於漸修的頓悟之道。

之前說過，佛和眾生的區別就在於迷悟之間，在於真妄兩套不同的心靈系統。真，是眾生具足的覺性；妄，是無明製造的自我替代品。那麼，真實和替代品的差別是什麼？這就需要了解覺性的特徵。

覺性的主要特徵，是圓滿、喜悅和寂靜。所謂圓滿，是無須任何依賴即可獨立存在。所謂喜悅，是源於生命內在的能量，不論順境逆境，這種喜悅都會源源不斷地傳遞出來，故曰「涅槃第一樂」。所謂寂靜，則是平息身心躁動的強大力量。一旦安住於覺性，即使掄刀上陣，縱情聲色，內心依然波瀾不起，澄澈寂靜。所以，祖師在見道後往往要歷境練心，用來考量一下自身的修行功夫。

而對凡夫來說，不必說滾滾紅塵，哪怕在無聲的環境中，內心仍會動蕩不安，仍會此起彼伏地現起各種情緒。因為我們無法看清真相，無法了解生命的真正需求，所以就會四處攀緣，把角色、地位、財富等種種非我的因素當作是我，當作是安身立命的支撐。這種依賴一旦建立，就會發展為需求，驅使我們為之效力。

需求帶來的危機

我們對世界的每一種需求都是自己培養出來的，是環境培養出來的。尤其是今天的人，需求似乎比以往任何一個時代更多，更大。一方面，我們自己在不斷製造需求；另一方面，社會也在製造引發需求的誘惑。當我們被誘惑之後，需求就產生了；當我們被反覆誘惑之後，需求就被強化為必需了。

因為需求增多，我們就要為滿足這些不斷加碼的需求而奔波。所以，現代人普遍活得很累。當我們有十種需求時，要為滿足十種需求而奔忙；當我們有一百種需求時，就要為滿足一百種需求而奔忙。我們的精力是有限的，但需求會無止境地發展。不必多久，就會使我們在忙碌和追逐中心力交瘁，疲憊不堪。

當生活有了更多便利時，我們卻比以往更累，也更脆弱。我們依賴的支撐越多，潛在的不安全因素也就越多。因為在每一種需求中，都伴隨著需求無法滿足時帶來的恐懼、不安和痛苦。今天的人，離開電腦、手機會覺得格外不便，其實僅僅在十年前，我們根本不會有這些煩惱，不會有求之而不得的痛苦。電腦和手機如此，世間的一切需求莫不如此。

所以說，製造需求，就是在製造潛在的恐懼、不安和痛苦，製造隨時可能爆發的危機。

迷妄系統的建立

當我們迷失覺性後，會對自己產生一系列的錯誤設定。究竟什麼是我？其存在基礎是什麼？作為我的存在，其實並沒有固定不變的基礎。因為沒有基礎，這個我就會像藤蔓一樣向外攀附，尋找依託對象。

我們最容易產生的誤解，是把身體當作是我，這是我們在世間最為熟悉也最為密切的部分。此外，我們還會把相貌當作是我，把角色當作是我，把地位當作是我，把財富當作是我——問題是，這一切都是無常的，是處於變化中的。所以，無論我們抓住多少，還是無法感到安全，感到釋然，因為抓住的依然是無常。

為了維護這份岌岌可危的安全感，我們就會製造一些看似可靠的支撐。其中最主要的，就是自我的重要感、優越感和主宰欲。

首先是自我的重要感。其特點在於，凡與我有關的都特別重要，這是自我存在的關鍵。因為這個自我是由我們設定的，是無中生有地搭建起來的，它需要支撐，需要鞏固。所以，我們就會本能地強化它的重要性，以為這樣就會使自我得到保護，不被無常所擊垮。

其次是自我的優越感。自我的存在，還需要通過對比來找到座標。有了我執之後，我們就和眾生、和世界分離了。為了在這樣的對壘中站穩腳跟，使自我不至因為孤立而倒塌，我們會通過不斷貶低別人來凸顯自身的優越，來確認自我的存在。

第三是自我的主宰欲。這是通過對他人的占有和主宰來擴張自我的領域，就像打仗需要盟軍支持一樣，在自我發動的這場戰爭中，它也需要援助，需要有更多追隨身後的附屬，以此增強自信。所有這些都是我執慣用的把戲，是它賴以生存的精神食糧。

一場奇怪的遊戲

我們現在的人格，一刻不停地玩著這些花樣。但在玩的過程中，是不是就安全了呢？是不是就能消除迷失覺性帶來的不安呢？

我們知道，電腦需要不斷地更新系統補丁，來彌補運行過程中產生的種種問題。其實，迷妄的生命系統一旦運行起來，會比電腦更頻繁地出現漏洞。只要生命系統還在運行，問題就會層出不窮。因為在自我進行表演的同時，現實正在不斷地戳穿這些把戲，不斷展示無常的真相。我們希望身體永恆，但任何色身都會日漸衰老，都會奔向死亡，這是我們無法迴避、無法視而不見的真相。

而從修行角度來說，這正是自我鬆綁的良機。我們所要做的，不是去阻止這種變化，不是去抵抗無常侵襲。恰恰相反，我們只須正視這一切。我們執著什麼，就會被什麼卡住。而它發生變化時，自我就因失去依託基礎而懸空了，脆弱了。如果用力準確，我們就能一擊而中，瓦解自我。

但我們往往不懂得這一點，當這個東西抓不住時，就本能地去抓另一個作為替補，用來掩飾真相，用來安慰這個受到挫折和驚嚇的自我。殊不知，我們能夠抓住的，都不過是自我的替代品。我們放棄很多認識自己的機會，卻把今生乃至生生世世的時間都用來加固一個破綻百出的假我，這是場多麼奇怪的遊戲啊！

情到深處人孤獨

雖然我們刻意地迴避真相，但在內心深處，其實知道這些是無法永恆的，是怎麼抓也抓不住的。我們看到很多人死亡，看到很多公司破產，看到很多官員落馬，看到曾經年輕的人日漸衰老，看到曾經健康的人臥病不起，即使這些尚未發生在自己身上，但由此帶來的危機感，總會或多或少地對我們產生衝擊，使內心蒙上陰影。

我們已經習慣依託外在世界來生存，習慣於家庭、親人的陪伴，當這些外境不復存在，或者，當我們與這些外境產生疏離感時，孤獨就撲面而來了。它像一個看不見的對手，時而在夜深人靜時行動，時而在人聲鼎沸處潛入。你曾被它擊中過嗎？曾被它折磨過嗎？

有句話叫作「情到深處人孤獨」。一切的愛戀，一切的目標，只有在我們埋頭追求時，才顯得格外真切。一旦停下腳步，卻會發現，曾經那麼確定的目標，終究是場夢幻；曾經那麼堅實的依靠，不過是個泡沫。在這樣的時刻，我們會覺得，一切生命其實都有著原始的、難以排遣的孤獨。

這種孤獨感的根源，也在於我們找不到自己，不知道生命的本來面目。在我們的錯覺中，我就是我，眾生就是眾生，世界就是世界。當這一切分離時，我們會感到，自己永遠是在四顧茫然中踽踽獨行。不管家人對你多好，不管事業做得多大，當你離開這個世界時，還是獨自一人，兩手空空。

所以，生命始終伴隨著恐懼感、失落感和匱乏感，擔心我們抓住的東西會失去，更擔心自我會因此受挫——當所有這些漸行漸遠，哪裡又是「我」的安身立命之處呢？

無我，無了什麼

我們現有的人格屬於妄心系統，是由無明構建的一套替代品。它主要體現在兩個方面，一是自我存在的方式，一是認識世界的模式，兩者都是基於對自我的錯覺而形成。

修行，就是要瓦解現有的扭曲人格，使覺性得以開顯，其方法有頓漸之分。禪宗的頓悟法門，是直接建立於覺性之上。而教下的漸修法門，則是從現有的妄心入手，從了知苦空無常來瓦解執著，證得無我。

許多人會對佛法所說的無我感到迷惑：如果這個不是我，如果這裡沒有我，那麼我究竟是誰？我又該怎麼生活工作，怎麼存在於世？這正是世人對佛教產生誤解的原因之一：如果連我都要無掉，那不是消極是什麼？

其實，佛教所說的無我，不是否定你的存在，更不意味著這個色身的消解。而是要說明：我們現在所認定的、代表我的東西，並不是真正的我，只是我們的次人格，是對自己的最大誤解。所以，需要去除的只是對自己的錯誤設定和執著，以及種種本來不屬於「我」的標籤。

不覺的傷害

祖師云：「夢裡明明有六趣，覺後空空無大千。」在這個變化莫測的世界，一切似乎都很熱鬧。但這種熱鬧不過是一場夢幻，一場鬧劇。所謂的我，以及我所抓住的種種，乃至我們生存的這個世界，無非是妄想製造的種種花樣。從本質上說，根本就不存在。

或許有人會說，既然它是夢幻，不如及時行樂，不如為所欲為。但我們要知道，在現有生命狀態下，那些由錯誤設定產生的煩惱心行，乃至由此形成的病態人格，不僅會給我們帶來傷害，而且還是持久的傷害。

我們陷入貪嗔之心帶來的痛苦時，說再多的空，似乎都放不下，都解決不了什麼問題。也有人因此產生懷疑：痛苦明明這麼真實，哪裡空得掉啊！這是因為，我們是在不覺而非覺的狀態，即使我們知道空，知道放下，但知道的只是概念，實際上是根本用不起來的，所以依然會痛，依然會苦，依然會被煩惱折磨。

所有煩惱的原始能量都來自覺性，是它被無明扭曲後產生的妄用。修行所做的，就是一項能量回收的工作。「煩惱即菩提」，也正是從這個意義而言。否則的話，煩惱就是實實在在的煩惱，是與菩提了不相干的。

修學的常道

在教下的修行中，最基本的套路是從妄心著手，依戒定慧漸次而修。

戒所做的，是按佛陀制訂的行為規範來調整，通過對行為的糾正，阻止各種不良心理串習的延續。因為心和行是密切相關的，行為的清淨如法，有助於心的清淨。

定所做的，則是制心一處，令妄念逐漸降伏，不再紛紛擾擾，動蕩不安。很多時候，我們雖然身處安定的環境，甚至有了戒的保護，但內心還是「沿流不止問如何」，這就要用定來做一番簡化功夫。就像水，本身雖有照物功能，但它必須是清澈而非渾濁的，必須是靜止而非奔湧的。定的作用，就是幫助我們將水中的汙濁沉澱下去，使之平靜而澄澈。

但定只能使煩惱不起現行，真正能夠斷除煩惱的，還是般若智慧的力量。所以，在得定之後還要發慧，要在定的基礎上再來修觀。通過般若正觀，啟動內在的覺悟力量。

教下所說的般若，包括文字般若、觀照般若和實相般若。文字般若即諸佛及弟子所說的一切教法，能幫助我們獲得正見，認識到現有人格及由此開展的世界具有苦、空、無常、無我的特點。當我們從這些角度觀察世界時，原有的執著就會逐漸弱化。

觀照不是讓我們去選擇什麼，排斥什麼，而是如實地認識它，接納它，同時又不黏著其上。心本來就具備觀照功能，即使在意識層面，也蘊涵著觀照力，它是屬於慧心所的作用。佛法所說的觀照般若，則是要我們保持覺察，對起心動念和外在變化了了分明。在觀照過程中，令妄心逐漸平息，開啟實相般若。

具足萬法的自性

禪宗的修行，則是直接建立於覺性之上。和教下的修行相比，更為直接，更為簡明。

如皈依三寶，教下主要是強調住持三寶，側重外在引導，而禪宗強調自性三寶。所謂自性三寶，即與佛法僧對應的覺、正、淨。覺，是覺性；正，是通向解脫的道路；淨，是覺性具有的特點。那麼，又該如何皈依自性三寶呢？《壇經》告訴我們：「自心歸依覺，邪迷不生，少欲知足，能離財色，名兩足尊；自心歸依正，念念無邪見，以無邪見故，即無人我貢高，貪愛執著，名離欲尊；自心歸依淨，一切塵勞愛欲境界，自性皆不染著，名眾中尊。若修此行，是自歸依。」

再如《壇經》對法報化三身的詮釋，也有別於教下經典。經云：「清淨法身，汝之性也；圓滿報身，汝之智也；千百億化身，汝之行也。」清淨法身是什麼？是覺性代表的空性力量；圓滿報身是什麼？是無欠無餘的覺性；千百億化身是什麼？是覺性的無量妙用。所以說，法報化三身同樣沒有離開我們的覺性。

至於戒定慧的修行，依然是建立在覺性之上。經云：「心地無非自性戒，心地無痴自性慧，心地無亂自性定。」因為覺性就具備無非、無亂、無痴的特點，倘能安住於此，還有什麼不是道用，不是修行呢？關於這一原理，六祖在《壇經》中還有很多開示，如「心平何勞持戒，行直何用修禪」、「菩提只向心覓，何勞向外求玄，聽說依此修行，西方只在目前」等等。可見，無論持戒還是修定，都離不開心的作用。

無念為宗，無相為體，無住為本

《壇經》中，將禪宗修行歸納為「無念為宗，無相為體，無住為本」三大要領。

所謂無念，是說覺性不以念頭的方式出現，其作用為遍知。這也是佛陀十大名號之一，即了知一切，映現一切。但這個無念的體和念頭又是不相妨礙的。在修行之初，固然要平息念頭。一旦體認無念之體後，不妨起心動念。此時，就可以念而無念，可以分別一切而無所執著，所謂「能善分別諸法相，於第一義而不動」。

所謂無相，是說覺性不以任何相的方式出現。和無念同樣，這種無相和有相也不是對立的。事實上，我們可以由相的當下去體認無相，因為它是超越一切相，而又顯現一切相的。

所謂無住，是說覺性具有無住的功用，就像鏡子一樣，沒有什麼物體可以黏著其上。它只是如實地顯現一切，不會對外境有美醜好惡的分別，也不會有貪戀或嗔恨的情緒，更不會選擇或排斥什麼。它接納一切，卻從不留戀什麼。

禪宗的「平常心是道」，說的也是這個原理。所謂平常，並不是常人現前的心。因為凡夫心是充滿是非、曲直、人我的，相對佛法所說的平常，是極不平常的。真正的平常，是來自覺性的作用。

這種平常也體現在《壇經》特殊的用心方法中。經云：「此門坐禪，元不著心，亦不著淨，亦不是不動。若言著心，心元是妄，知心如幻故，無所著也。若言著淨，人性本淨，由妄念故，蓋覆真如。但無妄想，性自清淨。起心著淨，卻生淨妄。」

如果我們執著這個心，執著這個淨，本身都是妄心的作用，是與修道相違的。所以，在體認過程中不可帶有取捨和選擇，只須如實觀照即可。因為覺性已具足一切功用——這正是禪宗直指人心、見性成佛的前提，是它之所以成為修行捷徑的前提。

向觀音菩薩學習

——二〇一〇年講於西園寺大覺堂

今天是觀音菩薩成道日。這幾天，各地信眾多半會到寺院敬香禮佛，西園寺也是人山人海，香火鼎盛。相信大家入寺時已經感受到這種「熱烈」的氣氛。江南人喜歡大把燒香，甚至有人將成百箱的香搭成高高的香塔來燒。但他們惟求量而不求質，結果燒起來濃煙滾滾，氣味刺鼻，也不管菩薩是否接受，只是一廂情願地燒著。

事實上，這並不是正確的紀念方式。大量香火使寺院煙霧繚繞，空氣嚴重汙染，也使生活其間的出家人備受困擾。另一個嚴重問題是，到處扔著香的包裝，部分還印有佛菩薩像和名號。且不說給環境帶來問題，這種「把香一點，袋子一扔」的行為，究竟是在祈福還是造業？這麼做，與其說是表達了虔誠，不如說是反映了對學佛的無知，同時還隱含強烈的貪著和所求，是凡夫心而非清淨心的體現。這樣一種方式，既不能和佛菩薩相應，也不能使自身得到成長，還會給外人帶來「佛教是迷信」的觀感，可謂問題重重。

對於信眾來說，如何在這些殊勝的日子表達虔誠？作為寺院來說，如何通過如理如法的紀念活動，引導大眾建立正信，起到憶念三寶、見賢思齊的作用？這就需要認識到：我們為什麼要信仰佛菩薩？信佛不是找一個靠山，而是以此作為學習榜樣。就這個意義而言，對觀音菩薩最好的紀念，不是什麼外在形式，而是了解菩薩的發心、行持、功德，踐行菩薩的法門，由此圓滿菩薩的品質，並最終成為觀音菩薩。

這才是菩薩的本懷，也是佛陀出世的本懷。

佛教中有很多菩薩，其中，觀音、文殊、地藏、普賢是我們最為熟悉的四大菩薩，分別代表菩薩成就的不同品質——觀音菩薩代表大悲，文殊菩薩代表大智，地藏菩薩代表大願，普賢菩薩代表大行。當然這並不是說，觀音菩薩除了大悲就不具備其他品質，而是以大悲最為突出，同時以種種方便為眾生開示，引導眾生修習大悲。其他菩薩亦然。

那麼，怎樣學習菩薩的行持和法門？現在很多人把誦經作為學佛的主要方式，可我們想過沒有，經到底是念給誰聽的？念給佛菩薩聽嗎？佛菩薩是不需要聽的。如果是念給自己聽，意義又在哪裡？

事實上，誦經的關鍵在於，了解其中闡述的修行內涵、法門和原理，進而依教奉行。如果純粹把它當作功課，有口無心地念一念，雖然也能種點善根，但對誦經蘊含的意義而言，實在是微不足道的。所以我們要了解敬香、禮佛、誦經的真意，把對佛菩薩的紀念，昇華為對修行具有實際意義的紀念。

「千江有水千江月，萬里無雲萬里天。」月亮為什麼能映現水中？因為水是清淨的。同樣，必須是清淨的心，才能和佛菩薩感應道交。很多人信仰觀音菩薩，可我們問問自己：對菩薩有多少了解？和菩薩的行為是否相應？如果不了解、不相應，只是根據個人需要求求拜拜，就會流於盲目和迷信。

如何才能和佛菩薩相應？首先要虔誠，這是成就清淨心的基礎。如果其中夾雜強烈的世俗貪著，這種祈求是不清淨的，無法達到淨化內心的效果。進一步，還要了解佛菩薩出世的目的。佛陀出現於世，是要開示眾生悟入佛的知見，引導眾生行佛所行，證佛所證。

佛陀在菩提樹下成道時看到，一切眾生都有如來智慧德相，都有成佛的潛力。這是生命中的無盡寶藏。但眾生因為無明，不知寶藏在身，就如乞丐一般，總是在匱乏中度日。佛陀悟道後說法四十五年，目的就是幫助我們開啟這個寶藏。這也是學佛的重點所在。雖然佛菩薩大慈大悲，能為眾生帶來護佑，但外在加持並不究竟，即使富甲天下，位高權重，對生命也只有暫時的意義，甚至會因這份名利地位，更有條件造作不善業。所以學佛關鍵是生命內在的改變，而不是外在保佑。

今天的講座主要是紀念觀音菩薩聖誕，將圍繞菩薩的身世、名號、修行法門、稱念聖號的意義幾方面，和大家共同學習。只有了解觀音菩薩的發心、功德和出世本懷，我們才能用實際行動向菩薩學習，成就菩薩品質，這才是對觀音菩薩最好的紀念。

一、觀音菩薩的身世

觀音菩薩和中國的緣分特別深，被國人的接受程度也特別高，歷史上就有「家家觀世音」之說，足見觀音信仰之盛。可以說，全世界只要有中國人的地方，就有人信仰觀音、供奉觀音、稱念觀音。普通民眾對觀音菩薩的熟悉程度，甚至超過了本師釋迦牟尼佛。不過，人們雖然熟悉觀音菩薩的各種造像，知道菩薩大慈大悲，尋聲救苦，卻往往不清楚，觀音菩薩究竟是什麼身分？是不是像迦葉和阿難尊者那樣，是佛世時追隨本師的弟子？

我們知道，菩薩通常指發起並踐行菩提心的修行者，尚未圓滿佛果。即使登地菩薩，也有初地到十地的不同位次，需要圓滿各個階段的修行。那麼，觀音菩薩也是這樣嗎？其實不然。觀音菩薩久遠劫前早已成佛，只是在大乘經典中又以菩薩的身分出現，包括文殊、地藏、普賢等諸大菩薩，都是釋迦佛宣說大乘經典時介紹給我們的，並不是當時生於印度的佛弟子。

1.《千手千眼大悲心陀羅尼經》的記載

《千手千眼大悲心陀羅尼經》中，講述了觀音菩薩的來歷。佛弟子熟知的「大悲咒」，正是出於此經。經中記載：

一時，釋迦牟尼佛在補陀落迦山，觀世音宮殿，寶莊嚴道場中，坐寶師子座……如來於彼座上，將欲演說總持陀羅尼故……時觀世音菩薩，於大會中密放神通，光明照曜，十方剎土及此三千大千世界，皆作金色。

觀音菩薩示現神通後，為與會的無量菩薩摩訶薩、大聲聞僧、諸天人等講述了「大悲咒」的由來：在過去無量億劫，有佛出世，名「千光王靜住如來」。彼佛憐念一切眾生，特別為觀音菩薩說此「廣大圓滿無礙大悲心陀羅尼」，並授記菩薩「當持此心咒，普為未來惡世一切眾生作大利樂」。菩薩聽聞大悲咒後，即從初地超第八地，故發願以此咒利益安樂一切眾生。接著，觀音菩薩為大眾宣說「大悲咒」，及如法誦持的方法和功德。

聽聞甚深法義後，佛弟子中的多聞第一阿難尊者向釋迦佛請問觀音菩薩的來歷。佛陀告訴阿難：

此觀世音菩薩不可思議威神之力，已於過去無量劫中，已作佛竟，號「正法明如來」。大悲願力，為欲發起一切菩薩，安樂成熟諸眾生故，現作菩薩。

所以說，成佛並不等於退休，還要盡未來際地在十方法界利益眾生，尤其是我們所在的娑婆世界。「娑婆」意為堪忍，因為這個世界有很多天災人禍，人們煩惱重重，生死不定。經中總結為劫濁、見濁、煩惱濁、眾生濁、命濁，又稱五濁惡世。觀音菩薩看到眾生有這麼多苦難，為大悲驅使，倒駕慈航，再以菩薩身示現，發願在此廣度眾生。

2.《千光眼觀自在菩薩祕密法經》的記載

在《千光眼觀自在菩薩祕密法經》中，釋迦牟尼佛告訴我們：「觀自在菩薩為眾生故，具足千臂，其眼亦爾。」進而詳細宣說了觀音菩薩無量無邊的殊勝功德。阿難尊者聽聞後，對菩薩有如此大的功德感到疑惑，所以佛陀又對他說：

> 我念往昔時，觀自在菩薩於我前成佛，號曰正法明，十號具足。我於彼時為彼佛下作苦行弟子，蒙其教化，今得成佛。十方如來皆由觀自在教化之力故，於妙國土得無上道，轉妙法輪。是故汝等勿生疑惑，常應供養。

這段記載也告訴我們，觀音菩薩早已成佛，號正法明如來，曾在過去世當過釋迦佛的老師。正是在他的指點教化下，佛陀才走上覺悟之道。不僅如此，十方如來都是由「觀自在教化之力」，才能證道、說法。

3.《悲華經》的記載

按照《悲華經》記載：無量劫前，阿彌陀佛為轉輪聖王，富有威望且勢力廣大，其太子名為不眴，即觀音菩薩。當時有佛名寶藏如來，為轉輪聖王和太子說法並授記。不眴太子在寶藏如來前發願：

今我以大音聲告諸眾生：我之所有一切善根，盡迴向阿耨多羅三藐三菩提。願我行菩薩道時，若有眾生受諸苦惱恐怖等事，退失正法墮大暗處，憂愁孤窮，無有救護，無依無捨，若能念我稱我名字，若其為我天耳所聞，天眼所見，是眾生等若不得免斯苦惱者，我終不成阿耨多羅三藐三菩提。

寶藏如來也為不眴太子授記說：

善男子！汝觀天人及三惡道一切眾生，生大悲心欲斷眾生諸苦惱故，欲斷眾生諸煩惱故，欲令眾生住安樂故。善男子！今當字汝為觀世音……無量壽佛般涅槃已，第二恆河沙等阿僧祇劫後分；初夜分中正法滅盡，夜後分中，彼土轉名一切珍寶所成就世界。所有種種莊嚴無量無邊，安樂世界所不及也。

我們知道，現在的西方三聖是阿彌陀佛、觀音菩薩、大勢至菩薩。將來阿彌陀佛入滅後，繼任的就是觀音菩薩，號遍出一切光明功德山王如來，且國土比現在的極樂世界更莊嚴。這是觀音菩薩和阿彌陀佛的因緣。

以上，簡單介紹了佛典記載的觀音菩薩的身世。

二、觀音菩薩的名號

觀音菩薩也叫觀世音菩薩，從名號看，和音聲的修行有關。《楞嚴經》中，記載了觀音菩薩耳根圓通的法門：「初於聞中，入流亡所，所入既寂，動靜二相了然不生。」這一方法主要用於個人修行，通過聽音聲，「反聞聞自性，性成無上道」。詳細內容會在下面解說。

《觀世音菩薩普門品》中，主要包含兩項內容，一是菩薩以種種身相慈悲度生，「普門無盡，大悲周遍」；一是尋聲救苦，只要受苦眾生稱念觀音菩薩名號，就能得到救度：「若有無量百千萬億眾生受諸苦惱，聞是觀世音菩薩，一心稱名。觀世音菩薩即時觀其音聲，皆得解脫。」

可見，觀音菩薩的名號有自利和利他的內涵。耳根圓通的修行側重自利，尋聲救苦的修行側重利他。這正是菩薩道修行的兩大面向。因為我們這個娑婆世界有太多苦難，所以觀音菩薩特別受到大家的愛戴。

三、觀音菩薩的修行法門

現在「觀音法門」之名被用得很濫，不少民間宗教、附佛外道，甚至邪教組織，看到「觀音」的名號既有信譽又有市場，紛紛打著這個招牌招搖撞騙。這是我們特別需要警惕，需要加以鑑別的。那麼，「觀音法門」究竟是什麼樣的？在此根據不同經典，簡單給大家介紹幾種。

1．《心經》的觀音法門

佛法修行的目標非常明確，就是於自身圓滿佛菩薩的品質。在修行前，我們的人格和生命品質是以無明為基礎，核心內涵是貪嗔痴。這就注定我們是充滿迷惑的凡夫，注定會不斷地製造煩惱、痛苦和輪迴。如果不改變這種狀況，生命是沒有希望的。因為貪嗔痴沒有盡頭，所以煩惱沒有盡頭，痛苦和輪迴也沒有盡頭。

當我們真正意識到現有生命的過患，嚮往佛菩薩的解脫自在，就要從根本上改變它。學佛是轉凡成聖的過程，轉凡即改變凡夫的生命品質，成聖即成就佛菩薩的生命品質，那就是覺醒和解脫。從現象看，佛和眾生有著天壤之別，但最初的分歧點就在迷和悟的一念之間。迷了就是眾生，悟了就是佛。當然，僅僅開智慧還不夠，必須進一步圓滿慈悲。凡夫的生命是由無明發展而來，由此形成迷惑的系統，造就凡夫的人格。我們了解到這個道理，就知道修行究竟要做些什麼。

《心經》中，「觀世音」被譯為「觀自在」，經文開篇為：

> 觀自在菩薩行深般若波羅蜜多時，照見五蘊皆空，度一切苦厄。

「觀世音」是姚秦鳩摩羅什的翻譯，「觀自在」是唐代玄奘三藏的翻譯，他們都是中國佛教史上最著名的翻譯家。羅什偏向意譯，文字優美曉暢；玄奘偏向直譯，在表達上更為忠實。

菩薩為什麼能自在？關鍵就在這個「觀」字。「觀」，又名毗鉢舍那，即智慧觀照。當我們以觀智審視身心內外的一切，就能擺脫束縛，自在無礙。如何培養觀照力？就般若法門來說，有三種般若，即文字般若、觀照般若、實相般若。

學佛首先要通過聞思經教獲得正見，為文字般若。凡夫為無明所惑，看不清身心和世界，對自己產生錯誤認定，把身分、地位、相貌等暫時擁有的東西當作「我」，進而發展出貪嗔痴，發展出種種錯誤觀念和煩惱。然後又會帶著這些錯誤認定看世界，所見都是被自己處理過的，並不是世界真相。但我們往往執著於此，以為自己看到的就是真實，佛法稱之為我執和法執。這種執著遍一切時、一切處，又稱「遍計所執」，是一切煩惱的源頭。因為煩惱，就會造業；因為造業，就會輪迴。生命的迷惑系統就此開展出來。

佛法強調如實見，就是引導我們擺脫誤解，正確地認識自己，認識世界，認識宇宙人生的本質。從這個意義上說，學佛就是在學習正見，開啟智慧。佛教雖有漢傳、南傳、藏傳三大語系，種種宗派，但核心正見是一致的，就是無常無我、諸法唯識、緣起性空，及一切眾生皆有佛性等。我們通過聞思掌握了文字般若，知道應該如何看待身心內外的一切。更重要的，是接受並運用這種認識，替代固有的錯誤知見，以智慧思考人生，解決問題。

接著要將聞思正見轉化為觀智，這就離不開止的基礎。所謂止，即持續、穩定的專注，需要通過禪修來訓練。我們可以選定佛像、佛號或呼吸作為專注目標，繫念於此，不斷訓練。當妄念逐步平息，內心就會生起了了分明的覺知力。進而以這種覺知力觀察每個動作，每個念頭，如實看到色身只是色受想行識五蘊的假合，其中是沒有我的；同時看到心念是無常變化的，看到一切感受最終都是苦因。雖然看到一切，但不帶任何情緒。這就是觀照般若。隨著觀照力的增長，貪嗔痴就得不到支持，將逐漸被消融，被瓦解，使生命越來越自在。

觀自在菩薩就是通過觀照，照見五蘊皆空。這不是一般的觀照力，而是甚深般若。平常人也在禪修，也在培養觀照力，但不是行深般若，只是意識層面的觀照力。必須超越意識，才能進入實相般若，才是甚深般若。

當然在觀照般若的層面，也能照見五蘊皆空。但這個空是不透徹的，只是在世俗諦的角度，了解到一切都是因緣假相，其中沒有自性。如果契入甚深般若，就可以直接照見五蘊的空性，所謂當體即空。然後安住空性，擺脫一切痛苦。這就是觀自在菩薩的修行。

大家現在還不是觀自在菩薩，還不能行深般若波羅蜜多，可以先從觀照般若著手。只要我們往這個方向精進努力，隨著觀照般若的增強，一定會越來越安然，最終成就解脫自在的人生。正如《心經》所說，「遠離顛倒夢想，究竟涅槃。」西園寺的「觀自在禪修營」，也重視觀照般若的訓練。從內觀導向禪宗修行，既容易契入，又有其高度，是次第清晰且行之有效的組合。

2.《楞嚴經》耳根圓通的修行

耳根圓通是建立在如來藏的見地上，這一修法入手處極高，直指人心，歷來被禪宗祖師所重視。生命有兩個系統。常人都活在迷惑的凡夫系統，但佛陀悟道時發現，一切眾生都有覺悟潛質，只是隱沒不現。基於此，佛教修行有了頓漸之分。頓悟是引導學人直接認識生命內在的覺性，一超直入如來地；漸修則是從迷惑系統入手，在認識過程中一一突破，使內心塵垢越來越薄，逐步接近並最終體認覺性。兩種修法分別對應利根和鈍根，事實上，佛陀之所以說八萬四千法，也是為了針對不同根機者，以最適合他們的方式加以引導，所謂應機設教。

那麼，利根和鈍根的差別在哪裡？就在於心靈塵垢的多少。利根者心垢很薄，一點即破，可以用直指來點撥；而鈍根者心垢很厚，刀槍不入，必須以前行為鋪墊。但根機也不是天生的，而是代表生命的積累。即使現在是鈍根，只要方法正確，通過漸次修行，也能清除心垢，使覺性顯現出來。就像神秀所說的「時時勤拂拭，莫使惹塵埃」。

耳根圓通的修行屬於頓悟，而不是漸修法門。《楞嚴經》第六卷中，二十五位菩薩講述了自己過去生中的修行經驗。比如大勢至菩薩說的是自己如何修念佛法門，從念佛、憶佛，到都攝六根，淨念相續，對淨土宗有很大影響。而觀音菩薩介紹的就是耳根圓通法門，對禪宗有很大影響。相關經文有點深，在此大致介紹一下：

> 於時有佛出現於世，名觀世音。我於彼佛發菩提心，彼佛教我從聞思修入三摩地。初於聞中，入流亡所，所入既寂，動靜二相了然不生。如是漸增，聞所聞盡；盡聞不住，覺所覺空；空覺極圓，空所空滅；生滅既滅，寂滅現前。忽然超越世出世間，十方圓明，獲二殊勝。一者上合十方諸佛本妙覺心，與佛如來同一慈力；二者下合十方一切六道眾生，與諸眾生同一悲仰。

首先告訴我們，曾經有佛出世，名「觀世音」。觀世音菩薩在因地修行時，曾親近觀世音佛，並在佛前發菩提心。觀世音佛就引導他修習解脫法門，方法是「從聞思修入三摩地」。這句話是佛法修行的常道。每個佛弟子的修行，都是從聽聞正法成就聞慧，從如理思惟成就思慧，從法隨法行成就修慧，似乎沒什麼特別。

本經的殊勝之處在於對聞思修的解讀。第一步是怎麼來聞。大家現在聽到我的聲音時，心會專注到聲音上。包括我們每天聽到很多聲音，聽的當下，心就會投向這個對象，對聲音生起種種虛妄分別，也就是識。我們看觀世音佛是怎麼教觀音菩薩的。

「初於聞中，入流亡所。」入流，即逆流。平常人聽聲音時，會習慣性地向外追逐，關注這是什麼聲音，並從聲音去判斷發生了什麼。而逆流是向內看，關注聽聲音的是誰？能聽聲音的心是什麼？通過審察聽的作用，回歸聞性。聞有聞識和聞性之分。我們把心黏在聲音上，起種種分別，是識的作用。而識產生的根源，是來自聞性。這是覺性的不同表現和作用，表現在聽上，是聞性；表現在見上，是見性。禪宗修行所做的，就是直接開顯覺性。

聞識是有生有滅的。比如我們現在聽到聲音，會產生相應的認識；沒有聲音時，由此產生的識也消失了。但不論有沒有聲音，聽不聽得見，聞性還在，聽的作用還在。如果不在的話，怎麼知道沒有聲音？比如我們現在看見這麼多人，看見莊嚴的講堂，是看的作用。那麼眼睛閉上時有沒有看的作用？同樣也有看的作用，看到的是一片漆黑。如果沒有看的作用，怎麼知道是一片漆黑？既然知道，說明看的作用還在。所以說，能分辨是識的作用，但根源在於覺性。「初於聞中，入流亡所」的入流，就是進入聞性之流。心契入覺性時，對外在聲音的黏著會減少。因為回歸聞性，聲音就會若有若無，甚至充耳不聞。即便它存在，也只是影象而已，不會對我們有多少影響。

「所入既寂，動靜二相了然不生。」只要不陷入對聲音的執著，心就能回歸聞性，回歸覺性，不論外界和念頭是動是靜，都能了了分明。有聲音出現，我們聽到並有念頭生起，是動的狀態；沒有聲音，內心安然，是靜的狀態。不論什麼狀態，我們都清清楚楚，同時心無所住。但因為安住於覺性，所以出現什麼，心都不會黏上去。

「如是漸增，聞所聞盡。」我們以前一直沒有開啟聞性，現在要通過禪修不斷地熟悉它。每個聲音出現時都去追問——我是誰？能聽聲音的是誰？在不斷追問的過程中，聞性的力量日益強大；能聞的妄識和所聞的聲音，在聞性的觀照下，將漸漸消融。如此，聞識和聲音產生的干擾越來越少，心就會越來越空，越來越安靜，越來越清淨。這種空和清淨就取決於聞性的漸增。

「盡聞不住，覺所覺空。」我們認識到聞識和所聞漸漸消融，是因為內心有一種覺知的力量。但這種覺知是不究竟的，所以接著要「覺所覺空」。如果有能覺的心在，就是意識範疇的觀照般若，還屬於過度階段。所以不能停留於此，必須從有造作的觀照，進入無造作的觀照，否則就無法真正契入。如何從覺知回歸覺性？需要把覺知也空掉，不要住在覺知，也不要住在所覺。

「空覺極圓，空所空滅。」當我們把能覺和所覺空了，是不是還有一個空在？如果有空在的話，也是不究竟的，就是偏空。所以這個空也要空掉。我們所證悟的無念心體是無相無住的，不能住於空也不能住於有，不能住於動也不能住於靜。它超越了所有相，朗照無住。只有這樣，才能體認到空覺不二的心體。《壇經》告訴我們，覺性是有體有用的：在體的層面是空的，在用的層面則妙用無窮。如果我們執著於空，它就會失去妙用。對修行來說，執著空甚至比執著有更可怕。正如《中論》所說：「大聖說空法，為離諸見故，若復見有空，諸佛所不化。」佛陀說空的法門，是為了破除我們對有的執著。如果反過來執著空，不懼因果，以為什麼都無所謂，那麼諸佛對你都沒辦法了。

「生滅既滅，寂滅現前。」這是最關鍵的。我們著有著空，著動著靜，這些都屬於凡夫心、生滅心。

現在我們要把空的執著、有的執著、動的執著、靜的執著、凡的執著、聖的執著、聖的執著、成佛的執著、度眾生的執著……所有執著通通打掉。只要有一種執著，就會成為凡夫心的支撐點。當凡夫心有了支撐點，就是體認覺性的障礙。所以要把一切支撐去掉，就像禪宗說的「佛來佛斬，魔來魔斬」，才會「生滅既滅，寂滅現前」。生滅指生滅心，當生滅的有漏妄心被徹底掃除，寂滅的真心才會全然呈現。

「忽然超越世出世間，十方圓明。」當覺性全然呈現時，超越了世間和出世間，像虛空一樣，周遍十方，光明圓滿。

「獲二殊勝，一者上合十方諸佛本妙覺心，與佛如來同一慈力；二者下合十方一切六道眾生，與諸眾生同一悲仰。」這樣就能獲得兩種殊勝。一是證悟和十方諸佛相同的覺性，以及和諸佛相同的大慈大悲。二是證悟和十方諸佛乃至六道一切眾生的共同體。如此，上可以和諸佛同一鼻孔出氣，下可以和六道眾生心心相印，對他們生起同體大悲之心。我們和眾生的隔閡，正是因為迷失了共同體，從而對自己產生錯誤認定，建立我執。因為我執，就會製造種種對立，包括國家、地區、民族的分歧，都是由我執發展而來。

《楞嚴經》耳根圓通的修行真是非常殊勝，能夠聽一遍，已經種下頓教法門的善根。

3.《普門品》大悲周遍的修行

《普門品》出自《妙法蓮華經》，其中闡述的觀音法門，可以歸納為八個字——普門無盡，大悲周遍。普就是遍及一切。觀音菩薩的大慈大悲是無限的，對一切眾生平等無別。所以這種慈悲是可以量化的，只要還有一個眾生是菩薩不願慈悲的，就不是圓滿的大慈大悲。當然我們沒機會接觸一切眾生，關鍵在於，對於自己接觸到的所有人，能不能理解他們、同情他們、接納他們、無條件地幫助他們？

這種慈悲需要在生活中去檢驗，需要在每件事、每個眾生身上去檢驗。然後通過檢驗不斷調整，慈悲的力量就會越來越大，我們就有能力面對更多的人，包括曾經不喜歡的人。這是我們培養和成就慈悲心的過程。

佛經中，這種大慈大悲的具體體現，就是觀音菩薩的千手千眼。千手代表無限的慈悲，千眼代表無限的智慧。菩薩為了利益無量眾生，眼和手都不夠用，所以才要化現千手千眼。這是菩薩悲願的象徵。表現在《普門品》，則是觀音菩薩的三十二應——「應以何身得度者，即現何身而為說法。」

很多時候，我們看不出誰是觀音菩薩。真正的菩薩，不會在頭上貼一個「我是觀音菩薩」的標籤。那麼，觀音菩薩究竟是什麼樣的？南普陀觀音閣有太虛大師撰寫的楹聯：「清淨為心皆普陀，慈悲濟物即觀音。」告訴我們：只要具備觀音菩薩的慈悲品質，就是觀音菩薩。

什麼是觀音菩薩的品質？不是一般的慈悲，而是無緣大慈，同體大悲。無緣，即沒有任何條件；同體，是把眾生和自己視為一體。這不是觀想，而是確實如此。因為觀音菩薩已證悟和六道眾生的共同體，所以同體是理所當然的。就像身上哪裡痛了癢了，手立刻會幫忙，不會考慮要不要幫，幫了有什麼好處。這就是同體，是出於本能的反應。觀音菩薩對眾生的慈悲也是如此，完全把眾生和自己融為一體，以眾生的痛苦為自己的痛苦，以眾生的需要為自己的需要。

我們生命中多少具有悲憫的品質，所謂「惻隱之心人皆有之」，但這種心往往很微弱。要將這念狹隘的悲憫之心擴大成無限，對一切眾生生起平等、廣大、無我、無所得的同體大悲，必須付出很大的努力。首先是發起菩提心，建立崇高的利他主義願望，以利益眾生、幫助眾生解除痛苦作為自己的使命。

其次是作空性觀修，破除自他隔閡，這樣才能培養平等乃至無所得的心，將世俗菩提心昇華為勝義菩提心。

所以說，觀音菩薩成就的大慈大悲，絕不是常人那種狹隘的、充滿人我是非的愛心，而是無限廣大、平等無別的。因為這樣的慈悲，菩薩才能尋聲救苦，解除眾生的種種災難。正如《普門品》所說：「聞是觀世音菩薩，一心稱名，觀世音菩薩即時觀其音聲，皆得解脫。若有持是觀世音菩薩名者，設入大火，火不能燒，由是菩薩威神力故。若為大水所漂，稱其名號，即得淺處……」

為什麼觀音菩薩有這麼大的力量？菩薩靠什麼為眾生解除災難，解決各種痛苦、煩惱？靠的正是大悲心。這就告訴我們——念觀音菩薩，就是念大悲心；修觀音法門，就是修大悲心；成為觀音菩薩，就是圓滿大悲心。

大悲心是以空性為基礎，而空性具有解除一切煩惱的作用，所以在大悲心中，對立、仇恨、災難都會被消融。這是觀音菩薩的祕密武器，也是我們生命中的無價之寶。一旦成就大悲，我們不僅有能力解除自身的痛苦和災難，同時也有能力解除一切眾生的痛苦和災難，真正「讓世界充滿愛」。大悲心不僅能消除災難，還能使我們成就無量福報，所求皆滿。可以說，大悲心是最大的福田。我們修習大悲，就是在耕耘福田。

大乘佛教的特徵是菩提心和大悲心，遺憾的是，這一點恰恰被我們所忽略。為什麼很多佛教徒給人冷漠、消極的印象？正是因為我們沒能踐行大乘佛教的核心，沒能像諸佛菩薩那樣，和眾生同呼吸共命運。有鑑於此，我從二〇〇三年開始，就一直宣導菩提心的修行，宣導受持菩提心戒，就是希望大家真正認識並實踐大乘的精神。

以上介紹的三種修行，分別出自《心經》、《楞嚴經》和《妙法蓮華經》。這些才是真正的觀音法門。現在社會上有很多假冒偽劣產品，佛教也常常被別有用心者利用，出現各種附佛外道，希望大家樹立正見，明辨是非。

四、稱念觀音聖號的意義

作為佛弟子，我們稱念觀音聖號，修習觀音法門，並不是為了求求拜拜，也不是祈請觀音菩薩滿足自己的一己私欲。其意義主要在於以下三個方面：

第一，念觀音菩薩是培養觀照力，通過修習觀照般若，契入實相般若，成就解脫自在的人生。

第二，念觀音菩薩是修習耳根圓通，不再向外追逐，而是反聞聞自性，向內尋找：誰在聞？聞的識由何而生？就像禪宗從「念佛是誰」的話頭一路追尋，我們也要通過反聞，從音聲之流尋找源頭。當年佛陀在菩提樹下，通過逆觀十二緣起，從老死到生，再從有到取到愛，一直向前追溯到無明，找到輪迴的源頭。其實觀音法門也是同樣，是從聲音去尋找能聽聲音的識，再從識的產生尋找聞性，契入覺性。

第三，念觀音菩薩是念大悲心，修大悲心。我們不要一味祈求觀音菩薩，而要向觀音菩薩學習，爭做觀音菩薩的使者，成為觀音菩薩的一隻眼，一雙手。如果一個人只會祈求，說明他的生命是極其匱乏的。學做菩薩，是要給予眾生幫助。一個能夠給予的人，不覺得缺少什麼的人，才是最富有的。事實上，生命本來就有無盡寶藏，關鍵是開啟並體認這個寶藏。

在這殊勝的日子，我們以這樣的方式來認識觀音菩薩，聽聞觀音法門，是對菩薩最好的紀念。但僅僅聽是不夠的，還要對以上所說的法義如理思惟，更重要的，是以觀音菩薩為榜樣，修習大悲，開發覺性，早日成就觀音菩薩的品質。

淨土法門與五大要素

——二〇〇九年夏講於廬山東林寺

尊敬的大安法師、各位法師和居士，早上好！

我一直想來朝拜淨土祖庭東林寺，也通過各種管道看到大安法師在轟轟烈烈地開展弘法事業，深深隨喜。這次有緣前來，覺得名不虛傳。佛法在世間的流傳，所有寺院乃至出家人都是有責任的，所謂道在人弘，非道弘人。自古以來，寺院的職能無非是兩方面：一是內修，成就四眾弟子修行；二是外弘，面向社會大眾弘揚佛法。只有每座道場都能立足於內修外弘的定位做好本分事，佛教才能健康發展，正法才能久住世間。東林寺在這兩方面都做得很好，值得讚歎。

這幾天寺院正在開展弘法輔導員培訓班，我覺得很有意義。弘揚佛法不該只是少部分人的事，而是每一位佛子的責任所在。過去，我們僅僅指望高僧弘法，在家居士覺得，弘法是出家人的事；出家人覺得，弘法是高僧大德的事。問題是，高僧大德能有幾個？當他們不堪重負，就沒人弘法了。可見這種觀念是有問題的。所以我提倡的是「弘揚佛法，人人有責」——每個佛教徒都有責任弘揚佛法，都應該盡到自己的力量。當然這並不是說每個人都要講經說法，但可以根據自己的能力，以所知所學和大家分享，或是護持講經、助印等弘法活動。只有讓四眾弟子意識到自身責任，積極參與到弘法隊伍中，佛教才有希望。

當今教界最缺的是什麼？很多富麗堂皇的寺院修起來了，但只是作為禮佛敬香的場所，甚至參觀旅遊的景點，卻沒有內修外弘的功能。大眾來到這裡，除了滿足朝拜的需要，不過是參觀建築和造像，並沒有因此對佛教有更多了解，更談不上從中受益。為什麼會這樣？正是缺乏法的引導。

法，才是寺院的根本所在。內修，修的是法；外弘，弘的也是法。如果沒有法的內涵，寺院不過是徒有其表的建築，不能成為真正的道場；如果沒有被戒定慧改造過，出家人不過是剃髮染衣的光頭俗漢，不能成為合格的僧寶；如果不能聞法、學法、依法修行，在家居士也不過是名義上的佛教徒，甚至會流於迷信。東林寺舉辦這樣的活動，讓更多佛子接受培訓，提高弘法能力，意義重大。講淨土宗不是我的擅長，大安法師才是專家。在此，主要就我多年修學的心得和大家分享。

一、學佛的重心

今天是一個網路時代，資訊空前發達，人心也空前混亂，以混亂的心面對混亂的資訊，勢必帶來選擇上的混亂。學佛同樣存在這個問題。現在我們有機會接觸到各種法門和經論，但如果沒有足夠的見地作出判斷，就會四處涉獵，莫衷一是。這正是很多人學佛多年依然不得要領的癥結所在。

修行的關鍵是具足正見，善用其心。有了這兩個前提，我們的聞思、實修、做事才能成為真正的修行，否則就可能流於形式。學教的容易誇誇其談，用不起來；實修的容易盲修瞎練，偏離方向；做事的容易被境所轉，忘失初心。忙來忙去，自以為很精進，結果卻和解脫毫不相干，何其可惜！

我們要明確學佛的重心在哪裡，本立方可道生。這個重心又有內外之分。

外在的重心是以三寶為依託，以此引導我們走出混亂的心行軌道。否則，多半會跟著感覺走。這個感覺是什麼？無非是我執，是貪嗔痴，跟著這樣的感覺，生命是沒有出路的。所以我們要至誠皈依三寶，從唯我獨尊轉向以三寶為尊。對於修學淨土法門來說，就是以阿彌陀佛為依止，由淨念相繼，而與彌陀心心相印。這種轉換代表真正學佛的開始，也意味著生命軌道的改變。以自我為中心，將在六道隨業流轉，無盡輪迴；只有以三寶為中心，才能走向解脫，成就菩提。

內在的重心就是我們自己。也就是說，所有修學都是幫助我們解決自身問題。三藏十二部典籍、八萬四千法門都是為認識和改造自己服務的。當然，這和上面所說的以自我為中心完全不同，前者是隨順現有的凡夫心，而後者是開發自身本具的覺性，這才是生命的真正寶藏。

我們每天會有很多想法，包括工作、學習、家庭等等。這些念頭是緣起的，代表無盡生命的積累。問題是，它們往往是由貪嗔痴驅動，在不知不覺中形成的。貪的時候，不由自主就貪了，沒想過這麼做對不對，也沒想過是否還有其他選擇，只是慣性使然。可以說，貪嗔痴早已成為凡夫的本能，如果不加改變，我們的所思所想必然是在隨順貪嗔痴，強化貪嗔痴。

修行，就是要消除妄念，建立正念。念佛之所以天天念，時時念，就是為了串習正念。我們選擇彌陀名號為所緣，然後安住於此，念念相續。念一聲佛，有關阿彌陀佛的正念就得到一次重複和強化，然後是百千次，萬億次……在不斷憶念的過程中，這個念頭就會日益壯大。相應的，其他妄念就會失去現行機會，從而不斷弱化。

但僅僅念還不夠，關鍵是全身心地念，以對彌陀的至誠歸投之心在念，以離娑婆、生淨土的願心在念。我們的心力越強，投入的心靈能量越大，念頭得到的滋養就越多，成長也越快。如果只是有口無心地念著，雖然口中在發聲，手上也在撥著念珠，內心依然妄念紛飛，其實是沒什麼力量的。所以我們在念佛過程中，一定要深刻意識到其中的重要性，用心憶念，才能形成強大的正念，成為心靈世界的主導。如果正念沒有力量，主導我們的依然會是妄念，是貪嗔痴。

凡夫多半活在妄心的世界，顛倒夢想，念念無明。但佛法告訴我們，在妄心背後還有真心，那就是覺性，是成佛潛質。這兩種心正是凡聖不同生命品質的基礎。在常人看來，凡夫和聖者有著天壤之別，可在禪宗見地上，不過是一念之差，所謂「前念迷即眾生，後念悟即是佛」。迷失覺性，即是眾生；體認覺性，當下就是佛。當然，這個佛和圓滿悲智功德的十方諸佛是有差別的，但從體認到的覺性來說是一樣的，差別在於是否圓滿。正是在這個層面上說，心、佛、眾生三無差別。

《壇經》還告訴我們，「前念著境即煩惱，後念離境即菩提。」我們為什麼著境？因為妄心是有黏性的，而且將一大堆錯誤想法和混亂情緒當作是「我」，發展出現有的凡夫心。當這樣的心遇到境，自然會黏著其上，起貪起嗔。事實上，這個「我」只是無明的產物，是幻有的。這就使得我們必須四處尋找支撐，不斷地證明它，強化它，痛苦、生死和輪迴由此而來。

而在覺性層面，沒有任何需要，也沒有隨之而來的恐懼、孤獨乃至一切煩惱。因為覺性本身有無住的特點，就像鏡子，雖能照見山河大地，但物來影現，物去影滅，沒有任何染著，是為離境。這也就是《楞嚴經》所說的「覺明虛靜猶如晴空，無復粗重前塵影事，觀諸世間大地河山如鏡鑑明」。

淨土宗的「即心念佛，即心是佛」，正是依覺性而建立。在這個見地上，佛和眾生有相同的本質，所以念佛的心當下就是佛。但要知道，這絕不是凡夫的妄心。我們通過學佛了解自己，看到現有人格是無明的產物，目的就是為了瓦解它，進而體認隱藏在凡夫心背後的覺性——這正是解脫的力量。

佛法所說的明心見性，就是由見道體認覺性。但這並不是結束，還要在修道過程中不斷運用覺性，瓦解串習。所以教下的修行是從加行位、資糧位、見道位、修道位，直至究竟位。當凡夫心徹底瓦解，智慧究竟圓滿，才能最終成就佛果。對於淨土法門的修行來說，就是「花開見佛悟無生」。和其他法門的主要區別在於，淨土法門偏向他力。雖說惑業尚未斷盡，但可藉助彌陀願力的接引，帶業往生西方，在清淨的環境中繼續修行，不必擔心在輪迴中退轉。這是淨土法門的殊勝所在。

但我們還要知道，走出輪迴的關鍵不在於時空，而是解除內心的迷惑煩惱，解除對自己和世界的錯誤認定。這才是輪迴的真正根源。事實上，心既能製造生死和痛苦，也具備自我解脫的能力。我們要去了解這種能力，找到打開它的鑰匙。三藏十二部典籍，南傳、藏傳、漢傳三大語系，淨土、禪宗、天台等八大宗派、種種法門，都是佛陀針對不同根機者施設的方便善巧。

但對個人修行來說，重要的並不是知道各個法門的差異，而是了解其中的共同核心。現在很多人之所以修不上去，正是忽略基礎導致的。根據多年修學，我發現不同法門雖各有側重，但都離不開「皈依、發心、戒律、正見、止觀」五大要素。抓住這些綱領，也就抓住了修行根本。反之，忽略其中任何一點，修行必然是不完整的。其中，前三點是一切宗派的共同基礎，後兩項則是不同宗派的特色所在。

二、皈依

學佛首先要皈依，這是區別佛教徒和非佛教徒的關鍵。現在教界普遍存在信仰淡化的問題，換言之，就是信仰在內心沒有足夠的地位和分量，無法鎮住凡夫心。剛開始，我們覺得自己在信佛，漸漸地，還是像以往一樣信鈔票、信地位、信感情、信孩子、信人際關係、信有權就是一切。為什麼會這樣？就是因為我們對信仰對象缺乏認識，對三寶和修行找不到感覺。當信仰不能成為內心主導，自然會被邊緣化，出現「學佛一年，佛在眼前；學佛兩年，佛在大殿；學佛三年，佛在西天」的現象。如果不加調整，佛菩薩就會漸行漸遠，遠在天邊。

所以我從二〇〇四年開始就把弘揚皈依作為重點，在《皈依修學手冊》中詳細闡述了「皈依三寶在修學佛法中的地位、皈依之因和皈依的選擇、認識三寶、如何皈依、皈依的正行、皈依的學處、皈依的利益、皈依的修習」等問題，希望幫助大家深化對三寶的認識，真正了解為什麼要皈依，怎樣才能如法皈依。此外，還編寫《皈依修習儀軌》，推廣皈依共修，希望大家把憶念三寶作為日常定課，通過反覆修習，強化三寶在心目中的分量。

信仰阿彌陀佛，修習淨土法門，同樣要建立在皈依三寶的基礎上。我們在十方諸佛中選擇阿彌陀佛為歸宿，是皈依佛；依止淨土法門修行，是皈依法；選擇淨宗歷代祖師大德為師長和修學楷模，是皈依僧。可以說，皈依代表人生最重要的選擇。

當我們意識到內心的困惑、生死的痛苦、輪迴的過患，怎樣才能解脫？財富可以讓人解脫嗎？地位可以讓人解脫嗎？我們在選擇過程中發現，唯有三寶才能讓人走向解脫。雖然這是我們自己的選擇，是出於精神的需要，但除了信仰之外，人生還有感情、權力、人際關係等種種需要，要讓信仰在內心占據主導地位，並非易事。在此過程中，必須不斷深化對三寶功德的認識，不斷修習皈依。否則的話，這一信仰就會因為得不到強化而被逐漸弱化。

對於淨土學人來說，修習皈依的重點，就是認識到阿彌陀佛的大願，西方極樂世界的殊勝，認識到念佛可以引領我們橫超三界，出離輪迴。具備這些認識，才能全身心地投入。如果認識不到其中分量，心很容易被現實的需要帶走。所以我們要強化三寶在心目中的地位，至誠皈依阿彌陀佛，不斷思惟念佛對人生的重要性。如果不做這樣的觀察修，要把這句「阿彌陀佛」念好，是很不容易的。

淨土法門的三資糧為信、願、行。首先就要有信。信什麼？憑什麼去信？如果對這些問題缺乏認識，就是迷信、盲信，是沒有力量的。確實有些人信根極利，聽到善知識怎麼說，就能生起深信切願，一門深入地照做，並不需要懂得多少道理。但對多數受過現代教育的人來說，如果沒有理性思考，很難真正生起信心。更何況，僅僅生起是不夠的，還要進一步強化，讓信心成長壯大，就像參天大樹那樣，才能在充滿串習、妄念的動蕩內心安住。所以說，皈依是我們走出輪迴的起點，也是往生淨土的保障。

三、發心

發心並不是學佛的專利，事實上，我們每天都在發心，只不過發的是貪嗔痴，最終成就的是凡夫人格。現在我們深刻意識到這種人格的過患，就要從發心開始調整，將凡夫心轉變為出離心和菩提心。

所謂出離心，就是深刻意識到輪迴和惑業的過患，發願擺脫這種狀態。對今天的人來說，逃避痛苦的方法似乎比以往任何時代更多。雖說我們活得並不輕鬆，壓力重重，卻很善於通過各種方式逃避，甚至沉溺在虛擬世界中，不願面對現實。事實上，逃避是不解決任何問題的，虛擬世界更不是久留之地，只要內心還有煩惱，就會不斷地製造問題，製造痛苦。

我們不斷改善環境，目的就是緩解痛苦，可同時也帶來了新的問題。比如我們需要汽車代步，賺錢買了車，暫時開心一下，但和汽車有關的麻煩也會隨之而來。在以惑業為基礎的人生中，不可能有本質的快樂，有的只是對痛苦的暫時緩解。所謂本質的快樂，就是無論什麼時候享受，也無論享受多長時間，它都是快樂的，不會減少，更不會樂極生悲。只有涅槃才是那樣的快樂，而以惑業為基礎的快樂，都不具備有這些特點。

我們唯有深刻意識到輪迴本質是痛苦的，才能對輪迴盛事不再有任何期盼，真切地生起出離心。否則的話，今天覺得諸事不順，趕快到寺院念佛修行，似乎什麼都可以放下；一旦順境來了，又義無反顧地投入紅塵中，照樣什麼都放不下。那不是出離心，只是暫時的厭離和逃避。

事實上，出離心是一種智慧、積極、勇敢的選擇，是認清生命真相後，以慧劍斬斷對世間名利、事業、感情的執著。進而以大丈夫的氣概精進修行，忍人所不能忍，行人所不能行。只有這樣，解脫才有希望，往生才有把握。因為你對世間種種已不再貪戀，也就不會為其左右，為其干擾。念佛往生必須有信、願、行，這個願就是「願離娑婆，願生淨土」。如果沒有強烈的出離願望，對世間尚存貪戀，怎麼能往生淨土？

只有作出明確選擇——西方極樂世界就是我的歸宿，只有那裡是唯一的家，除此以外，不想去任何地方。同時深信阿彌陀佛慈悲接引的大願，加上一心念佛、積極利他的修行資糧，必定往生。關鍵是很多人信不純、願不夠、行不足，雖然表面看起來每天都在念佛，但內心還是有很多牽掛，覺得福報還沒享夠，在面臨誘惑時就會被其他選擇所吸引，在生死關頭就會被輪迴盛事掛礙，怎麼可能往生？

所以信和願非常重要。其中，信是皈依，選擇自己的依止和歸宿；願是發心，生起真切的出離輪迴之心。而菩提心是出離心的延伸和圓滿，把「我要出離輪迴」的願望延伸到一切眾生身上。不僅自己出離，還要推己及人，不忍眾生在輪迴中受苦，發願帶領他們共同解脫。這種廣泛利他的行為就是菩薩行，不僅能成就慈悲，還能成就智慧。這正是佛菩薩所成就的兩大品質。菩薩又叫覺有情，就是令有情覺悟。如果僅僅想著自己出離，只能成就解脫，是聲聞乘而非菩薩道的修行。

作為一種崇高的利他主義願望，菩提心的特點在於希求，即《瑜伽師地論》所說的「如是發心定自希求無上菩提，及求能作有情義利，是故發心以定希求為其行相」。從希求的角度來說，這和「我要買房子，要買汽車」的用心方式是同樣的，區別只是在於願望的內容。常人的希求是出於欲望，屬於眾生的本能，而菩提心的希求是為了利他，是「我要利益一切眾生，幫助眾生解除輪迴痛苦」的願心。

這就帶來一個問題：為什麼要利他？眾生和我有什麼關係？現實生活中，我們對很多眾生是沒感覺，甚至不喜歡的，怎麼說服自己去利益他們？這是發菩提心的難點所在，必須從觀念和心態來調整。省庵大師的《勸發菩提心文》中，講到發菩提心的十個理由。當我們通過反覆思惟，認識到這些理由是正確的，這麼做是有意義的，才能由衷地發起菩提心。宗喀巴大師的《道次第》中，則是通過七因果和自他相換，闡述了為什麼要發菩提心和怎樣發心的方法。當我們接受這些認識，也就接受了這種選擇。

我們通常覺得，發菩提心只是一種利他行，和慈悲有關，和個人解脫沒有必然的關係，所以老實念佛就夠了，為什麼要幫助別人，做種種利他行，不是浪費時間嗎？這就使得很多學佛人在行為上有濃厚的自了成分，也使大眾覺得佛教是消極的，對社會沒什麼用處。原因就在於，我們對利他的認識嚴重不足。

事實上，利他不僅能長養慈悲，和解脫也關係密切。我們現有的人格，乃至煩惱、生死、輪迴，都是以我執為基礎的。有些人雖然在念佛，但沒有正確發心，一心只是為了自己，所以碰到一點不如意的事，和自己牴觸的事，還是會生起種種煩惱，根源正是在於我執。如果每天總想著自己，就會使我執不斷得到強化。而利他的修行恰恰可以弱化我執，把對自己的關注轉向眾生，多想眾生一分，相應的，就會少想自己一分。但這麼做的前提，必須是真正而非相似的利他。所謂相似的利他，就是通過利他善行，使我執變得更高尚。用社會上的話來說，就是作秀式的善行。如果這樣的話，利他將成為增長我執的另一種方式。

發菩提心必須是純粹的利他，不論動機還是行為，完全以利益眾生為目的，沒有絲毫為了自己。當一個人處處為自己打算時，才會患得患失，煩惱重重。反之，當一個人全心全意地想他人所想，做他人需要的事，其實是沒時間為自己煩惱的。這麼做的過程中，我執自然會被弱化，從而在根本上掃除解脫的障礙。

從另一個角度來說，我們雖然有悲憫心，但非常狹隘。在修利他行的過程中，時時想著利益一切眾生，心量就會不斷打開，慈悲也會得到增長，所以菩提心和修習慈悲是相輔相成的。

我們知道，《行願品》是關於菩提心教法的重要典籍，也是淨土五經之一。經中告訴我們：「諸佛如來以大悲心而為體故，因於眾生而起大悲，因於大悲生菩提心，因菩提心成等正覺。」以慈悲為前提，才能生起菩提心，而菩提心又能進一步成就慈悲心。圓滿的慈悲是平等、無限的，這離不開智慧。所以從修行上說，利他有兩方面的意義：一是利益眾生，成就慈悲；一是開啟智慧，導向解脫。因為有菩提心，才能使智慧和慈悲不斷增長，最終圓滿佛菩薩那樣的大智慧和大慈悲。

如果我們以菩提心修淨土法門，可以成為往生的重要資糧，並在往生後由此願心引導，在十方世界度化眾生。正如《行願品》所說的那樣，當人臨命終時，「唯此願王不相捨離，於一切時引導其前。一剎那中即得往生極樂世界，到已即見阿彌陀佛……其人自見生蓮華中，蒙佛授記；得授記已，經於無數百千萬億那由他劫，普於十方不可說不可說世界，以智慧力隨眾生心而為利益。不久當坐菩提道場，降伏魔軍，成等正覺，轉妙法輪。能令佛剎極微塵數世界眾生發菩提心，隨其根性，教化成熟，乃至盡於未來劫海，廣能利益一切眾生。」為什麼《行願品》被稱為「十大願王」？因為其中的每個願力都是以十方三世諸佛，以盡虛空、遍法界的眾生為所緣。雖然不少人把《行願品》作為早晚功課，但重點只是念誦，卻不了解其中蘊含著殊勝的修行方法。我在一九九六年就講過《行願品》，後整理成《學佛者的信念》，其後又多次宣講《普賢行願品的觀修原理》。之所以重視這部經典，因為其中闡述的修行原理，不僅可以作為修習其他法門的前行，本身也是正行，是普賢菩薩成佛的法門。

從前行的角度，《行願品》的觀修可以使我們快速集資淨障，是成佛的第一生產力。以《行願品》的方法念一句「阿彌陀佛」，或是修任何善行，念和行的當下就是一切。就像任何數字乘以無限，結果都是無限的。同時，《行願品》也是至高的正行，是建立在華嚴見地的基礎上。《華嚴經》歷來被稱為經中之王，它的修行就是導歸普賢行願。我在講述《普賢行願品的觀修原理》時，將其中的修行方法總結為——菩提心的無上觀修，佛陀品質的臨摹方法。我們知道練書法要臨摹字帖，如果按《行願品》的引導去觀修，去念佛，就是在用自己的心臨摹佛陀品質，進而調整到佛菩薩那樣的心。

為什麼我們可以把心調整到佛菩薩那樣的頻道？因為在生命的某個層面，眾生和佛菩薩是無二無別的。只是我們因無明而迷失，落入自我製造的陷阱，才成了凡夫。在臨摹過程中，就是逐步撤除自我的設定和局限。當這些障礙被徹底剷除，證悟無我、無相、無限的心，就和十方諸佛同圓種智了。如果我們內心不具有成佛潛質，是成不了佛的。正因為眾生本具如來智慧德相，才能通過修行成就。

菩提心有世俗菩提心和勝義菩提心之分。前面所說的願菩提心，只是世俗菩提心，而勝義菩提心則是我們內在覺醒的心。這才是究竟的，是生命內在的無價之寶，也是一切眾生本自具足的。作為佛弟子，不論修習什麼法門，最終都是為了認識覺醒的心，成就解脫乃至無上菩提。

四、戒律

戒律是修行過程中的心路規則，作用是幫助我們止息輪迴串習，保護我們安全行駛在三善道，行駛在解脫道和菩薩道。它的首要原則是「諸惡莫作」，而惡的基礎是貪嗔痴。這是生命內在的強大串習，如果不刻意防範，很容易為其左右。只有不陷入串習，我們才有力量安住正念，修習正定，開啟內在覺性。

戒具有防非止惡的力量，如果我們受戒時發心正確，儀式如法，就能因此獲得戒體，在內心建立自制力和防範系統。但這不是受了就一勞永逸的，還要通過不斷持戒和憶念戒的功德來強化，需要把戒律落實到身口意，落實到修行和生活的方方面面，最終使持戒成為我們的修養。這樣才能抵擋無始以來的不良串習，使身心乃至人格清淨無染。

如果不以戒律為規範，我們的所思、所言、所行往往是充滿貪嗔痴的。在這樣的心行基礎上，能和阿彌陀佛的願力相應嗎？如果不能相應，所謂的念，不過是有口無心的形式而已，無法成為往生資糧。所以對於念佛法門來說，戒律也是不可或缺的基礎。

五、正見

從念佛來說，除了淨土法門特有的見地，我們還要重視各宗共同的正見。如念輪迴苦、三惡道苦，可以幫助我們真切地發起出離心，斷除貪嗔痴，也就是四諦法門說的，由知苦而能斷集、慕滅、修道。

可以說，念苦正是修行的動力所在。無常無我是告訴我們，從外在世界到內在身心都是剎那生滅、朝不保夕的。只有認識妄心背後的覺性，才能親見生命的本來面目。緣起性空則是幫助我們認識到，無明構建的輪迴只是夢境，是因緣假相，並不真實，也就是祖師所說的「夢裡明明有六趣，覺後空空無大千」。我們覺得這個世界很熱鬧，很可愛，所以才不想出離。如果看清它在本質上是荒謬而不真實的，也就沒必要執著不捨了。

我們修念佛法門，必須深刻認識到輪迴本質是痛苦的，認識到阿彌陀佛的萬德莊嚴，認識到西方淨土的無比殊勝。具足這些正見，才能全身心投入，讓這句佛號念得得力，念得相應。我們的見地越高，念佛時和阿彌陀佛的相應程度就越高，往生的可能性就越高，往生後的品位也越高。如果帶著凡夫心在念，既沒有見地，也沒有出離心和菩提心，不過是在念一些音節而已，自己都沒有入心，還能和彌陀心心相印嗎？

六、止觀

凡夫心是很不安靜的，即使沒有面對其他人和事的時候，念頭也會此起彼伏。這就需要通過制心一處的訓練，讓心繫念於善所緣。一旦跑開，就再拉回來；再跑開，就再拉回來。通過反覆訓練，逐步平息躁動，培養持續、穩定的專注。當我們體認到這種安靜後，無論面對什麼，都是如如不動的，不會隨境左右。

以大家熟悉的念佛來說，把心安住在佛號上就是止。在這個基礎上，每一聲佛號才能真正念得相應，念得有力。而觀是一種觀照力，在念佛過程中了了分明。如何讓念佛和止觀修行相結合？首先要有前行，思惟暇滿義大，念死無常，念三惡道苦，並且深刻認識到阿彌陀佛和西方淨土的殊勝，生起「願離娑婆，願生極樂」的強烈願心。然後通過修止，專心念佛，讓這一正念逐漸強大，相續不斷，成為生命的主導力量。最後通過觀禪，觀照念佛的心本空，念佛的心即是佛，也就是祖師所說的「即心念佛，即心是佛」。如此念佛，就能念念與佛相應，是至高無上的修行。

以上，圍繞修學重點和五大要素，給大家介紹了我的修學思考。我覺得，這五大要素對念佛法門也很有借鑑意義。今天的因緣非常殊勝，希望我的心得能對大家有所啟發。

【問答】

問：禪宗的聞思修，和淨土法門的信願行有何關係？

答：聞思修主要是教下的內容，並不是禪宗特別提倡的。當然禪宗也講藉教悟宗，以聞思經教輔助修行，但不是重點。教下所說的聞思修，聞是親近善知識，聽聞正法；思是如理思惟；修是按如理思惟建立的正見修習某個法門，並在正見指導下生活。

淨土法門的信願行，同樣離不開聞思修的基礎。否則我們連阿彌陀佛和淨土法門都不知道，信什麼？即使聽說了一點，但不知道彌陀乃萬德洪名，淨土法門乃橫超三界的捷徑，還是難以生起信心。即使知道了彌陀功德和念佛殊勝，但不通過思惟來理解、接受，不通過修行來驗證，信心依然是不堅定的。所以說，聞思修是建立信願行不可或缺的基礎。離開這個基礎說信願行，往往是空洞的。

問：無明和執著有什麼不同？根本無明、枝末無明和我法二執是什麼關係？

答：無明是執著的基礎。我們之所以執著，正是因為無明。當然無明的表現方式有很多，貪嗔痴、八萬四千煩惱都是無明的結果，執著是其中一項重要內容。

根本無明也叫無始無明，是與生俱來的，枝末無明則是由根本無明派生的。至於我法二執，其實也是無明的表現。在《道次第》中，甚至把我執和無明說成一體的兩面，由無明而有我執，有法執。因為我們看不清自己，所以才會對自己產生錯誤認定，為我執；對世界產生錯誤認定，為法執。如果我們看得清自己和世界，對一切洞然明白，就不再有錯誤認定，也不再有我法二執了。

問：出離心和菩提心是什麼關係？

答：從願望本身來說，出離心和菩提心是一致的，都是要出離輪迴，但所緣對象有寬窄不同。出離心只是「我要出離」的願望，而菩提心不僅是自己出離，還要帶領一切眾生出離。從心行基礎來說，二者也是一致的。真正的出離心是空性慧的作用，而菩提心的基礎也是空性慧。如果沒有空性慧，僅僅建立於世俗心的願望，是無法究竟出離並解除惑業的。從世俗層面上說，出離心和菩提心都是願望；從究竟本質上說，二者都是空性慧，都是覺悟。佛教所說的覺悟，不僅有諸佛菩薩成就的無上菩提，還有聲聞菩提、緣覺菩提。

問：當代佛教的發展方向如何，是趨向人間佛教還是山林佛教？

答：佛教的發展不能單純走向人間，也不能都走入山林，否則誰來弘揚佛法？這麼多芸芸眾生怎麼辦？從另一個角度說，如果沒有社會大眾的土壤，也就失去佛陀設教的本意，佛教將無以生存。而在走向人間的同時，也離不開山林的靜修。

靜修可以直面自己，做事可以歷境練心。東林寺的閉關中心就很好，我們定期到這裡來修一修，再到紅塵中滾一滾，這兩方面對修行都有必要。做事是修習菩提心的過程，可以通過利他來瓦解串習，同時考察自己：正念有沒有力量？貪嗔痴還強不強？如果有任何一件事可以影響我們，就說明內心還有相應的煩惱在作用，正是修行的入手處。否則的話，這個世界沒有任何境界會影響我們。

問：末法時期為什麼要提倡淨土法門？為什麼眾生的根機最適合淨宗，而不是禪宗、密宗？

答：佛法弘揚應該是多元的。當然，淨土法門在中國有廣泛的信眾群體，需要像東林寺這麼好的道場來弘揚，但其他宗派同樣重要。佛陀之所以施設八萬四千法門，就是因為眾生有各種根機。尤其在今天這個多元的社會，各個宗派都有存在價值。如果淨宗道場把淨土宗弘揚好，禪宗道場把禪宗弘揚好，唯識宗道場把唯識宗弘揚好，就是眾生之福。因為眾生的根機不同，需要不同法門來引導和攝受，佛教才能全面、健康地發展。所以，我並不提倡只弘揚一個宗派。任何道場能如理如法地弘揚某個宗派，都值得隨喜讚歎。

問：很多學佛人只求眼前福報，覺得淨土或佛是看不見的，怎麼救度他們？

答：確實有些學佛者只求眼前福報，這需要有針對性地引導。從現代人所受的教育來說，直接和他們說輪迴，說西方極樂世界，接受起來會有困難，甚至覺得這是迷信。在這種情況下，我們可以多向他們介紹人間佛教——你想不想這一生過得好？過得開心？佛教是人生的大智慧，可以引導我們解除煩惱，使當下的生活更幸福。當他們願意接受佛法後，可以再進一步講出離心、菩提心、西方淨土等高深的道理。

佛陀說法時，也常常「先說端正法，再說正法要」。眾生想要福報，就說怎麼擁有福報。當他們有了福報之後，感覺光有福報還不行，再來說佛法，就容易接受了。就像很多人沒錢時以為有錢就有一切，結果有錢後發現還是痛苦，就會尋找新的解決辦法。現在的國學熱、佛學熱就說明了這一點。因為很多人已不滿足於現前福報，開始思考「幸福是什麼」，思考「我是誰」、「活著為什麼」。當他們開始追問這些問題，再來介紹佛法，就是順其所思、予其所需、投其所好，效果自然不同。

問：如何將佛法落實到生活中？

答：一方面，要讓佛法智慧真正變成你的觀念。對於佛法所說的暇滿人身、無常無我、因緣因果，我們在聽聞後，還要通過深入思惟來理解。當我們認識到佛法所說的就是世間真理，才能心悅誠服地接納，成為自己的觀念。這樣的話，佛法自然能落實到生活中。很多人雖然在學佛法，知道不少道理，但面對問題時，運用的還是固有觀念，「佛法是佛法，我還是我」。之所以有這種知行脫節的情況，其實就在於沒有真正的「知」，沒有把概念轉變成觀念。

另一方面，要根據佛陀所說建立如法、健康的生活規範。依戒定慧、八正道的指導，受持戒律，正命生活；同時每天有一定時間來禪修或念佛，保持智慧觀照。做到這些的話，佛法一定能走入生活。

問：對父母的執著太深，如何才能看淡？

答：執著是凡夫的串習，尤其是對父母，關係最為密切，執著也最為堅固。如何解決這個問題？一方面是從輪迴的眼光，認識到我們和父母的關係也是緣起的，同時認識到，執著這種關係不能給雙方帶來任何好處，只有引導父母學佛，把世俗關係轉為清淨的法緣，才是最好的報恩。另一方面，要把感情的重點轉移到信仰上，從以自我為中心轉向以三寶為中心，可以弱化對世間感情的執著。我們修淨土法門，就要對阿彌陀佛、極樂世界建立依賴。

當然也要注意方式方法。有些人學佛後，就不管家庭、不做事業，最後反而給自己帶來諸多違緣。作為在家居士來說，我們要完成世俗責任，做父母的當好父母，做子女的當好子女，也就是印光大師所說的敦倫盡分。在和家人相處的過程中，既是在完成責任，也可以修習菩提心。我們要慈悲一切眾生，首先應該從父母、兄弟姐妹開始。如果對身邊親人都不慈悲，怎麼慈悲眾生？當然，這不是用人間情愛，而是用慈悲大愛，先從至親開始，然後擴充到更多的人。只要帶著菩提心去做，這些努力同樣會成為往生淨土的資糧，和修行並不對立。

【大安法師結束語】

大家聽了濟群法師的開示，相信會受到很大的教育。本人也受益良多，感覺法師真是把高深的佛法，用大家都能理解的現代語言闡釋得非常到位。對於淨土行人來說，通途的持戒、菩提心、正見和念佛法門有什麼關係，法師也講得很好，讓人想到蕅益大師所說的，淨土法門「橫與一切法門渾同，豎與一切法門迴異」。有時我們更強調迴異的一面，而忘記渾同的一面。實際上，渾同的部分是基礎。不是說你念佛了，仰靠他力了，大乘通途的菩薩道就可以置之不理。在念佛過程中，我們要重視通途的科目菩提道的基礎，而在往生這一點上全憑他力。這樣修淨土法門才會比較圓融。

濟群法師所講的佛教多元化發展的觀點也很好。八萬四千法門，是面對種種不同根機的眾生而施設。每個道場都有各自的修學定位，可以發揮特有風格，讓大乘八宗都能開花結果，利益眾生。站在東林寺的定位，我們專修專弘淨土法門，但對禪宗、律宗和教下的道場，我們要隨喜讚歎。具有這樣的認知和胸懷，才能共持法運。希望大家聽聞之後深入思惟，落實在行動中。

心月朗照，安住當下

——二〇二一中秋茶會

今天是中秋佳節，也是千家萬戶團圓的日子。我們相聚於此，一起喝茶，一起賞月，一起禪修，成就這場「中秋月光茶會」。說到茶會，給人感覺比較放鬆；說到禪修，又會認為比較嚴肅。那麼，茶會怎麼和禪修統一起來？

禪修有不同內涵，有禪定的禪，也有禪宗的禪。前者重視形式，從調身、調息到調心都有一定之規，重點在於得定。而禪宗的禪是屬於一種慧，所以它超越一切形式，不限於座上，生活中同樣可以修習。打坐觀心是禪，穿衣吃飯、搬柴運水也是禪。

因為禪的本質就是我們內在覺醒、清明的心，關鍵是去體認這個心，所有形式只是助緣，屬於輔助條件。當然，打坐是很好的禪修方式，對開啟智慧不可或缺，但僅僅停留於此還不夠。我們看古代禪師的修行，不僅在座上，還在座下的行住坐臥、語默動靜中。把喝茶與禪修結合，就是古已有之的傳統。

此刻，我們以這樣的方式相聚，意義不同尋常。

問月幾何

「月到中秋分外明」。當我們看著今晚的月亮，會產生什麼樣的感受，引發什麼樣的情緒？古往今來，有大量借月抒懷的詩文。「海上生明月，天涯共此時」，是表達對親人的思念；「人有悲歡離合，月有陰晴圓缺，此事古難全」，是描寫離愁別緒……這些傳誦千古的名句，至今仍會撥動人的心弦，引起人的共鳴。但要小心，此時正在進入凡夫心的系統。

此外，「明月幾時有，把酒問青天」，是通過追問，引發對永恆的思考：明月什麼時候有的？天地什麼時候有的？「江畔何人初見月，江月何年初照人？人生代代無窮已，江月年年只相似」，則是由月光帶來的遐思：人間生死無常，世事興衰變遷，可月亮始終那麼看著。一代代的輪迴更替，都不影響它到了初一十五，該下班就下班，該上班就上班。

這是世人由月亮引發的感懷和思考。那麼，佛法智慧又是怎麼認識月亮的？

心月朗照

禪宗祖師常把菩提自性比作月光，「心月孤懸，光吞萬象」。月亮高掛空中，不需要任何立足點，同時可以朗照一切。我們的心月也是如此，它是超越根和塵的，所謂「靈光獨耀，迥脫根塵，體露真常，不拘文字」。

今晚的天空很清澈，看不到一片雲彩。而當月光沒有升起時，四週一片漆黑，什麼都看不清，這是代表無明的狀態。處在這樣的狀態，就會對心靈天空出現的念頭不知不覺，然後不知不覺地製造煩惱和業力，並在不知不覺中被煩惱和業力推著走。

但要知道，在無明的背後，那輪明月從未離去。即使被遮蔽，它本身還是不垢不淨、圓滿無缺的。當它顯現時，可以照徹山河大地，讓生命亮起來，讓天地亮起來。有首偈頌大家應該很熟悉：「菩薩清涼月，遊於畢竟空，眾生心水淨，菩提影現中。」無雲的天空就是畢竟空，當心不落入設定、執著及念頭的陷阱時，菩提自性就會朗然顯現。菩提導航第四階段所展現的覺性，就是一片無垠晴空，東方、西方、南方、北方、上方、下方都是無限的，沒有盡頭。

禪茶會上，大家都有一個杯子，上面寫了四個字——「回歸本心」。這是提醒我們：通過賞月來認識自己的本心，像月光一樣澄澈、光明、皎潔的心。所以我們今天不僅要賞外在的月亮，更重要的是去認識心月，認識心性光明。心光和月光是一體的，月光照遍十方，心光同樣照遍十方。

天空會出現雲彩，遮住月光。但不論有多少雲彩，月光依然在那裡，只是暫時看不到而已。心靈天空也是同樣。如果能認識內在的心月，安住於此，即使起心動念，也不會給自己帶來困擾。但如果不能體認心月，而是活在雲彩中，就會被念頭左右，被遮蔽本心。

安住當下

認識到這個道理，就需要了解：怎麼喝茶，怎麼賞月，怎麼禪修？

正念禪修無非是兩大要領，一是專注力，一是覺察力。在泡茶過程中，我們要對投茶、注水、出湯的每個動作保持專注，此刻世間只有泡茶這一件事。喝茶也是同樣，從端起杯子，送到嘴邊，喝下茶湯，整個過程了了明知。同時對茶的味道和香氣清清楚楚，但不做任何評判。這比關注動作的難度更大，因為我們會習慣性地被味道和香氣帶跑，引發貪著等情緒，或是一系列的相關聯想。如果出現這種情況，就可以把重點放在對動作的覺察，這是比較中性的。因為我們是以喝茶作為禪修助緣，不是為了品評茶的滋味，或尋找什麼感覺，否則就本末倒置了。

在此過程中，如果分心了，打妄想了，也不必自責，但要快速覺察到，然後把心帶回來，繼續安住當下即可，所謂「不怕念起，只怕覺遲」。空性有兩個特質，一是空，一是明。空，就是空曠無限，了不可得；明，就是了了明知，而不是像木頭那樣。

歇即菩提

除了正念喝茶，今晚要學習的另一種能力，是什麼都不做，什麼都不想。這絕非不知不覺，而是讓心恢復它的初始設置。

我們坐在這裡，感受月亮的光明向宇宙無限延伸，內心的光明也向法界無限延伸。這並不是說，我們在讓光明延伸。不論我們是否看見，月光都照耀天地，這是它本來具有的功能，並不需要我們做什麼。心也是同樣，當我們什麼都不做、什麼都不想的時候，心就能呈現本具的光明，就像未被遮蔽的月光。

對本心的體會不需要造作，也不需要做任何事。這對很多人來說並不容易，因為我們一直都在做各種事，工作學習，吃喝玩樂，已形成做的串習。我經常說，現代人最大的問題是沒有休息能力，不能讓心靜下來，歇下來，就會很辛苦。包括我們學佛，要發菩提心，做種種利益眾生的事。如果在做的過程中缺乏覺察，也會形成習慣，停不下來。

如何在做事過程中保持一種超然、自在，做了和沒做一樣？需要去體會內心的無作無為。此刻我們安住當下，單純地喝茶賞月，不做其他任何事，同時去體會，這個什麼都不做、什麼都不想的，到底是什麼樣的心？

外在的不做什麼容易控制，但讓心不打妄想就不容易了，別人管不住，自己也管不住。其實禪修的重點不是壓制念頭，而是不刻意地想什麼，對於自然產生的念頭，不迎不拒，不貪不嗔，不取不捨，保持覺察即可。

沒有打妄想的時候，知道自己沒有打妄想，心如虛空般清澈。當念頭生起時，看到念頭的來去，不討厭，不拒絕，也不跟著跑，安住虛空而不著空相，所謂「長空不礙白雲飛」。即使被念頭帶著跑一陣，只要及時發現，就能把心帶回，繼續安住。

總之，對一切保持覺察，雲彩出現，知道雲彩出現了；雲彩消失，知道雲彩消失了。這個了了明知之心是我們本來具足的，也是禪修需要體認的。

涅槃之美

在一般人的觀念中，可能會將涅槃等同於死亡，或視為生命走向虛無的表現。這一認知並非毫無依據，比如佛教紀念日中的「佛陀涅槃日」，就是指本師釋迦牟尼佛在拘屍那迦城娑羅雙樹下圓寂的日子。兩千多年來，古今中外的佛弟子們也用繪畫、雕塑等各種方式表現了這個場景。但我們要知道，這只是象徵色身的入滅，並不是生命的虛無，更不是涅槃的全部內涵。

在印度宗教史上，涅槃是非常重要的概念，代表著終極價值，也是各種宗教修行的目標所在。佛教源自印度，同樣以涅槃為追求。與其他宗教不同的，只是在於對涅槃的解讀，以及證悟涅槃的途徑。

從成功學的角度來說，中國人追求的成功是修身、齊家、治國、平天下，主要立足於這一生，立足於現世的道德圓滿、功成名就及造福社會。但印度人追求的成功是立足於生命的過去、現在、未來，是從生命自身而不是某些現象來審視。就這個意義而言，涅槃代表著生命的成功，相比現世的一切，顯然更深遠，更究竟。

所以說，佛教對中國傳統文化有著重要的補充作用。一方面，佛教的影響遍及哲學、文學、藝術、民俗等領域；另一方面，佛教關於心性和輪迴的理論，不論從深度還是廣度，都可以彌補中國傳統文化的不足，拓寬了國人對生死和宇宙的認識。而在心性和輪迴的理論中，涅槃是不可或缺的概念。

究竟什麼是涅槃？如何才能證悟涅槃？這不僅是值得探討的話題，而且和每個人休戚相關，並不像某些人以為的，只是形而上的哲學問題或宗教問題。以下，我想從幾個方面和大家分享。

一、從印度文化看涅槃

印度的宗教和哲學非常發達。佛經記載，「爾時王舍城有九十六種外道」，說明佛世時就有九十六種宗教。其中，最古老的婆羅門教已有三千多年歷史。他們把人的一生分為四個時期，最初是梵行期，學習吠陀等經典；然後是家居期，成家立業，傳宗接代；接著是林棲期，到森林中一心修道；最後是遁世期，遊化四方。簡單地說，前半生主要完成世間責任，後半生是為信仰而活著。

因為這樣的傳統，很多人經歷過長期的禪修訓練。在此過程中，經由自己的宗教體驗，形成對人生和世界的解讀，就可能自創宗派。這使得印度的宗教流派層出不窮。但所有宗教的核心思想，無非是輪迴和解脫。

所謂輪迴，即生命如何從過去走到現在，再從現在走向未來，如何完成過去、現在、未來的延續。除了對輪迴現象作出解釋，印度宗教普遍認為輪迴的本質是痛苦的，人生價值就在於斷除輪迴之因，走向解脫，證悟涅槃。這也是各宗教的共同目標。區別在於，對涅槃的境界會作出不同詮釋，且抵達涅槃的修行方法不同。

印度宗教普遍認為，無明、欲望、貪著是造成輪迴的根本。無明，是對生命和世界的無知。因為無明，就會對外境產生貪愛，產生欲望。這種貪愛和欲望就像繩索，將我們捆綁在輪迴中。怎樣解決輪迴之因？除了相應的見地，印度宗教普遍推崇禪定和苦行，認為通過禪定可以令心安住，通過苦行可以降伏欲望。

至於對涅槃的理解，印度宗教往往認為，成就四禪八定就是涅槃。根據《奧義書》的思想，認為宇宙是大我，個體生命是小我，當小我回歸大我並與之融合時，就是涅槃的境界，所謂梵我一如。《大毗婆沙論》中，也列舉了外道的五種現法涅槃論，如以「受妙五欲名得第一現法涅槃」等。

我們今天說到的很多佛教名相，包括涅槃，並不是佛教特有的，而是產生於這個共同的思想背景下。雖然使用同樣的概念，但其中的內涵大相徑庭。佛陀當年出家修行時曾跟隨兩位老師，修習無想定和非想非非想處定，並很快成就，得到老師的認可。但佛陀發現，這些只是意識的特殊狀態，不是究竟的涅槃，並沒有徹底解決迷惑和煩惱。只是通過禪定讓它們暫時止息，不起作用。一旦出定或遇到對境，這些迷惑和煩惱還會復甦。

總之，涅槃、解脫和輪迴是印度各宗教的共同核心，也是印度文化特有的、有別於世界其他文化的關注點。

二、佛教對涅槃的理解

佛教又是怎麼理解涅槃的呢？佛教有三大語系，眾多法門，簡單地劃分，可以分為小乘和大乘，又稱聲聞乘和菩薩乘。

1．聲聞乘

聲聞乘對涅槃的理解偏向否定，這是立足於涅槃本身的含義。涅槃，意指火的息滅或風的吹散，延伸為寂滅、寂靜、滅度。佛法認為，凡夫生命都蘊含著貪嗔痴三種病毒，這是製造痛苦和輪迴的根源。

如果想要解脫輪迴，證悟涅槃，首先要平息這三種病毒。

正如《雜阿含經》所說：「貪欲永盡，嗔恚永盡，愚痴永盡，一切諸煩惱永盡，是名涅槃。」《入阿毗達磨論》同樣告訴我們：「一切災患煩惱火滅，故名涅槃。」在這個角度，涅槃代表煩惱的滅盡。

在聲聞乘教法中，涅槃分為兩種，一是有餘依涅槃，一是無餘依涅槃。所謂有餘依涅槃，即行者已證悟阿羅漢果，徹底平息內在惑業，但五蘊的果報身還在。可見，涅槃並不等於死亡。只有進入無餘依涅槃，不僅平息了惑業，且色身也走到終點，不再輪迴。

《本事經・二法品》說：「涅槃界略有二種。云何為二？一者有餘依涅槃界，二者無餘依涅槃界。云何名為有餘依涅槃界？謂諸苾芻得阿羅漢，諸漏已盡，梵行已立，所作已辦，已捨重擔，已證自義，已盡有結，已正解了，心善解脫，已得遍知，宿行為緣，所感諸根猶相續住。雖成諸根，現觸種種好醜境界而能厭捨，無所執著，不為愛恚纏繞其心，愛恚等結皆永斷故……乃至其身相續住世，未般涅槃，常為天人瞻仰禮拜，恭敬供養，是名有餘依涅槃界。云何名為無餘依涅槃界？謂諸苾芻得阿羅漢，諸漏已盡……彼於今時，一切所受無引因故，不復希望，皆永盡滅，畢竟寂靜，究竟清涼，隱沒不現。惟由清淨，無戲論體。如是清淨，無戲論體。不可謂有，不可謂無，不可謂彼亦有亦無，不可謂彼非有非無。惟可說為不可施設究竟涅槃，是名無餘依涅槃界。」

關於這個問題，人們常見的困惑還在於：涅槃後到哪裡去？輪迴的生命千姿百態，如果這個生命停止，會進入什麼狀態？是空無所有，還是存在於另一個維度呢？

從聲聞乘來說，涅槃意味著生命將融入空性的海洋，體會空性的無限喜悅。正如《阿毗達磨俱舍論・分別根品》所說：「此極寂靜，此極美妙，謂捨諸依，及一切愛盡離染滅，名為涅槃。」巴利藏《相應部》則告訴我們：「涅槃超越種種無常變化，痛苦憂毀。它是不凋謝、寧靜、不壞、無染、和平、福祉、島洲、依怙、皈依處、目標、彼岸。」

由此可見，聲聞乘對涅槃的表述雖然偏向否定，但絕不等於虛無。

2．菩薩乘

而大乘經典對涅槃的表達更重視肯定的層面。《大般涅槃經．如來性品》說：「若油盡已，明亦俱盡。其明滅者，喻煩惱滅。明雖滅盡，燈爐猶存。如來亦爾，煩惱雖滅，法身常存。」涅槃代表煩惱和輪迴的息滅，雖然燈火已滅，但燈座尚存。如來也是同樣，雖煩惱已盡，但法身常在。

《涅槃經》中，佛陀還辨析了大小乘佛法對涅槃的不同側重，告訴我們：「若言如來入於涅槃，如薪盡火滅，名不了義。若言如來入法性者，是名了義。聲聞乘法則不應依。」如果僅僅像聲聞乘所說的那樣，認為涅槃只是息滅了迷惑煩惱，這種表達並不究竟。事實上，涅槃還代表佛菩薩入法性，證法身，成就種種功德。正如經中所說，涅槃具足法身、般若、解脫三德；具足常、樂、我、淨四德；還具足甜酥八味，分別是常、恆、安、清涼、不老、不死、無垢、快樂。所以說，涅槃之體不是落於寂滅的頑空，而是以實相、法身為體，有無盡妙用。

基於此，菩薩乘講到四種涅槃，除了聲聞乘的有餘依涅槃和無餘依涅槃，還有自性清淨涅槃和無住涅槃。

何為自性清淨涅槃？《六祖壇經》開篇即以「菩提自性，本來清淨，但用此心，直了成佛」四句話告訴我們：一切眾生都有菩提自性，並且它是本來圓滿的，所以眾生都有自我拯救的潛力，都具足自性清淨涅槃，都能成佛。它就在生命的某個層面，在凡不減，在聖不增。修行要做的，是體認並開啟這個本來具足的菩提自性，這是成佛的根本。在這個層面，我們和三世諸佛，乃至六道一切眾生是平等無別的。

而無住涅槃更開顯了大乘佛法的特色，體現了佛菩薩和阿羅漢最大的不同。聲聞乘的修行是發出離心，所以阿羅漢在證悟涅槃後，所作已辦，不受後有，將自己融入空性，安享法喜。而佛菩薩不僅發出離心，還要發菩提心，這就意味著對一切眾生作出承諾：我要盡未來際地走向覺醒，同時帶領一切眾生走向覺醒。所以佛菩薩在具足解脫能力後，還以利益眾生為使命。他們看到眾生在六道受苦受難，在大悲心的驅動下，一生又一生地入娑婆，度眾生。

佛菩薩有兩大品質，一是智慧，一是慈悲。因為有通達涅槃的智慧，所以在度化眾生的過程中就不會黏著，或陷入輪迴的事相，如蓮花出淤泥而不染。因為有無限的慈悲，所以將輪迴作為道場，尋聲救苦，而不是獨享涅槃之樂。

佛菩薩之所以能平衡出世與入世，正是因為智慧和慈悲兩大法寶，所謂智不住生死，悲不住涅槃。凡夫沒有出世的智慧，看不透輪迴本質，所以無法在入世時保持超然，容易貪著名利、地位、財富，貪著輪迴盛事，陷入有的執著。聲聞人雖有透徹世間的智慧，但沒有承擔的大悲，所以視三界如火宅，生死如冤家，對輪迴避之唯恐不及。而菩薩既有出世的超然，又有入世的悲心，才能以出世心行入世事，廣度眾生，無有疲厭。這正是無住涅槃的殊勝所在。

總之，佛教對涅槃的認識主要有兩種。一是聲聞乘的認識，偏向否定；一是菩薩乘的認識，在否定的同時有正向的開顯。兩者在廣度和深度上都是不一樣的。

三、涅槃之美

了解涅槃的概念後，接著說說涅槃之美。這裡的涅槃屬於佛教的範疇，而不是印度其他宗教所說的涅槃。

從佛法的角度看，涅槃體現了一種出世的美，聖賢的美，佛菩薩的美。在世人的認知上，可能很難想像這是什麼樣的美。但我相信大家了解之後，一定會對這種終極的美心生嚮往。那麼，涅槃的美具有哪些特質呢？

1．涅槃，是空的美

首先，涅槃屬於空的美。常人比較熟悉的，是存在的美，包括各種藝術品、生活用品，乃至大自然中的一切。也就是說，我們對美的認知是需要對象的，是建立在有的層面。

而我們在認識這些美的同時，很容易產生執著，建立二元對立的世界，比如美與醜，善與惡，貴與賤，你與我。而對立又會帶來貪和嗔，帶來得失的焦慮和痛苦。所以這些美在帶給我們享受的同時，也會帶來種種負面作用。

而涅槃需要我們去體會空的美。如何從習以為常的有，進入對空的認識？這就需要通過修行，消除二元對立。

佛教唯識宗認為，一切現象都是我們內在迷惑的顯現。因為凡夫是戴著有色眼鏡看世界，所看到的，只是被有色眼鏡處理過的影象。這就告訴我們，不要執著有客觀、固定、不變的世界。從本質上說，一切都是心的顯現，是由心決定的。

唯識宗還進一步讓我們審視：心是什麼？如果我們學會審視內心，會發現心是無形無相的，沒有顏色，沒有形狀。既然這顆心了不可得，由此產生的情緒和妄想也就沒有立足之地了。這樣才能體會到虛空般無限的心，也就是心的本來面目。

說到涅槃之美是空，可能有人會覺得：涅槃是不是像虛空一樣，什麼都沒有？其實空是代表涅槃的特質，但不是虛無，不是什麼都沒有。因為空，才能無限；因為空，才能包容萬物，生長萬物。

一個人的世界有多大，取決於心有多大。平常人都是活在這樣那樣的念頭中，活在以自我為中心的感覺中。這個感覺是有好惡的，有喜歡或討厭的分別，接納或排斥的分別。在這種情況下，就不可能真正平等慈悲。修行正是幫助我們走出念頭的束縛，回歸虛空般廣大的心。這樣才能對眾生建立平等無別的慈悲，才能發自內心地接納一切眾生，利益一切眾生。

2．涅槃，是無限的美

凡夫所見的一切都是有限的，有生有滅的。不論世間萬物的存在，還是我們擁有的家庭、事業、人際關係等，無不如此。包括我們這一期的生存，也不過短短幾十年。人死之後到哪裡去？生命的意義是什麼？如果說人死如燈滅，那就意味著生命是沒有意義的。這使很多人對生死產生焦慮，想到死亡會結束這一切，頓感生命的虛無。

事實上，生命有兩個層面。除了有限的層面，還有無限的層面。只是一般人執著並止步於有限，沒有能力認識無限。西方哲學崇尚理性，試圖通過理性探索世界和人生。但理性本身是有限的，由此獲得的經驗也是有限的。現代社會科技發達，對微觀世界的剖析日益深入，對宏觀世界的探索日益遼闊，但這一切依然停留在有限的層面。和浩瀚的宇宙相比，依然是微不足道的。

那麼人到底有沒有能力認識無限？從佛法角度來說，對無限的認識，需要有無限的智慧。這種智慧不是來自經驗或知識，而是每個人本自具足的。只是眾生被無明所覆，使寶藏隱沒不現，雖有若無。佛陀對世界最大的貢獻，就是發現了這一寶藏，並將開啟寶藏的方法和盤托出，引導我們明心見性，體會生命的無限。

涅槃就代表對無限生命的體認。佛陀當年因為看到老病死的痛苦，才出家修行，去追求不生、不老、不病、不死、無憂、無惱的最上解脫——涅槃。但佛陀在菩提樹下悟道後，說法四十五年，最後還是入滅了。有人就疑惑：佛陀到底有沒有解決生死問題？佛陀為解決老病死的痛苦而修行，為什麼他在證悟後，色身還是消亡了呢？在一般人的概念中，確實會有這樣的不解。

事實上，佛陀已經體認到生命的無限性。在這個層面，法身常存，不生不滅。但從有限性的層面來看，色身的無常生滅只是一種自然現象，眾生如此，佛陀也如此示現。區別在於，眾生是在業力推動下，無奈被動地流轉生死。生，不能自主；死，也不能自主。但對體悟了無限生命的覺者來說，生死只是外在形式的改變，是緣生緣滅的。不必說佛陀，我們看那些坐脫立亡的歷代祖師，也是因為體會到生命的無限，而能自在地面對死亡，顯現出無數令人景仰、激發道心的瑞相。

3．涅槃，是清淨的美

說到清淨，我們首先想到的是乾淨。我們的審美習慣可能千姿百態，但乾淨往往是基本前提，從食物、衣服、用品到居家環境，都是如此。現代都市霧霾嚴重，使人格外珍惜乾淨的空氣。如果去青藏高原等沒有汙染的地區，會深深感受到，天地間有一種清澈的美。尤其是深受霧霾之苦的都市人，會被這種清澈所感動，身心舒暢。這就是清淨的美，沒有汙染的美。

涅槃所體現的清淨之美，是代表生命的清淨，內心的清淨。凡夫因為無明惑業，看不清自我和世界的真相，從而產生錯誤認識，導致我法二執，包括對自我的貪著，對世界的貪著。世界本來沒有中心，我們卻以自我為中心，建立種種執著，引發嗔恨和對立，引發種種煩惱和負面情緒，給生命帶來極大的汙染，使自己迷失其中。

佛法中，將這種汙染稱為塵垢。每個生命的塵垢不同，有的塵垢深厚，有的塵垢很薄。這既和煩惱的積累有關，也和個人的宿世修行有關。基於此，佛教把人分為鈍根和利根。鈍根就是障深慧淺，必須由下而上、有次第地深入修行。利根就是塵垢很薄，可以在善知識的引導下，撥開迷霧，頓悟本心。

佛法認為，凡夫和諸佛的區別就在於迷悟之間。迷就是迷失覺性，悟就是體認覺性。禪宗修行之所以有頓悟法門，之所以能直指人心，見性成佛，正是針對上根利智而言。如果學人塵垢輕微，再遇到明眼師長，就可能在某個契機當下認識本心，認識本來具足、本來清淨的覺性。

但這樣的根機畢竟少，多數人還是需要像神秀所說的那樣：「時時勤拂拭，勿使惹塵埃。」戒定慧的修行，正體現了這樣的次第。通過持戒，使生活如法清淨，為修行營造良好的心靈氛圍；通過修定，平息內在的煩惱妄想，培養覺知力和觀照力。在這一基礎上，就能有效地聞思正法，如說修行，最終開啟智慧。

很多人把修行當作一個點，只看重開悟、解脫。可自身根機不夠，又沒有善知識指點，每天就在那裡望梅止渴，想著開悟，或說一些和開悟有關的話，卻忘了，這些和自己當下的現狀並沒有什麼關係。那不是你的境界，不是說一說就摸得著的。

事實上，修行是一條路。不論解脫道還是菩提道，都包含了一系列逐步向前的站點，而不僅僅是一個點。所以我們現在宣導有次第的修行，就是幫助學人認識，這條路到底怎麼走。第一步怎麼走，第二、第三、第四步怎麼走。把這幾步走好，第五步自然就到了。之後的更多步也是同樣，只要一步接著一步，就能抵達終點。這才是有效的修行，而不是在那裡浮想聯翩，浪費寶貴的暇滿人身。

如果不修行，我們都是活在不同的塵垢中，而且在不斷地製造塵垢，製造垃圾，使內心躁動不安。只有徹底平息塵垢，我們才能體會到，心可以像無雲晴空一樣，那麼清澈，那麼純淨。這就是涅槃所具有的清淨的美。

4．涅槃，是寂靜安詳的美

說到寂靜，可能大家有點陌生。現代社會喧囂浮躁，充滿著聲色刺激。即使在沒有聲音的地方，我們內心依然有各種聲音此起彼伏，靜不下來。這些聲音來自哪裡？就來自生命中長期積累的念頭和情緒。這些心理活動被不斷重複，力量越來越大，佛教稱之為串習。所謂串，就是像糖葫蘆那樣串在一起，所以它們出現時往往是連續性的，一念接著一念。

從唯識的角度來說，曾經的所思所想、所言所行不是發生過就結束了，而會儲藏在阿賴耶識中，形成種子。一旦因緣成熟，它們又會產生活動，使心靈海洋波濤洶湧。我們每天說什麼，做什麼，有什麼想法、情緒、煩惱，都和生命中曾經播下的種子有關。這些種子產生活動時，又會讓心理力量得到重複和增長，唯識宗稱為「種子生現行，現行薰種子」。由種子產生現行，而現行的同時又讓種子的力量得到強化。

因為我們疏於對生命的管理，所以內心時常處在無明的狀態。於是乎，在外界誘惑和衝擊下，不知不覺製造了各種不良心理，不知不覺讓這些心理重複並積累。當它們的力量日益強大之後，我們根本就做不了主，只能在它們的驅使下忙來忙去，不得安寧。一旦停下，就陷入無所事事的焦慮中，必須不停地看點什麼，說點什麼，做點什麼。這就使現代人活得很累很辛苦。

我經常說，生命就是一大堆錯誤的想法，再加上一大堆混亂的情緒。這是多數人的現狀。因為我們沒有對生命作過智慧的審視、主動的選擇，而是任其發展，結果就被錯誤想法和混亂情緒所控制。這些念頭之間還會產生衝突，當衝突表現出來，使我們在家庭中和親人發生衝突，在社會上和同事、朋友發生衝突，甚至不能和大自然友好相處，而是肆意地汙染環境，破壞生態。所以說，一旦內心躁動不安，將給自己和世界帶來麻煩。

這裡所說的涅槃寂靜，不是沒有聲音，而是內心所有躁動平息之後，生命所呈現的寂靜的美。這種美來自覺性，是盡虛空遍法界的，是空性蘊含的重要特質。

5・涅槃，是喜悅的美

當我們體會到生命的寂靜後，才能體會到內在的空性的喜悅。《大般若經》記載，佛陀的笑是舉身微笑，全身每個毛孔都散發著光明和歡喜。這種喜悅來自對空性的證悟，是無住、無所得的，是不需要對象的，是永恆的、源源不斷的喜悅。而平常人的笑往往來自某種情緒，是有對象的，也是容易變化的。

我曾多次為大眾開講「心靈創造幸福」。因為不少人關心：佛法說人生是苦，是不是排斥幸福？佛教到底怎麼定義幸福？在佛教看來，世間的幸福多半來自環境和感受，是有漏的，膚淺而短暫的。所謂有漏，即有缺陷。一旦我們對此產生執著，痛苦更是在所難免。因為這些幸福是建立在迷惑和煩惱之上，只是對痛苦的暫時緩解，本身卻是苦因。

為什麼佛法說人生是苦？並不是說人生沒有快樂，而是認為這些不是本質上的快樂。佛教把快樂分為兩種，一是有苦之樂，一是無苦之樂。凡夫的快樂都是有苦之樂，不論是感情、家庭，還是財富、事業、地位，在給我們帶來滿足和快樂的同時，就埋下了失去的痛苦。在這個無常的世間，生一定伴隨著滅，得一定伴隨著失。尤其當我們對此產生執著後，痛苦還會隨之加劇。

無苦之樂並不是來自外在環境，不是因為得到什麼，而是來自生命內在的覺性。它是本自圓滿的，具足一切的，會源源不斷地散發喜悅，不需要依賴任何條件，本身就是製造快樂的永動機。所以說，心才是苦樂的源頭，是幸福的根本。當我們有煩惱時，心是痛苦的根源；而沒有煩惱時，覺性就會成為快樂的源泉。

6．涅槃，是無住的美

凡夫心是有黏著的，這和無明有關，和貪嗔痴有關。無明使我們看不清世界和自我的真相，從而對世界和自我產生錯誤設定，並牢牢地執著這種設定，對我和與我有關係的一切產生貪著和依賴。

貪著越深，當貪著對象發生改變時，我們就會越痛苦。在一個人陷入痛苦時，我們通常會以「不要太執著」來開導。事實上，這種說法往往作用不大。因為這些執著根深柢固，不是想放就能放下的。

怎樣才能放下執著？首先要學習佛法智慧。比如《心經》、《金剛經》，自古以來就是很多文人士大夫修身養性的寶典。因為儒家是積極入世的，而在入世過程中，難免宦海浮沉，人事變遷。如果把地位、名利看得太重，不管得意還是失意，其實都會辛苦。得意時很累，失意時很慘。如果在入世的同時，明白「一切有為法，如夢幻泡影，如露亦如電」，明白一切無非是條件關係的假相，那麼得意時可以兼濟天下，失意時可以獨善其身，就沒有所謂得失，更不會因此帶來什麼情緒。

佛法對世界的觀察，有兩個字特別精闢，一是「假」，一是「幻」，可以引導我們從更高的角度看待世間。所謂假，說明一切現象都是假有。既不是沒有，也不是永恆的、真實不變的有，而是條件、關係的假相，並會隨著條件、關係的變化而變化。所謂幻，說明一切都是幻化的，不是真實不變的有。

佛法重視緣起，讓我們學會用緣起的眼光看世界，而不是活在自己的主觀感覺中。這樣就會看到一切事物都有它的因緣因果，都是正常的。不論出現什麼結果，都能欣然接納，因為它們是緣生緣滅的。同時也就不會那麼黏著，不會把得失看得太重。

因為黏著程度就取決於我們怎麼看問題，只有看淡了，才能減少黏性，反之亦然。其中的難點在於，以痴和貪為基礎的凡夫心本身是有黏著的，只不過是多少的問題。如果要在一切事相上減少黏著，是非常困難的。根本的解決之道，是體認黏著背後那個不黏著的層面，那就是覺性，是空性。

我們在認識世界的過程中，可能會產生兩種結果，一是走向煩惱，走向生死，走向輪迴；一是走向真理，走向智慧，走向解脫。有什麼樣的人生道路，主要取決於我們怎麼看世界。如果我們帶著無明、煩惱和錯誤認識看世界，就會產生我法二執，製造煩惱、生死和輪迴。只有通過修學，把佛法智慧轉化為自身認識，並用這種智慧指導禪修，才能突破能所的二元對立，抵達空性。

當我們體會到空性，就能體會到虛空一樣的心。當我們以為雲彩就是整個世界時，雲彩會遮蔽一切。當生命安住在虛空狀態時，我們還會黏著雲彩嗎？

那麼，如何體會沒有黏著的心？必須獲得不黏著的能力。

涅槃就是不黏著的能力，也就是《金剛經》所說的「無住生心」。經中反覆告訴我們，在修行過程中要無我相、無人相、無眾生相、無壽者相，不論修布施，還是利益眾生、莊嚴國土，都要看到一切是緣起的假相，在空性層面，任何現象都是了不可得的。

只有不執著於事相，才能在做的當下體會空性。否則就會像凡夫那樣，即使在行善過程中，也會進入我相、人相、眾生相、壽者相，對自己所做的事產生執著，最後還是在成就凡夫心，還是處處掛礙。只有於無所住而生其心，生命才不會被束縛。

7・涅槃，是大自在的美

世人都追求自由，比如政治是從社會體制追求自由，哲學是從思想層面追求自由，藝術是從精神領域追求自由，還有現代人崇尚的財富自由等。但這些真能帶來自由嗎？事實上，如果內心不得自在，再寬鬆的環境和財富，都不能解決問題。

佛法所說的自在，是從生命本身而言。對於證悟空性的覺者來說，不論處在什麼環境中，都是自在無礙的。外在的一切，不會對他構成任何束縛和傷害。

凡夫因為貪嗔痴，在認識世界的過程中，不知不覺就會形成依賴。我們只要喜歡什麼，就會不斷對它產生需求；一旦建立需求，就會逐步形成依賴；一旦有了依賴，就會胡思亂想，希望它永遠存在，永不改變，最終作繭自縛，為物所役。

現在有個詞叫「被控」，這並不是個別的，而是一種普遍現象。甚至可以說，每個人都不同程度地生活在被控中。除了被外物控制，還被內心的各種念頭控制。其實，被外物所控也和念頭有關。我們有什麼樣的依賴和需求，就會被什麼控制。正是這種需求和依賴，使生命不得自在。

因為我們對世界有一份期待和設定，所以在面對得失、榮辱、是非、生死時，只要結果和期待不符，我們就會不接納，不自在。這使得我們不斷攀緣，去創造符合內心需要的一切。但世界並不是根據我們的需要而存在，所以在生活中，我們總會面對各種挫折，各種不自在。

佛法所說的自在有兩種，一是慧自在，一是心自在，也叫慧解脫和心解脫，以此解決生命內在的兩大問題。

首先是慧自在，解決認識的問題。因為智慧能引導我們了知世界和人生的真相，使我們不再迷惑。如果一個人充滿困惑，不知道我是誰，不知道活著的意義是什麼，也不知道生從何來，死往何去，就只能憑著感覺隨波逐流。這樣的生命是不能自主，也不得自在的。慧自在就是讓我們看清真相，知道什麼是對人生有真正意義的，這樣才能作出正確選擇，並對未來充滿信心。

其次是心自在，解決情緒的問題。我們的心之所以不自在，是因為有重重煩惱，此起彼伏。這就需要通過聞思和禪修，從文字般若到觀照般若，最終開發生命內在的實相般若，從根本上擺脫迷惑，斷除煩惱。

很多寺院的殿堂中，懸掛著「得大自在」的匾額，這正體現了佛菩薩的生命境界。《華嚴經》中講到十種自在，分別是命自在、心自在、財自在、業自在、生自在、願自在、信解自在、如意自在、智自在、法自在。其中最根本的就是心自在。因為心自在了，其他各方面才會隨之自在。

以上從七個方面解讀了涅槃的美。這是代表佛菩薩所成就的功德之美，人格之美，是世出世間最為圓滿、究竟的美，也是佛菩薩成功的標誌。如果我們了解到，學佛正是幫助我們成就這樣一種美好的生命，我想，它將成為每個人的心之所向。尤其在今天這個喧囂的時代，隨著物質的空前發達，人類對自我的迷失卻越來越深，甚至越來越煩惱，越來越不容易幸福。所以對自我的認識，對生命良性潛質的開發，不僅對個體生命意義重大，而且對未來世界意義重大。

尋找心的本來

作　　者　濟群法師
責任編輯　徐藍萍、張沛然
校　　對　林昌榮

版　　權　吳亭儀、江欣瑜
行銷業務　周佑潔、賴正祐、華華
總 編 輯　徐藍萍
總 經 理　彭之琬
事業群總經理　黃淑貞
發 行 人　何飛鵬
法律顧問　元禾法律事務所王子文律師
出　　版　商周出版　台北市 104 民生東路二段 141 號 9 樓
電話：(02) 25007008　傳真：(02)25007759
E-mail：ct-bwp@cite.com.tw　Blog：http://bwp25007008 · pixnet.net/blog
發　　行　英屬蓋曼群島商家庭傳媒股份有限公司城邦分公司
台北市中山區民生東路二段 141 號 2 樓
書虫客服服務專線：02-25007718　02-25007719
24 小時傳真服務：02-25001990　02-25001991
服務時間：週一至週五 9:30-12:00　13:30-17:00
劃撥帳號：19863813　戶名：書虫股份有限公司
讀者服務信箱 E-mail：service@readingclub.com.tw
香港發行所　城邦（香港）出版集團有限公司　香港灣仔駱克道 193 號東超商業中心 1 樓
E-mail: hkcite@biznetvigator.com　電話：(852)25086231　傳真：(852)25789337
馬新發行所　城邦（馬新）出版集團 Cite (M) Sdn Bhd
41, Jalan Radin Anum, Bandar Baru Sri Petaling, 57000 Kuala Lumpur, Malaysia.
Tel: (603) 90578822　Fax: (603) 90576622　Email: cite@cite.com.my

封面設計　張燕儀
印　　刷　卡樂彩色製版印刷有限公司
總 經 銷　聯合發行股份有限公司　新北市 231 新店區寶橋路 235 巷 6 弄 6 號 2 樓
電話：(02) 2917-8022　傳真：(02) 2911-0053

■2023 年 10 月 3 日初版　Printed in Taiwan

定價 400 元

城邦讀書花園
www.cite.com.tw

線上版回函卡

國家圖書館出版品預行編目 (CIP) 資料

尋找心的本來 / 濟群法師著 . -- 初版 . -- 臺北市：商周出版：英屬蓋曼群島商家庭傳媒股份有限公司城邦分公司發行 , 2023.10
面；　公分
ISBN 978-626-318-838-9(平裝)

1.CST: 佛教修持 2.CST: 佛教教化法

225.7　112013677

ISBN 978-626-318-838-9